Enigmas de la Ciudad de México

Luis Fernando Wahr

Enigmas de la
Ciudad de México

Grupo Editorial Tomo, S.A. de C.V.
Nicolás San Juan 1043
03100 México, D.F.

1a. edición, octubre 2004.
2a. edición, abril 2006.

© *Enigmas de la Ciudad de México*
Luis Fernando Wahr

© 2006, Grupo Editorial Tomo, S.A. de C.V.
Nicolás San Juan 1043, Col. Del Valle
03100 México, D.F.
Tels. 5575-6615, 5575-8701 y 5575-0186
Fax. 5575-6695
http://www.grupotomo.com.mx
ISBN: 970-775-030-8
Miembro de la Cámara Nacional
de la Industria Editorial No 2961

Diseño de Portada e Ilustraciones: Trilce Romero
Formación tipográfica: Sandra Eugenia Garibay L.
Supervisor de producción: Leonardo Figueroa

CONTENIDO

Capítulo VIII
Calles y leyendas de la Ciudad de México, 281

... hablo de la ciudad, pastora de siglos,
madre que nos engendra y nos devora,
nos inventa y nos olvida.

Octavio Paz, *Árbol adentro*.

INTRODUCCIÓN

La presente obra no pretende ser una guía de la Ciudad de México, ni mucho menos un libro de historia de esta noble ciudad. Simplemente es una recopilación de temas, que si bien no son nuevos descubrimientos, sí pretenden ser revelados con una visión actual.

La Ciudad de México, que para Carlos Fuentes fuera la "región más transparente del aire", o como Octavio Paz dijera en su poema *Hablo de la Ciudad*: "novedad de hoy, ruina de pasado mañana, enterrada y resucitada cada día", es sin lugar a dudas una ciudad amada y respetada por muchos, así como temida y odiada por otros.

¿Qué extraña fuerza tiene esta tierra? ¿Cómo ha logrado sobrevivir a tanta historia? Cuando Hernán Cortés llegó al Valle de México y vio por primera vez una ciudad tan perfecta rodeada de tan hermoso paisaje, quedó cautivado ante la majestuosidad de este magnífico lugar.

Pero de aquella visión ha quedado nada; ahora esta enorme metrópoli dista mucho de lo que fuera la gran Tenochtitlán, y más tarde la llamada Ciudad de los Palacios. Sin embargo, bajo su atuendo actual, detrás de sus grandes edificios, de la gente presurosa y de constantes construcciones e histeria colectiva, se encuentra viva su tradición, orgullo y majestuosidad de siempre.

Las ruinas de su glorioso pasado están presentes reclamando ser vistas y estudiadas. Aún tenemos la fortuna de poder admirar algunos de su palacios, casonas y conventos que le dieron merecida fama. Conocer la historia de sus calles —particularmente las del Centro Histórico—, y reconocer, por ejemplo, aquella en donde se dice que don Juan Manuel vengó su amor traicionado, o la calle en la que se cuenta aparece la Llorona en las noches de luna profiriendo lastimeros gemidos, nos hacen vivir de nueva cuenta esta ciudad.

Así, a través de esta obra, le invitamos, amable lector, a conocer mejor esta gran ciudad, su historia, sus tradiciones, sus leyendas, su arquitectura y algunos otros aspectos, que sin duda le causarán una gran impresión.

Capítulo I

Historia y visión
de una ciudad

Historia y visión de una ciudad

La Ciudad de México guarda miles de secretos, escondidos entre los callejones, debajo de la tierra, en lo alto de sus volcanes y en la mirada de su gente.

Para lograr entender esta levantada, destruida y reedificada ciudad es necesario detener nuestros pasos y remontarnos a tiempos antiguos, cuando la imagen del valle en el que ahora vivimos era, en palabras de fray Manuel de Navarrete: *una luz resplandeciente, que hace brillar la cara de los cielos.*

Los aztecas fueron quienes dieron lustre y magnificencia al Valle de México al fundar la gran ciudad de Tenochtitlán; más tarde los conquistadores la destruirían y levantarían sobre sus ruinas la capital de la Nueva España. Hoy, esta noble ciudad continúa siendo la capital del país, mostrando restos de su pasado glorioso prehispánico y colonial, dentro de un marco arquitectónico moderno.

HISTORIA Y VISIÓN DE UNA CIUDAD

La Ciudad de México guarda miles de secretos, escondidos entre los callejones, debajo de la tierra, en lo alto de sus volcanes y en la mirada de su gente.

Para lograr entender esta levantada, destruida y reedificada ciudad es necesario detener nuestros pasos y remontarnos a tiempos antiguos, cuando la imagen del valle en el que ahora vivimos era, en palabras de fray Manuel de Navarrete, una luz resplandeciente, que hace brillar la cara de los cielos.

Los aztecas fueron quienes dieron lustre y magnificencia al Valle de México al fundar la gran ciudad de Tenochtitlan; más tarde los conquistadores la destruirían y levantarían sobre sus ruinas la capital de la Nueva España. Hoy, esta noble ciudad continúa siendo la capital del país, mostrando restos de su pasado glorioso prehispánico y colonial, dentro de un marco arquitectónico moderno.

UN PARIENTE MUY LEJANO

El 22 de febrero de 1947, en el pueblo de Tepexpan cerca de Acolman, Estado de México, el Dr. Helmut de Terra desenterró un esqueleto humano junto con unos huesos de mamut y varios utensilios de sílex y calcedonia con una antigüedad cercana a los 10,000 años, el cual fue nombrado Hombre de Tepexpan. El cuerpo yacía con los brazos y las piernas dobladas contra el pecho y el estómago.

Los doctores J. Romero de México, y T. D. Stewart de Estados Unidos lo restauraron, porque sólo el cráneo y la mandíbula se encontraban relativamente bien conservados. Concluyeron que se trataba de un hombre, de aproximadamente 55 años de edad, 1.70 m de estaura, tenía dientes insanos y padecía de artritis en las vértebras cervicales. Se dedicaba a la caza y la recolección de frutos. Elaboraba armas y utensilios de piedra, y vivió hace aproximadamente 10,000 años, en el último periodo de glaciación, por esto podemos decir que es el representante más antiguo de los pobladores de la región central del país.

Estudios posteriores demostraron que en realidad se trataba de los restos de una mujer de 1.60 m de estatura y 35 años de edad. Sin embargo, todavía se siguen conociendo esos restos como los del "hombre" de Tepexpan.

EL VIAJE MÍTICO

Los aztecas fueron una cultura cuya magia y misticismo marcaron su destino, y en tan sólo 200 años lograron lo que para otras tomó más de 5,000 años, además de que fueron protagonistas de lo que tal vez es el acontecimiento más grande dentro de la historia de México: la Conquista.

Esta cultura nos presenta más de un misterio por resolver, como lo es su origen y su viaje mítico de Aztlán a Tenochtitlán, así como también cómo lograron convertirse en una nación poderosa y floreciente, después de haber sido un pueblo errante y humillado, y por qué no, el misterio que siempre ha estado presente: ¿cómo fue posible que Cortés con sólo 400 hombres haya logrado vencer una ciudad con las dimensiones de Tenochtitlán? Claro está, sin dejar de tomar en cuenta a sus gobernantes, su cultura, su religión, y muchos misterios más.

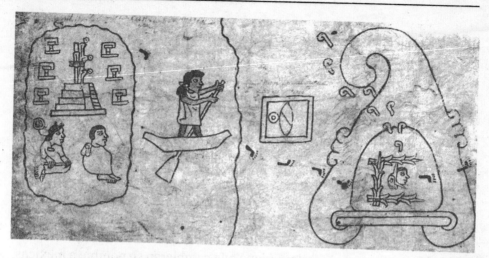

Existen diferentes teorías acerca del origen de los aztecas, en su mayoría son historias míticas y religiosas, la más difundida es la que menciona que vinieron de Aztlán, "tierra de garzas" o "de la blancura". Durante años, más de un investigador ha querido establecer geográficamente este lugar, algunos lo sitúan al noroeste de los dominios toltecas, en Nayarit; otros más en el norte de México en la región del río Gila en Estados Unidos.

Lo que sí admiten casi todos los especialistas, es que los aztecas fueron en su momento vecinos de los toltecas, ya que así lo manifiestan sus cerámicas y algunas de sus expresiones religiosas. No obstante, en contraparte, para algunos estudiosos de la cultura azteca, como Jacques Soustelle, los aztecas eran "verdaderos nómadas cazadores y recolectores como los indios del norte de México". Asimismo aseguran que el carácter nómada de los aztecas primitivos queda corroborado por sus propias tradiciones, y que su origen fue mitificado por órdenes del tlatuani Itzcóatl, para dar mayor prestigio al linaje de su pueblo.

Si bien el origen de los aztecas continúa siendo un enigma, una de las tradiciones cuenta que este pueblo vivió en Aztlán antes de comenzar su "peregrinación" de 165 años hacia el lugar donde debían asentarse.

Es el año de 1160, cuando los aztecas parten de Aztlán, guiados por Tenoch conforme a lo ordenado por el dios Huitzilopochtli, en busca del lugar donde deberían fundar su pueblo. Durante su viaje los aztecas iban deteniéndose, y fundando ciudades, cuando las abandonaban, también abandonaban a los enfermos y a los viejos.

Los aztecas recordaban los años de su peregrinar durante la ceremonia del fuego nuevo que se realizaba cada cincuenta y dos años, desde su inicio hasta su establecimiento en Tenochtitlán. En 1163 se realizó en Coatepec, en 1215 en Apaxco y en 1267 en Tecpayocan, siendo la última en 1507, ya establecidos.

Según la leyenda, los aztecas encontraron una cueva en el monte Teoculhuacán con la imagen de Huitzilopochtli, quien les dijo que estaban destinados a ser poderosos y les ordenó que cambiaran su nombre a mexicas. Después de caminar por muchos años, los aztecas llegaron a Zumpango, de ahí a Xaltocan (isla), después a Ecatepec y, por último, llegaron cerca de Azcapotzalco.

Cuando llegaron al Valle de México, todo el territorio estaba ocupado por otros pueblos, así que los aztecas tuvieron que refugiarse en Chapultepec. Los primero 20 años fueron pacíficos, después vinieron conflictos. Los habitantes de Azcapotzalco, Xaltocan y Culhuacán se unieron para expulsar a los aztecas y los llevaron sometidos a Culhuacán. Estuvieron en paz y según la leyenda religiosa, al ver esto Huitzilopochtli les dijo: "Hay que buscar una mujer, la cual tendrá el nombre de Toci, 'nuestra abuela', en el lugar donde vamos a morar, porque este no es el sitio donde viviremos y que les tengo prometido. Es necesario dejar éste que ahora habitamos, ya sea con guerra y muerte. Así que hay que levantar armas y dar al mundo el valor de nuestras personas. Búsquense el medio para que salgamos de este lugar, vayan con el rey de Culhuacán y pídanle a su hija para mi servicio, él se las dará y ésta va a ser la mujer de la discordia".

Los mexicas, que siempre fueron obedientes a su dios, fueron con el rey de Culhuacán y le pidieron a su hija para hacerla su reina y la abuela de su dios. Por codicia se las dio sin dificultad, la llevaron los mexicas con toda la honra posible al trono. Aquella noche habló el ídolo a sus sacerdotes diciéndoles: "Ya les avisé que esta es la mujer de la discordia entre ustedes y los de Culhuacán, y para lo que yo tengo determinado que se cumpla mátenla y sacrifíquenla y desde hoy la tomo por mi madre. Después de muerta la desollan y con el cuero visten a uno de los principales mancebos y se visten con la ropa de la moza, después invitan a su padre el rey que venga a hacer adoración a la diosa su hija y a ofrecerle sacrificio".

Siguieron todo como les dijo Huitzilopochtli, llamaron luego al rey y éste aceptó la invitación, y juntando a sus principales señores les dijo que juntaran muchas ofrendas y presentes para ofrecer a su hija que ya era reina de los mexicas. Ellos teniéndolo como una cosa muy justa obedecieron y juntaron diversas cosas que se acostumbraban presentar ofrendas y sacrificios. Salió el rey con todo esto hasta el lugar de los mexicas, donde fueron recibidos lo mejor que pudieron, dándoles la bienvenida. Después de que descansaron los mexicas metieron al indio que habían vestido con la piel de la hija del rey al aposento de Huitzilopochtli y lo pusieron a su lado, luego llamaron al rey de Culhuacán y padre de la muchacha y le dijeron que podía entrar a ver al dios y a la diosa que era su hija y hacerles reverencias ofreciéndoles sus ofrendas. El rey lo tomó por bien, se levantó, entró y comenzó a hacer reverencias, sacrificios de aves y a poner manjares e incienso y flores a sus sacrificios. Como el cuarto estaba oscuro no vio a quién estaba haciendo los sacrificios hasta que le dieron un bracero de lumbre para que pusiera incienso en él, y cuando se encendió la llama aclaró el lugar donde el dios y la piel de su hija estaban, al reconocer esta crueldad tan grande se llenó de horror y espanto, soltó el incensario y salió gritando a sus vasallos que como los mexicas habían cometido una maldad muy grande con su hija matándola, desollándola y vistiendo con su piel a un muchacho a quien habían hecho adorar, merecían morir y ser destruidos, sin que quedara rastro ni memoria de ellos.

Los mexicas al ver el alboroto se retiraron con sus hijos y mujeres por la laguna y empezaron a lanzar varas contra los de Culhuacán. Al ver la angustia de mujeres, niños y del pueblo en general, Huitzilopochtli llamó a sus súbditos y les dijo que consolaran a la gente y la animaran porque todo aquello sería para señal de bien.

LA TIERRA PROMETIDA

Fue así como después de 165 años de un largo peregrinar, encontraron, el 18 de julio de 1325 d. C., a un águila en un nopal devorando una serpiente, y supieron que ahí debían fundar su ciudad, ya que así lo había predicho y ordenado Huitzilopochtli. Tenoch, sacerdote y guía, le nombró México, que significa en donde está Mextitli o Huitzilopochtli.

El lugar en el que se asentaron los aztecas era una zona pantanosa situada en el lago de Texcoco, en terrenos del Señorío de Azcapotzalco, gobernado por Tezozómoc, en donde se les exigieron ciertos pagos y tributos, como era el formar parte de su fuerza militar, y también que les consiguieran productos del lago.

El único lugar seco que ocupaban eran los islotes del lago, que estaban rodeados de pantanos.

Después de tanto sufrimiento y peregrinar y tomando un islote como tierra, crearon palmo a palmo su ciudad, y no una ciudad cualquiera, sino una metrópoli a la altura o mejor aún de las esplendorosas ciudades de aquella época, y lo lograron porque demostraron tener la fuerza, el coraje, la entrega y sobre todo un alto nivel de organización. Desde un inicio la ciudad de Tenochtitlán quedó bien definida, el centro estaría ocupado por el espacio sagrado, el recinto ceremonial, el Templo Mayor, centro principal de la cosmovisión de la ciudad. Tenochtitlán se dividía en cuatro sectores que simbolizaban las cuatro direcciones del mundo, con el Recinto Ceremonial en el centro como quinta dirección. De su inmensa plaza principal partían cuatro calzadas de las que la occidental, la septentrional y la meridional conducían a ciudades menores, mientras la oriental lo hacía a los almacenes y al lago (hoy en día desecado). Cada sector se dividía en barrios, y aunque cada barrio tenía su propio templo y su divinidad, así como sus edificios administrativos, los templos más importantes se encontraban dentro del Recinto Ceremonial, que no sólo incluía pirámides-santuarios de los dioses más reverenciados, sino el terreno de un tlachtli (juego de pelota), la piedra de los sacrificios (cuauhxicalli), el friso de las calaveras, piscinas para baños ceremoniales, escuelas, un jardín botánico, un zoológico, una biblioteca y viviendas para los sacerdotes.

Los palacios tenían mayor independencia y singularidad arquitectónica que los edificios ceremoniales. Los soberanos aztecas (tlatoanis) poseían no sólo la autoridad económica y política, sino también la eclesiástica. Las personas llegaban a la ciudad por tierra y por agua, ya que muchas de las calles eran en realidad canales. La tierra era de propiedad comunal, excepto aquella designada para el sostenimiento de la casa real, de los sacerdotes, de los funcionarios y de los templos. Cada hombre tenía su parcela de tierra que podía disfrutar mientras viviera, pero si no la trabajaba durante dos años era amonestado, pudiéndola perder definitivamente si un año después seguía sin rectificar.

La estructura de la ciudad se apoyaba en el Recinto Ceremonial, en torno al Templo Mayor, y en las calzadas que iban a Tepeyac, a Ixtapalapa, a Tacuba, a Texcoco y al acueducto de Chapultepec. Aún hoy, en el plano de la actual Ciudad de México, se pueden apreciar estos grandes ejes de la estructura urbana precolombina. Por los cronistas españoles de la época de la conquista sabemos que el Recinto Ceremonial agrupaba varios edificios de los que, en la actualidad, sólo conocemos escasamente el Templo Mayor, recientemente excavado en toda su extensión, algunas estructuras que se han puesto al descubierto a raíz de diferentes obras efectuadas, distintas excavaciones practicadas en el subsuelo de la catedral metropolitana y numerosos monumentos escultóricos hallados en la zona desde el siglo XVIII. Aun así, esos escasos restos dan una idea precisa de la importancia y belleza que llegó a alcanzar este centro sagrado, verdadero corazón de la ciudad de Tenochtitlán.

Impresionante debió ser el movimiento en la ciudad. No sólo en el mercado de Tlatelolco, sino en los diferentes barrios o calpullis la gente se dedicaba a sus quehaceres, las mujeres a las labores de sus casas y los hombres sembrando en la milpa junto a su casa, o preparando chinampas, que se utilizaban al sur del lago. Los hombres que sembraban o que se dedicaban a la artesanía formaban parte de los macehuales o gente del pueblo y tenían que pagar tributo al tlatoani.

La otra cara de la moneda eran los nobles, ya que no tenían que pagar tributo y tenían muchos privilegios, ocupaban altos cargos administrativos, militares o sacerdotales. En el calmecac recibían una rígida disciplina, y de la nobleza era elegido su rey el tlatoani "el que tiene el poder de hablar".

Los pochtecas o comerciantes tenían privilegios y guardias propios que los defendían cuando iban a tierras lejanas a hacer negocios, ya que también servían de espías para Tenochtitlán.

Pese a que la ciudad azteca se encontraba perfectamente establecida, tuvieron que pasar casi cien años para que los mexicas alcanzaran su independencia; bajo el reinado de Itzcóalt, se aliaron con Texcoco y Tacuba y formaron lo que se llamó La Triple Alianza, esto se hizo con el objetivo de derrotar a los tepanecas, y lograron un imperio tan grande, que llegaron a dominar desde lo que es el centro de México, hasta lo que es en la actualidad la frontera de Guatemala, es decir, dominaron gran parte de Mesoamérica, logrando así un poder total entre los pueblos.

A la muerte de Itzcóatl, en 1440, las tres ciudades de la alianza dominaban en conjunto el valle central y otros territorios situados más allá de esta zona. Hasta la invasión de los españoles, le sucedieron cinco soberanos:

Moctezuma I: Gobernó de 1440 a 1469, durante su reinado se desbordó el lago de Texcoco e hizo construir un dique para proteger la ciudad, así como un acueducto de piedra que reemplazó al de madera que se surtía de agua de Chapultepec. En su reinado surgió la guerra florida, ya que se pensaba que todo lo malo que sucedía era porque Huitzilopochtli exigía más sacrificios. Decretó leyes para castigar embriaguez, adulterio y robo.

Axayácatl: 1469 a 1481. Durante su gobierno se realizó el calendario Azteca y sobrevino la guerra contra Tlatelolco.

Tízoc: 1481 a 1486, durante su reinado se terminó la remodelación del Templo Mayor, y pese a sus campañas de guerra no logró la expansión del imperio Azteca.

Se dice que quiso imitar a su padre Moctezuma, pues deseaba hacer cautivos en la guerra para sacrificarlos en su consagración. Por tal motivo empezó la guerra con Meztitlán, pero fue derrotado. No obstante, Tízoc fue recibido con los honores del triunfo y de inmediato se iniciaron las ceremonias de consagración del rey y las suntuosas fiestas de costumbre.

Tízoc, al verse derrotado en las guerras, ya no siguió peleando y para atraerse la protección de los dioses, decidió reconstruir el teocalli de Huitzilopochtli. La piedra de Tízoc o cuauhxicalli que se encontró el 17 de diciembre de 1791 al estar abriendo una zanja para atarjea, fue localizada cerca de la esquina sudoeste del cementerio atrio de la catedral, colocada en posición inversa. Otras grandes piedras fueron encontradas también, pero fueron despedazadas.

La piedra es un gran monolito de traquita, cilíndrico. En la parte superior tiene labrada en relieve la figura del sol alrededor de la pileta central, y en la parte convexa diversas figuras en las que se narran las conquistas pues son grupos de vencedores y vencidos también, pero éstos muestran que se trataba de un personaje más inclinado hacia la vida religiosa y mística que hacia la expansión militar. Se especula que su carácter, unido al fracaso en el ataque a Meztitlán y la blandura en el aplastamiento de una sublevación en Tollocan, pudieron suponer su asesinato a cargo de los nobles de su propia corte. Sin embargo, su reinado conoció algunos éxitos militares, plasmados en la "piedra de Tízoc", como son las tomas de Tamajachco y Miquitlan, en territorio huasteca, Atezcahuacán, en Puebla, u Otlappan, en Guerrero.

Ahuizótl: 1486 a 1502. Destacó como el más cruel de los jefes mexicas, se dice que para festejar la ampliación del templo de Huitzilopchtli sacrificó alrededor de veinte mil personas. Murió durante una gran inundación, mientras supervisaba las obras del acueducto que había mandado a edificar. Le sucedió en el trono Moctezuma II, del cual hablaremos más adelante.

Todos estos monarcas gobernaron con una doble preocupación: extender la hegemonía de la triple alianza a nuevos territorios y reforzar el poder de Tenochtitlán en desmedro de las otras dos ciudades.

De hecho, Moctezuma I extendió sus dominios por la zona occidental del valle de México; Axayácatl conquistó la ciudad de Tlatelolco y las regiones del Valle de Toluca, y Tízoc, expandió su poderío sobre Oaxaca, Tehuantepec y parte de Guatemala.

Los pueblos que iban sometiendo tenían que rendirles tributos. La cantidad de los tributos que recibían era realmente sorprendente, ya que se les hacía llegar casi todo lo que se producía en el territorio antes mencionado. Sólo por nombrar algunos de los tributos, se encuentran miles de prendas de algodón, vestidos, trajes guerreros, aves vivas, fardos de plumas —las cuales eran muy codiciadas—, pieles, conchas, cacao, piedras preciosas, y muchos alimentos. Estas mercancías se utilizaban para fiestas, para sostener a las ciudades, para pagar la administración, y para cubrir gastos de las guerras floridas. También se exigía como tributo el trabajo para poder construir los edificios y templos de la ciudad.

La forma que utilizaban los aztecas para recaudar los tributos, era que el tlatoani mandaba algunos representantes a los pueblos para que hablaran con los señores locales y les pidieran un regalo, se realizaba un protocolo de intercambio de regalos y los representantes les hacían peticiones como que les hicieran trajes, o les dieran un árbol, lo cual significaba que ya estaban sometidos. Si el señor se negaba, el soberano azteca enviaba a su ejército y lo sometía y con esto los convertía ya en tributarios, asignándoles el tributo que les correspondía entregar. Sin embargo, casi siempre los pueblos vencidos ofrecían lo que podían, una parte del tributo se recogía en ese instante y la otra parte se mandaba a la ciudad, también tomaban cautivos los cuales utilizaban para trabajo y para ir a las guerras.

Como se puede observar, los mexicas eran un pueblo completamente guerrero, su sociedad, sus ritos y creencias estaban fundadas en esta práctica. Así, los mexicas no utilizaban la guerra sólo para aumentar su poderío, sino también para agradar a sus dioses, principalmente a Huitzilopochtli, ofreciéndole sacrificios humanos. Los cautivos que sacrificaban eran resultado de las xochoiyaóyotl o guerras floridas, que fueron instituidas por Moctezuma I, las cuales iniciaban en un tiempo y lugar previamente acordado por los rivales. El lugar donde se llevaba a cabo era un lugar sagrado llamado Cuauhtlalli o Yaotlalli y la señal para que esta guerra iniciara era quemar una pira de papel e incienso, y aunque en las guerras algunos resultaban heridos y otros morían, éste no era el propósito de la batalla, sino tomar prisioneros y cautivos.

Cuando los dos rivales lograban su objetivo regresaban a sus lugares y sacrificaban a los prisioneros.

La primer guerra florida duró ochenta años y fue contra Chalco; en ésta solamente luchaban los nobles y procuraban no causar bajas al enemigo. Luchaban cuerpo a cuerpo y los capturados eran liberabados y no los sacrificaban.

Cuarenta años después seguían peleando cuerpo a cuerpo, pero en ese tiempo ya había muertos en las batallas y sacrificios, ya no sólo luchaban los nobles sino también el pueblo, utilizaban arcos y flechas, y ya no había distinciones de clase en la muerte y los sacrificios. Se cuenta que fueron sacrificados miles de prisioneros y probablemente nunca se sepa dónde alojaban a éstos mientras les llegaba la hora, y posiblemente tampoco sabremos qué hacían con los miles de cadáveres que estas guerras dejaron. Se cuenta que para celebrar la culminación del Templo Mayor, se llevó a cabo una celebración en la que se celebraron una cantidad de sacrificios inimaginable. Fue así como entre 1444 y 1465 los aztecas dominaron todos los pueblos chalcas.

Los aztecas conquistaron muchas ciudades, y aunque su objetivo no era agrandar su territorio ni controlar a los conquistados, lo que realmente querían era el tributo, por esto los gobiernos y provincias permanecían intactos con la finalidad de que tributaran. Los pueblos se sometían porque pensaban que si dejaban de tributar los conquistarían de nuevo, y es que cualquier cosa que pusiera en entredicho la superioridad militar de los aztecas podría llevar a una rebelión o a la pérdida del tributo.

Paralelamente, la acumulación de riquezas provenientes de los tributos y del crecimiento de la agricultura, permitió al mismo tiempo el desarrollo de la cultura (matemáticas, astronomía y arquitectura) y la consolidación de una casta dominante formada por los jefes militares y religiosos.

En 1502 sucedió en el trono Moctezuma Xocoyotzin (1480-1520), y podría decirse que durante su reinado se perdió el imperio.

Este tlatoani se distinguió por ser un hombre autoritario y déspota, además era un fanático y supersticioso que gobernó con nuevos lineamientos la administración pública. Quiso además que sólo se desempeñaran en los altos puestos los nobles, pues estableció claramente las jerarquías sociales, distinguiéndose el sacerdocio y los nobles. El pueblo quedó humillado y estableció la tiranía y el despotismo, tanto que les prohibió a los que no eran nobles que levantaran la cara para ver al rey, bajo la pena de perder la vida, y por ello se dice que los mexicas no sabían cómo era Moctezuma, porque nunca se atrevieron a mirarle.

Con el despotismo se dio el ceremonial y la etiqueta de la corte. El Cihuacóatl tenía una vara de cuyo tamaño habían de ser los sirvientes de la realeza y se dieron disposiciones terminantes al servicio y si había algún error se castigaba con la muerte de ellos. Impuso nuevos tributos y logró ampliar el comercio hasta Panamá. Su reinado (1502-1520) estuvo marcado por guerras constantes y sus tendencias despóticas causaron

gran inestabilidad y descontento. Consiguió el mayor auge de su reino, aumentó la recaudación de los tributos entre los señoríos vasallos y extendió el comercio y el intercambio de productos con los demás países de la región.

Para describir algunas de sus excentricidades, diversas historias y leyendas surgen alrededor de esta enigmática figura como lo fueron sus exigencias culinarias, ya que se cuenta que diariamente le eran presentados 300 platillos y para la gente bajo su servicio 1,000. Moctezuma comía en la misma sala de audiencia, sentado en un taburete y sirviéndole de mesa un gran almohadón cubierto de mantel blanco de algodón finísimo. La vajilla era de barro de Cholóllan, y ninguno de los utensilios le servía dos veces, pues se los daba a la servidumbre. Las jícaras en las que tomaba el chocolate eran de oro o de hermosas conchas de mar, en ocasiones especiales los platos también eran de oro. Los manjares eran tantos que llenaban el pavimento de una gran sala y se le presentaban toda clase de aves, animales de caza, peces, frutas y legumbres. Moctezuma señalaba con una vara los platos que quería y los demás los repartía a los señores que estaban en las antecámaras. Al ir a sentarse le ofrecían agua para lavarse las manos cuatro de sus más hermosas mujeres que permanecían de pie durante la comida.

Cuando salía lo llevaban cuatro grandes señores en andas riquísimas y otros lo cubrían con un palio de preciosa plumería, iba con un gran séquito de cortesanos. El monarca salía con traje espléndido y con calzado (cactli) de suelas de oro ornamentadas de fina pedrería, jamás pisaba la tierra pues iban unos grandes señores adelante barriendo el suelo y tendiéndole mantas para que no lo pisara y muchísimas más excentricidades tenía el monarca.

Bernal Díaz del Castillo, soldado español y cronista de la conquista, lo describía como un hombre de 40 años, a pesar de que tenía más de 50, buena estatura, delgado, atlético, no muy moreno, el cabello le cubría las orejas, barba rala y negra, cara larga y ojos alegres y buenos. Su mirada era amorosa, pero también grave cuando era necesario.

Muy limpio, se bañaba diariamente al atardecer. Nadie le miraba a la cara cuando se dirigía a él con las siguientes palabras: "tlatoani" (señor), "natlatoani" (señor mío), "hueytlatoani" (mi gran señor).

A cinco años de su reinado se descubre un Moctezuma con espíritu emprendedor de conquistas igual que sus antecesores, asegurada la de los pueblos inmediatos a México, al norte y al poniente, al sur la de los pueblos tlahuica, y al oriente los totonaca, ensanchó su poder en la Mixteca y buscaba apoderarse también de los quichés. Tenía la idea de formar con los pueblos tributarios una extensión de mar a mar.

La repetición continuada de la guerra florida para tener prisioneros que sacrificar a los dioses, la construcción del Coateocalli y la solemnidad con que celebró la fiesta de fuego nuevo, revelan cuánto cuidado tenía del culto.

Cuidaba la suntuosidad de sus palacios, tenía varias casas:

• Casa de las fieras, la cual era una casa hermosa con un patio de lozas blancas y negras, alrededor había unas jaulas hondas y grandes, la mitad de las jaulas se cubrían por lozas y la otra mitad por una red de madera, y en cada jaula un ave de rapiña y águilas, en otras jaulas había felinos salvajes y lobos, los alimentaban y los cuidaban 300 hombres.

• Casa de las aves, en ésta había un hermoso jardín con diez estanques en los cuales había toda clase de aves acuáticas tanto para las que se criaban en el mar, como las que se criaban en ríos y lagunas, a cada ave le tenían cuidados especiales así que a cada ave se le daba una dieta específica, también tenía un albergue en donde se alojaban, reproducían e inclusive se criaban reptiles a mano, sobre todo serpientes. En esta casa también había 300 hombres que las cuidaban y curaban cuando se enfermaban.

• Contaba también con una colección de hombres y mujeres albinos, enanos, jorobados, contrahechos, y hombres y mujeres monstruos.

• Casas de placer dentro y fuera de la ciudad. En estas casas había señoras, criadas y esclavas que eran cuidadas por matronas que las celaban, Moctezuma tomaba a las que le gustaban y las otras las utilizaba para premiar a sus súbditos, se dice que tenía amores con ciento cincuenta mujeres.

Quedaban pues los palacios a cada lado del templo, dejando espacio entre ellos para el tránsito. Este conjunto de templo y palacios constituía el centro de la ciudad.

En resumen, aunque Moctezuma era muy consciente de su dignidad, dentro de sus extravagancias le gustaba ostentar y que sus súbditos lo atendieran y alabaran constantemente.

Para dar mayor esplendor a su corte echó de ella a todos los empleados de origen plebeyo, y a los nobles los obligó a andar descalzos en su presencia y les prohibió usar adornos si no lo exigía alguna ceremonia importante.

Con el tiempo se volvió un poco paranoico y ordenó que los grandes señores sólo podrían abandonar la corte si previamente dejaban como rehenes a sus hijos o a sus parientes más cercanos.

Durante los dieciocho años de su reinado, Tenochtitlán alcanzó su máximo esplendor, pero también poco a poco se fue perdiendo el imperio.

EL RETORNO DE QUETZALCÓATL, LOS AUGURIOS

Desde 1509 se vieron españoles en el sur de México. De inmediato se dio aviso a Moctezuma, y como era supersticioso, creyó que era el retorno de Quetzalcóatl, ya que por aquellos días también ocurrieron varios siniestros meteorológicos, eclipses, terremotos, tormentas, y todo esto lo interpretaban como un mal augurio, además de que los habitantes de Cuetlaxtla habían visto en sus pozos que empleaban para hacer agüeros, hombres de extraña figura con trajes nunca antes vistos, una columna cayendo del cielo, mexicas cargando huacales, un ave con un espejo en la frente, pero sin duda lo que más llamó la atención, fue la aparición de un cometa en el año de 1516, lo cual significaba algo terrible para los aztecas y una segura señal de desgracia.

Cuenta la historia que en cada templo había un indio vestido con el traje del dios que lo representaba y era reverenciado como él, estos indios hacían penitencia y guardaban castidad durante un año.

El del teocalli de Huitzilopochtli, en aquella época era el mancebo Tzocoztli y habiéndose levantado por si acaso a la medianoche, vio por el lado del oriente un poderoso cometa de larguísima y resplandeciente cauda. Atemorizado, despertó a los sacerdotes y a los guardias, y todos lo estuvieron viendo hasta el amanecer que quedaba encima de la Ciudad de México, cuando amaneció, el cometa desapareció entre el brillo del sol.

El mancebo, junto con todos los que estuvieron con él, corrió a palacio y dio a Moctezuma la noticia de la aparición del cometa. Moctezuma quiso verlo él mismo, y en la noche subió a un mirador de su palacio, y desde ahí lo contempló atónito y aterrado, mandó Moctezuma llamar a sus astrólogos, adivinos, hechiceros para que le explicasen el prodigio; pero éstos contestaron que no lo habían visto, por lo cual se enojó y los mandó enjaular para dejarlos morir de hambre.

Después consultó a Netzahualpilli, a quienes todos tenían por sabio, y éste, siguiendo las creencias comunes, tomó por señal de desgracia y ruina de la nación al cometa, con esto decayó el ánimo de Moctezuma, y para vengarse mandó matar a todos los hechiceros, adivinos, astrólogos y encantadores que hubiera, mandó saquear sus casas, y esclavizar a sus hijos y mujeres. No conforme con esto, mandó llamar a otros astrólogos y todos predecían desgracias, pronto se corrió el rumor, y al amanecer todo el pueblo y otros pueblos estaban asustados.

Según los europeos el cometa de 1516 anunció la muerte de Fernando el católico de España y según los mexicas la de Netzahualpilli.

En aquella época Moctezuma mandó traer una piedra de Aculco para construir un nuevo Temalácatl (cilindro para el sacrificio gladiatorio) y cuando pasaba por el puente Xoloc se hundió y desapareció. Más tarde se le encontró en el mismo lugar de donde la sacaron. Moctezuma pensó que pronto iba a morir y mandó esculpir su efigie en Chapultepec, temeroso huyó y se fue a Tlachtonc, el Tepixtla del teocalli lo siguió y lo hizo volver a la ciudad.

Aquí podemos notar el estado de ánimo de Moctezuma y el temor que tenía de que se cumpliera la voluntad de los dioses.

Una segunda señal fue un sueño que tuvo Moctezuma, en el que un labrador le quemaba el muslo con una caña, y se asustó mucho cuando vio que tenía la marca en su pierna.

Pero lo que realmente le preocupó fue la tercera señal, ya que un indio extraño le contó que por la costa había visto unos cerros redondos que se movían en el mar. Mandó encarcelar por loco al hombre que había dicho esto, pero luego mandó al sacerdote Teotlamacazqui al mar a ver si era cierto, y en efecto, llegaron a la playa y desde ahí vieron a los cerros flotando en el agua, y de éstos salían hombres barbados.

Lo cierto es que creía que la profecía estaba por cumplirse, y es que como lo marcaban las creencias, Quetzalcóatl, la Serpiente Emplumada, el dios blanco que había enseñado a los hombres la virtud y odiaba los sacrificios humanos, regresaría por donde nace el sol como un personaje barbado y de piel blanca, y su regreso significaría el fin del imperio azteca.

¿Serían esos hombres enviados de Quetzalcóatl? Así que Moctezuma II decidió llamar a Consejo.

Corría el decimoséptimo año de su reinado; para los recién llegados era el año de 1519.

De tal modo que, cuando Hernán Cortés apareció, Moctezuma II prefirió no enfrentarse a los conquistadores españoles por identificarlos con Quetzalcóatl. Cortés desembarcó en las costas de Veracruz, de ahí tomó algunas ciudades, combatía exitosamente porque asustaba a los indígenas con sus caballos, apresaba indios, y a los naufragos españoles que habían quedado ahí algunas veces los utilizaba de traductores, lo cual le permitió conocer cuál era la situación de estos pueblos, y además aprovechar el temor y el odio que les despertaban los aztecas. Mientras Cortés hacía pacto con los caciques, recibía también dinero y mujeres.

En una ocasión al llegar Cortés a las costas de Tabasco, tras la victoria, el cacique Tabzcoob le obsequió veinte mujeres esclavas, entre las jóvenes que le entregaron hubo una mujer muy hermosa llamada Malintzin o Malinche como se le llamó posteriormente; se dice que era hija de los caciques de un pueblo llamado Painala y que fue vendida en secreto por su padrastro.

Cortés la bautizó como Marina y mantuvo con ella relaciones muy estrechas, de hecho, Malintzin sirvió de intérprete, traductora y consejera de Cortés, ya que al conocer varias lenguas del lugar, lo salvó en varias ocasiones de que lo emboscaran, y le aconsejó cómo manejarse de manera diplomática con los distintos pueblos. Malintzin fue también amante de Cortés y fue la más duradera, con ella tuvo a su hijo Martín; sin embargo, al terminar la conquista Cortés la casó con uno de sus capitanes, no sin antes reconocer al hijo nacido de su relación, Martín Cortés.

Después de que Moctezuma hubo consultado con el Consejo, ordenó enviar a los extranjeros blancos, ricos presentes para que no los atacaran. En realidad desde que los españoles pusieron pie en tierras mexicanas, los aztecas y otros pueblos estuvieron en contacto con ellos sin dejar nunca de enviarles numerosos presentes.

Primero fueron los atavíos sacerdotales dignos de Quetzalcóatl, al que se recibía en la persona de Cortés; después, una vez comprobado su carácter humano, fueron enviados ricos obsequios con los que se pretendía satisfacer la ambición de los recién llegados y preservar intacto el Imperio azteca.

En total, Cortés consiguió cerca de quinientas piezas de oro, mantas de algodón y objetos de plumas, los cuales envió a Cuba mientras él seguía con sus pesquisas.

El cronista Francisco López de Gómara, al narrar la conquista de México, incluye un listado bastante detallado de todo el botín y en él ya aparecen mencionadas las piezas de turquesa, las rodelas de plumas de muchos y finos colores, las mantas de algodón y de pluma y las máscaras, pectorales y demás ornamentos de oro, incluso "todas las piezas que son menester para armar un hombre de oro delgado", junto a ídolos y representaciones de animales.

Además, de todo lo que se le mandaba, también se les hizo una invitación a retirarse la cual obviamente rechazaron los españoles.

Moctezuma era profundamente religioso y dudaba. En más de una ocasión, sus soldados le llevaron a algún español, para mostrarle que los conquistadores españoles eran humanos, y no enviados de Quetzalcóatl, pero él seguía creyendo lo contrario. Le sorprendía la capacidad de Cortés para conseguir que pueblos antes sometidos se levantaran contra los aztecas, así como su astucia para librarse de las trampas. Como por ejemplo, lo ocurrido en Cholula, donde Moctezuma ordenó que lo emboscaran, y Cortés no sólo salió vivo, sino que se dio el lujo de mandarle un mensaje: que él, Cortés, sabía que Moctezuma no había tenido que ver en el asunto y que esperaba verlo pronto.

EL ENCUENTRO

Tenochtitlan.

Apesar de haberse negado varias veces, cuando los españoles se acercaron a Tenochtitlán, Moctezuma decidió que no podía evitar el encuentro, fue así que Cortés llegó a Tenochtitlán el 8 de noviembre de 1519.

Tenía Moctezuma en medio de la laguna una ciudad fuerte, la más fuerte del territorio según Bernal Díaz, un ejército aguerrido de mexicas, que cuando no podían vencer, sabían morir, contaba aún con todo el Anáhuac con abundantes recursos; sin embargo, sólo se le había ocurrido oponerse a los españoles con embajadas y presentes, sin ponerse valeroso al frente de sus guerreros y concluyó por abrir a los extraños la nunca profanada ciudad de Tenochtitlán.

Cuando se acercaban a la ciudad, los habitantes de Anáhuac llenaban los caminos para ver a esos guerreros extraños que del mar habían salido, al ponerse en presencia se asombraban las dos civilizaciones del Antiguo y Nuevo Mundo. El ejército de Cortés se componía de cuatrocientos españoles y siete mil aliados entre los que se encontraban señores tlaxcaltecas, xochimilcas, tepanacas y chalcas.

Era ciertamente una entrada triunfal, y sin embargo, Cortés siempre precavido, salió de Iztapalapa con su ejército en formación de guerra. Llevaban las banderas desplegadas, y marchaban tocando los tambores con gran sorna para provocar miedo a todos. Atravesó el ejército la calzada de Iztapalapa, por cuyos lados los contemplaban millares de indios en multitud de canoas que surcaban el lago.

Al llegar a un corte que daba paso a las aguas de la acequia de Xoloc el ejército español se detuvo. Moctezuma bajó de las andas y fue a su encuentro, Cortés se bajó del caballo y lo quiso abrazar pero se lo impidieron los otros señores pues lo tenían por divinidad y nadie lo podía tocar, entonces le puso al cuello un collar de piedras de vidrio. Moctezuma le mandó dar dos collares de caracoles rojos con ocho camarones de oro cada uno y le puso en la mano un plumaje labrado a manera de rosa.

Entraron en la ciudad con bailes, música y regocijos y salieron a su encuentro sacerdotes con incensarios y caracoles, todos con sus trajes de ceremonia hasta llegar al palacio de Axayácatl, donde fueron hospedados. Cuando ya estaban alojados regresó Moctezuma por Cortés y lo llevó al gran salón del palacio y le dijo que por las profecías de su religión, sabía cómo habrían de venir hombres de oriente, súbditos de Quetzalcóatl y que él, cediendo a la voluntad de los dioses, se le sometía.

El pueblo veía a su monarca como una divinidad y cayó ante su voluntad débil y enfermiza. Cortés tomó grandes precauciones en su alojamiento, no obstante, aprovechaba cualquier oportunidad para iniciar la cuestión religiosa.

Pese a la sumisión de Moctezuma, Cortés vivía en constante vigilancia, y aun para visitar la ciudad tenía que pedir licencia al monarca. Parecía que todo iba bien, pero el conquistador no pudo controlar su genio y comenzó a vociferar en contra de los dioses. El episodio dejó a todos mal parados: el español destruyó su propio mito de enviado de Quetzalcóatl y Moctezuma perdió jerarquía ante el pueblo, que lo criticaba por haber recibido a aquellos impostores.

Fue un gran error, pues los mexicas podían admitir cualquier cosa, salvo que les hablaran mal de su religión.

Moctezuma contestó airado que no podía permitir semejante insulto y obligó a Cortés a pedir disculpas. El conquistador no desistía de su idea de erradicar cualquier manifestación pagana y solicitó permiso para hacer un altar en una sala del palacio y ahí se les daba misa a los españoles.

Llevaba ya seis días en la ciudad y Cortés nada adelantaba. Reunió en consejo a los capitanes y a doce soldados distinguidos, entre ellos a Bernal Díaz. La situación de los españoles se hacía difícil, se habían metido en una isla en la que no tenían víveres si no se los daban los mexicas y era preciso quejarse ante Moctezuma.

Cortés encontró un medio de salvación al aprehender a Moctezuma, pues para esto tuvo facilidades, pues el emperador confiaba en la amistad de Cortés. De esta manera el conquistador alistó a su ejército por si algo salía mal. Mandó pedir audiencia a Moctezuma y se dirigió a su palacio con sus capitanes e intérpretes.

Moctezuma lo recibió en el salón de audiencias solo, como siempre, pues no sospechaba nada. Empezó Cortés a quejarse de la conducta del caudillo Cuauhpopoca, quien atacó a la guarnición española de Nautlán y culpó a Moctezuma, pero éste protestó que era extraño a los sucesos y mandó traer a Cuauhpopoca para castigarlo. Pero esto no era suficiente para Cortés así que le dijo a Moctezuma que creía preciso que mientras se aclarara la verdad y se castigaba a los culpables, lo acompañara al alojamiento de los españoles. El rey respondió indignado que no era persona para estar presa ni los suyos lo consentirían, a lo que Cortés le contestó que no iba preso sino con toda su libertad y sin que se le pusiera impedimento en su mando y señorío. Velázquez de León propuso dar muerte a Moctezuma si se resistía más. Marina le hizo saber esta resolución. ¿Por qué se sometió a ello Moctezuma? No se entiende muy bien, aunque se dice que Marina terminó por convencerlo.

Moctezuma estaba solo en medio de los decididos capitanes y lejos de sus guardias que no podían defenderlo del ejército español, además se le ofrecía respetar su señorío y éste consintió. Cundió rápida la noticia por la ciudad, y el pueblo comenzó a alborotarse, pero Moctezuma mandó que se sosegase.

El guerrero Cuauhpopoca y sus compañeros, llegaron presos a Tenochtitlán, después de un corto juicio, el 7 de diciembre, Cortés los hizo quemar vivos.

Al mismo tiempo Cortés cuidaba la construcción de sus naves, las cuales le permitirían andar en las aguas del lago y poder salir de la ciudad si era necesario. Cortés aún trataba de hacer creer a los mexicas que Moctezuma no estaba preso sino que lo acompañaba por disposición de Huitzilopochtli, y le permitía a veces salir de paseo e ir al teocalli siempre acompañado de capitanes españoles quienes fingían ser guardias de honor aunque en realidad eran sus custodios. Moctezuma, por su parte, le siguió obsequiando trajes, joyas, armas y mujeres.

Otra manifestación del poder de Cortés, fue el derrocamiento de ídolos y sustitución de éstos por la cruz cristiana. Esto lo hizo cuando entró en el recinto sagrado con otros españoles y sin tocar el teocalli de Huitzilopochtli subió al de Tlillan donde encontró muchos ídolos y con una barra de hierro los empezó a destruir, al enterarse Moctezuma, mandó pedir a Cortés permiso para ir a su encuentro, al llegar acordó que en aquel templo pusiera Cortés una virgen y el retablo de san Cristóbal, pero que le entregaran a sus dioses.

La confrontación

Cortés fue aprehendiendo poco a poco a los principales señores, para evitar que encabezaran alguna sublevación. Mientras tanto, en Cuba, el gobernador Velásquez, que desconfiaba de Cortés, envió a Pánfilo de Narváez con mil quinientos hombres para quitarle el mando. Moctezuma supo por sus mensajeros de la llegada a Veracruz de una fuerte expedición de españoles y lo hizo saber a Cortés, quien dejando una guarnición en México al mando del capitán Pedro de Alvarado, salió a combatir a Narváez.

Fue entonces, durante la gran fiesta de Tóxcatl, que se celebró en fecha cercana a la fiesta de Pascua de Resurrección de 1520, cuando Pedro de Alvarado perpetró un ataque a traición contra los mexicas, que se hallaban en el gran patio del Templo Mayor de la ciudad; hizo degollar a dos o tres mil personas que celebraban en el templo durante la fiesta de Tóxcatl, en honor del dios Tezcatlipoca. Alvarado intentó disculpar su actuación alegando una serie de razones que lo justificaban:

• Confidencias recibidas de algunos nativos leales que aseguraban que se estaba preparando un levantamiento general con los festejos como pretexto.

• Actitudes provocativas de los mexicanos con intentos de celebrar sacrificios humanos cuando les estaba prohibido.

• Pretensiones de sustituir las imágenes de la Virgen María por las de sus dioses.

• Comentarios sobre cómo iban a liberar a su emperador y degollar a los españoles, etc.

Ciertamente, la reunión de tantos indígenas era un motivo de preocupación para las pequeñas fuerzas hispanas y es de pensar que temieran lo peor, por esto, se cree que la verdadera causa de Alvarado fue un intento de provocar el miedo entre los aztecas, que degeneró, por los efectos de la lucha, en una carnicería, y no lo "que dicen algunas personas, que el Pedro de Alvarado por codicia de haber mucho oro y joyas de gran valor con que bailaban los indios, les fue a dar guerra, yo no lo creo, ni nunca tal oí, ni es de creer que tal hiciese (...), sino que verdaderamente dio en ellos por meterles temor" (Bernal Díaz del Castillo).

Mientras esto sucedía Cortés derrotaba a Narváez en Zempoala con sólo 266 hombres y volvía triunfante a Tenochtitlán; pero cual no sería su sorpresa al llegar y encontrar en rebelión a los aztecas a causa de la matanza de nobles que había realizado Alvarado.

El alzamiento de los aztecas estaba bajo las órdenes de un sobrino de Moctezuma, Cuauhtémoc. Los españoles sitiados en el palacio se habían salvado gracias a la intervención de Moctezuma que calmó a su pueblo hablándoles desde la azotea; al llegar Cortés el 25 de junio de mil quinientos veinte, los nobles y sacerdotes destituyeron a Moctezuma y nombraron gobernante a su hermano Cuitláhuac. Nuevamente sitiaron a los españoles y Cortés dispuso que el emperador se asomara a la terraza del palacio para pacificar a su gente.

Pero Moctezuma ya no inspiraba respeto: apenas salió a enfrentar a la multitud le gritaron que no era nadie y que en su lugar habían nombrado a su hermano Cuitláhuac. Para que no quedaran dudas, lo derribaron a pedradas. Se dice que esto fue causa de su muerte.

También se dice que para él —a quien hacía sólo unos meses nadie se atrevía a mirarlo a los ojos— esa afrenta resultó insoportable: no volvió a probar alimento y se dejó morir de tristeza y humillación.

A la muerte de Moctezuma, tomó el poder su hermano Cuitláhuac, quien se había destacado por oponerse a la entrada de Cortés a la ciudad y propuso combatirlos en el campo pero sus consejos no fueron escuchados por su hermano y éste no sólo los recibió sino que fue a su encuentro.

Ya al mando de la ciudad, Cuitláhuac encabezó varias batallas sangrientas durante cinco días, hasta llegar a la batalla de la Noche Triste, nombre que reciben tanto la retirada de la ciudad de Tenochtitlán de las tropas mandadas por Hernán Cortés, compuestas por la expedición conquistadora española y por algunos de sus aliados tlaxcaltecas, como la derrota infligida por los aztecas, la cual tuvo lugar durante las últimas horas del 30 de junio y las primeras del 1 de julio de 1520.

Cuando los españoles trataban de salir de la ciudad fueron atacados por los aztecas y acabaron con la vida de la mayoría de ellos y de los tlaxcaltecas aliados, recuperarando los tesoros que éstos llevaban consigo.

Tras una larga batalla, Cortés y parte de sus tropas lograron llegar a tierra firme en las primeras horas de la madrugada, pero habían sufrido una tremenda derrota.

Se dice que Cortés lloró la derrota al pie de un ahuehuete y por eso se le llama la Noche Triste. Los españoles huyeron, y cabe mencionar que los rezagados por culpa de su carga fueron atrapados por los aztecas y sacrificados a los dioses. Al huir, Cortés y sus hombres trataron de refugiarse en Tlaxcala, pero al llegar al Valle de Otumba se vieron cercados por muchos indígenas, otra vez el combate fue muy reñido, y Cortés lo decidió audazmente, al atacar al abanderado que llevaba el pendón real; al perder éste, los indígenas se apartaron.

Cortés estuvo en Tlaxcala aproximadamente seis meses construyendo unos barcos para volver a atacar Tenochtitlán, pero esta vez, sería por la parte del lago.

Mientras tanto, los aztecas eran diezmados por una enfermedad hasta entonces desconocida en América, una terrible epidemia de viruela, que fue traída por un soldado infectado que pertenecía a las filas de Pánfilo Narváez, el mismo Cuitláhuac murió a causa de esta enfermedad.

Al morir Cuitláhuac, Cuauhtémoc lo sucedió en el trono, y se convirtió, sin saberlo, en el último tlatoani.

Mientras esto ocurría en la capital azteca, Cortés se fue adueñando uno a uno de los territorios cercanos a Tenochtitlán, y en los primeros meses de 1521 empezó el sitio de la ciudad; después de setenta y cinco días de resistencia heroica por parte de Cuauhtémoc, la ciudad cayó pues en manos de los españoles, ya que Cuauhtémoc, sólo resistió hasta agosto de 1521.

Cuauhtémoc se embarcó con su familia para ponerse a salvo, pero lo alcanzaron y los españoles lo tomaron preso, lo llevaron ante Cortés, y pronunció las famosas palabras: "ya que hice cuanto era necesario en defensa de mi ciudad y de mi pueblo, y vengo preso y por la fuerza ante tu persona, toma luego el puñal y mátame con él". Como se pudo dar cuenta Cortés, Cuauhtémoc no era Moctezuma, y admiró la valentía de su prisionero, motivo por el cual fue bueno con él, al menos en un principio.

A Cuauhtémoc lo torturaron junto con Tetlepanquetzal, señor de Tlacopan, les quemaron los pies con aceite hirviendo, para que confesaran dónde estaba escondido el tesoro, Cuauhtémoc soportó en silencio, pero llegó un momento en que su compañero comenzó a gritar por las quemaduras.

El emperador lo hizo callar con una pregunta: "¿Estoy yo acaso en un deleite o un baño?¿Acaso estoy yo en un lecho de rosas?"

Cortés dirigió una expedición hacia las Hibueras, llevándose a Cuauhtémoc, al señor de Texcoco y al señor de Tlacuapan, la expedición atravesó Veracruz y Tabasco, y tras varios sucesos, llegaron a Acallán, en febrero de 1525; para esos días, Cortés recibió ciertos rumores, en los que se decía que Cuauhtémoc y sus compañeros trataban de recuperar el poder, y decidió matarlos, luego de un proceso ficticio en el que se les acusaba de conspiración, y el cual indignó a muchos de sus seguidores, tal como escribió Bernal Díaz del Castillo, cronista que acompañó al conquistador: "Y fue esta muerte que le dieron muy injustamente dada, y pareció mal a todos los que íbamos a aquella jornada". Los mandó a la horca en la ciudad de Izancanac, la noche del 28 de febrero de 1525.

Siendo así lo ocurrido, los aztecas, ya privados de sus jefes, fueron sometidos de una manera mucho más fácil, por esto Cortés inició inmediatamente la reconstrucción de Tenochtitlán, y en 1522 Carlos V, informado del éxito obtenido, lo nombró gobernador y capitán general de la Nueva España.

EL ESPLENDOR DE UN PUEBLO

Cuenta la historia que cuando el tlatoani Moctezuma Ilhuicamina enfermó, su primo Netzahualcóyotl, señor de Texcoco, fue a visitarlo y mientras que atravesaba el lago en su piragua, pudo disfrutar del paisaje que el soberbio lago le ofrecía. Contempló la vegetación circundante y la niebla que flotaba sobre las aguas y sintió que la muerte se acercaba. Así fue como este momento le inspiró para escribir un poema en el que por primera vez en la poesía náhuatl, el señor de Texcoco describía el paisaje de Tenochtitlán.

Flores de luz erguidas abren sus corolas
donde se tiende el musgo acuático, aquí en México,
plácidamente están ensanchándose,
y en medio del musgo y de los matices
está tendida la ciudad de Tenochtitlán:
la extiende y la hace florecer el dios:
tiene sus ojos fijos en un sitio como éste,
los tiene fijos en medio del lago.
Columnas de turquesas se hicieron aquí,
en el inmenso lago se hicieron columnas.
Es el dios que sustenta la ciudad
y lleva en sus brazos a Anáhuac en la inmensa laguna.
Flores preciosas hay en vuestras manos,
con sauces de quetzal habéis rociado la ciudad,
y por todo el cerco, y por todo el día... [1]

---

[1] *Cantares mexicanos*, traducción Ángel María Garibay.

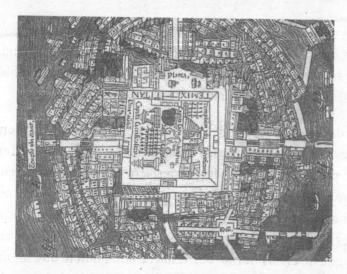

La visión indígena de la gran Tenochtitlán la encontramos en este poema de Netzahualcóyotl. Más tarde, después de la conquista, un nieto de Moctezuma Xocoyotzin, Fernando de Alvarado Tezozómoc, escribiría en 1609, *Crónica mexicáyotl*, en ella describe en lengua náhuatl las antigüedades indias. En las primeras hojas de esta evocadora obra, hace elogios de aquella vencida y reconstruida ciudad.

"El renombre y la historia del principio de México-Tenochtitlán, la que está adentro del agua, en el tular, y se le llama el carrizal del ventarrón, la que se constituyera en cabecera de todos los poblados, según lo dijeron en su relato y nos lo dibujaron en sus pergaminos, los viejos y las viejas, nuestros abuelos y abuelas, nuestros antepasados, nunca se perderá, ni se olvidará lo que ellos hicieron, siempre lo guardaremos, nosotros los que somos hijos, nietos, descendientes, sangre y color suyos: lo dirán y lo nombrarán quienes vivan y nazcan, los hijos de los mexicanos, los hijos de los tenochcas".

Si bien éstas son las únicas dos alusiones indígenas que conservamos al esplendor de la antigua ciudad de los tenochcas, los conquistadores serían quienes describieran de forma más elocuente lo que sus incrédulos ojos encontraron al llegar al Valle de México.

En la segunda Carta de Relación, que firma Hernán Cortés en Segura de la Frontera (Tepeaca), el 30 de octubre de 1520, describe al final la excepcional civilización que existía en México, el mercado, los templos, las casas, la organización urbana del imperio, los magníficos palacios de Moctezuma, el jardín zoológico, así como el protocolo de la corte. En ella se nota también cuánto admiró a este pueblo por la refinada y avanzada civilización:

"Para dar cuenta, muy poderoso señor, a Vuestra Real Excelencia, de la grandeza, extrañas y maravillosas cosas de esta gran ciudad de Temixtitan, del señorío y servicio de este Mutezuma, señor de ella, y de los ritos y costumbres que esta genta tiene, y de la orden que en la gobernación así, de esta ciudad como de las otras que eran de este señor, hay, sería menester mucho tiempo y ser muchos relatores y muy expertos; no podré decir de cien partes una, de las que de ellas podrían decir, mas como pudiere diré algunas cosas de las que vi, que aunque mal dichas, bien sé que serán de tanta admiración que no se podrán creer, porque los que acá con nuestros propios ojos las vemos, no las podemos con el entendimiento contemplar".

En esta misma Carta de Relación, Cortés comienza por situar el magnífico escenario: el enorme valle o cuenca de México se encuentra rodeado de "ásperas sierras" con dos lagos, que casi lo cubren totalmente, el menor de agua dulce y el mayor de agua salada, comunicados por un estrecho. Utilizan preferentemente canoas para el tráfico y la comunicación. La ciudad de Tenochtitlán situada en el lago salobre se encuentra comunicada a tierra firme por cuatro calzadas, tan anchas como dos "lanzas jinetas". Las calles de esta ciudad son mitad agua y mitad tierra, son interrumpidas por puentes, que al retirarse aseguran también la protección de la ciudad.

Esta descripción de Cortés, presenta algunas discrepancias con las de Bernal Díaz quien al exponer el mismo tema, describe el admirable paisaje del valle, los lagos, las calzadas y las edificaciones que se lograban contemplar desde lo alto del Templo Mayor. Bernal Díaz describe únicamente tres calzadas principales (Iztapalapa, Tacuba y Tepeaquilla o Tepeyac) en lugar de cuatro como lo haría Cortés.

Cortés también describe las casas o palacios de los principales, de los que dice tienen "muy buenos aposentos" y muy "gentiles vergeles de flores".

El impresionante doble acueducto que traía el agua de Chapultepec a la ciudad; así como el sistema de alcabalas y el orden que guardaba la ciudad.

Al hacer referencia a las "Casas de placer" que tenía en la ciudad Moctezuma, dice Cortés que eran "tales y tan maravillosas" que "en España no hay su semejante". Con gran admiración describe la amplitud, belleza y cuidado con que era mantenido el jardín zoológico, con estanques para los peces y jaulas y casas para las aves y fieras, cada especie era atendida según sus necesidades. Junto a éstos se encontraban las casas de los albinos y monstruos humanos.

En cuanto a las costumbres y protocolos dentro de la corte de Moctezuma, describe la comida real en la que le sorprenden los braséricos que ponían bajo cada plato para mantenerlo caliente, y cómo antes y después de la comida se lavaba las manos el tlatoani. Cada día el monarca estrenaba cuatro prendas y sus acompañantes acataban sus ordenes en extremo y nunca le veían el rostro.

LA CONSTRUCCIÓN DE UNA CIUDAD

El sitio de Tenochtitlán quedó definitivamente establecido el 26 de mayo de 1521. Después del feroz ataque, la ciudad quedó en ruinas, y Cortés mandó limpiar de cadáveres y escombros la ciudad reconquistada para reedificarla.

Una vez que los conquistadores españoles regresaron de Coyoacán a la destruida Tenochtitlán, trazaron los planos de la nueva ciudad española que rodeaba los barrios indígeneas; se repartieron solares a los conquistadores y pobladores, para que edificaran casas y palacios; aquellos terrenos abarcaban el sitio limitado actualmente por la Plaza de la Constitución (Zócalo), las calles de 5 de febrero y de Venustiano Carranza y la avenida 20 de noviembre.

De inmediato se iniciaron las construcciones de iglesias y conventos; se dio asiento a la primera Universidad; se estableció la primera imprenta del continente; se organizaron nuevos mercados y plazas, se reestableció el acueducto y se construyó la Alameda.

También se construyeron hospitales y escuelas, comenzaron a cuidarse los servicios públicos, todo esto siempre bajo las constantes inundaciones que sufría la ciudad. De este modo los indígenas que vieron caer la gran Tenochtitlán, fueron los que construyeron la nueva ciudad, con los restos de sus antiguos templos como material y sus manos como herramientas. En unas cuantas décadas lo que fuera la ciudad tenochca ahora lucía como una ciudad a la usanza española, pero guardando un toque propio que provenía de la sensibilidad de los artífices indios.

Uno de los primeros franciscanos en llegar a México fue Fray Toribio de Benavente (Motolinía) y describió la gran ciudad de esta manera, hacia los años de 1535-1543:

"En lo material está México-Tenochtitlán muy bien trazada y mejor edificada, de muy buenas y grandes y fuertes casas, y muy gentiles calles. Es muy proveída y bastecida de todo lo necesario, ansí de lo que está en la tierra, como de las cosas de España. Andan ordinariamente cien arrieros desde el puerto que se llama de la Vera Cruz de San Francisco proveyendo esta ciudad, y muchas carretas que hacen lo mismo, y cada día entra gran multitud de indios cargados de bastimentos y tributos, ansí por tierra como por agua ansí en acales o barcas, que en lengua de las islas llaman canoas. Todo esto se gasta y consume en México que pone admiración; más se gasta en la Ciudad de México que en dos o tres ciudades de España de su tamaño; cáusalo que todas las casas están muy llenas de gente, y también que gastan largo.

"Hay en ella muy hermosos y muchos caballos, el maíz lo hace y el continuo verde que todo el año comen... En postrer alarde que poco ha se tuvo se hallaron 603 de caballo. Tiene muchos ganados de vacas, y yeguas y ovejas y caballos. Tiene muchos ganados de vacas, y yeguas y ovejas y cabras y puercos. Entra en ella por una calzada un grueso caño de muy gentil agua que se reparte por muchas calles, y por esta misma calzada tiene una hermosa salida de una parte y otra, llena de huertas, que tira una legua".[2]

El 10 de mayo de 1532 el Ayuntamiento quedó instalado en las casas consistoriales y el 17 de febrero de 1564, al abrirse la casa de Moneda, pudo adquirir la parte occidental del predio que había sido ocupada por la fundición.

De la ciudad de los aztecas destruida en 1521, sólo quedaban los cimientos de los grandes cúes, las acequias y los ejes de las dos calzadas, la de

---

[2] Fray Toribio de Benavente (Motolinía). *Memoriales o libro de las cosas de la Nueva España y de los naturales de ella* (1535-1543).

Tacuba, de poniente a oriente, y la de Iztapalapa, de norte a sur (hoy calles de Argentina, Seminario y Pino Suárez).

Sobre las antiguas trazas indígenas y en torno a la gran plaza que limitan los palacios y la catedral, el alarife Alonso García Bravo, bajo la dirección de Hernán Cortés, hace la primera traza de la nueva ciudad (1513-1539). La primera traza de García Bravo, la cual pronto se vio en la necesidad de ampliar, estaba limitada aproximadamente por las actuales calles de San Juan de Letrán, al poniente; de Colombia, al norte; de Jesús María al oriente, y de José María Izazaga, al sur.

La nueva ciudad fue rebautizada el 4 de julio de 1548 por la Cédula Real, como la "Muy Noble Insigne y Leal Ciudad de México".

La Ciudad de México por su tamaño (165,000 habitantes, según Juan López de Velasco) e importancia, era una de las primeras preocupaciones de Hernán Cortés, pero a la par las poblaciones que la rodeaban igualmente sufrían cambios significativos.

Debido al hambre que padecía, el pueblo se amotinó el 8 de junio de 1692, incendió el palacio de los Virreyes y luego puso fuego a la sede del poder municipal. Carlos de Sigüenza y Góngora, desafiando las llamas, salvó el archivo de las actas de cabildo. En 1714 el virrey Fernando de Alencáster, duque de Linares, dispuso que se reconstruyera el edificio, pero las obras se iniciaron hasta 1720.

Por el año de 1740, después de doscientos años de ser parte dependiente del imperio español, la Nueva España, o México como se le conoce actualmente, entró en una era de cambios conocida con los nombres de Ilustración y Siglo de la Luces. En este siglo, que abarca del reinado de Fernando VI (1756-1759) y el virreinato de Francisco de Güemes, conde de Revillagigedo (1746-1755), al reinado de Carlos IV (1788-1808) y al virreinato de José de Iturrigaray (1803-1808), la Nueva España amplió su territorio y su población, se enriqueció, cambió de sistema político, creó un nuevo grupo social, se ilustra, se da cuenta de sí misma y se prepara para hacer vida independiente de la nación española.

Hacia 1760 los jesuitas jóvenes de la Nueva España le perdieron cariño y respeto a la vieja España y le cobraron amor e interés a México, dejaron de sentirse hijos de una raza y comenzaron a considerarse hijos de una tierra. Se dijeron descendientes del imperio azteca y proclamaron con orgullo su parentesco con los indios.

Desde 1786, se divide al país en intendencias, base de la futura división en Estados.

En 1794, se produjo la conspiración realizada por el contador Juan Guerrero. En 1799, fue la conspiración de los Machetes en la que participaron un buen número de personas, con el propósito de hacer una guerra para sacudirse a los europeos. Sobre todo, desde 1796 la mala voluntad contra el régimen español creció en la capital de la Nueva España y en las principales ciudades de la provincia.

MÉXICO INDEPENDIENTE

México permaneció bajo el férreo puño de España cerca de 300 años, hasta que los mexicanos se levantaron en contra el 16 de septiembre de 1810. El padre Miguel Hidalgo, tocó la campana de la iglesia en la ciudad de Dolores y dio su histórico grito convocando al pueblo a la libertad.

El 27 de septiembre de 1821 el ejército trigarante, con Agustín de Iturbide al frente, hizo su entrada triunfal a México y el 28, se nombró al primer gobierno independiente.

Al consumarse la Independencia, se suprimió la Alhóndiga y se declaró libre el comercio de carnes. Esto dio motivo a que se establecieran multitud de vendimias a lo largo de lo que era el Callejón de la Diputación (actualmente la avenida 20 de noviembre). Estas alacenas y puestos desaparecieron hasta 1888.

El Congreso constituyente, aunque en él predominaban los enemigos de la monarquía, eligió a Iturbide emperador con el nombre de Agustín I. Éste, tras una fastuosa coronación, gobernó once meses, desde mayo de 1822. En agosto supo de una conspiración en su contra en la que estaban metidos algunos diputados. En octubre, deshizo el Congreso y nombró en su lugar una junta encargada de hacer un reglamento político provisional y convocar a elecciones para un nuevo Congreso. En diciembre, el brigadier Antonio López de Santa Anna, se sublevó en Veracruz y proclamó la República.

En enero de 1823, el general Antonio Echávarri, enviado por el emperador para combatir a López de Santa Anna, pactó con el enemigo. En marzo, Agustín I se arrancó la corona, restableció el disuelto Congreso y salió del país.

En abril del mismo año, los diputados disolvieron la monarquía y nombraron un triunvirato para el desempeño del Supremo Poder Ejecutivo.

El Acta Constitutiva de la Federación del 31 de enero de 1824 y la Constitución Federal del 4 de octubre siguiente fijaron las bases para la organización política y administrativa de los Estados Unidos Mexicanos.

El 18 de noviembre de 1824, el Congreso señaló a la ciudad de México como sede oficial de los poderes de la nación y le asignó al Distrito, que desde entonces se llama Federal, la superficie comprendida en un círculo de dos leguas de radio con centro en la Plaza Mayor. La elección de la Ciudad de México como capital de la República se debió en gran medida a los argumentos que adujo ante el Congreso el diputado Servando Teresa de Mier.

La Constitución de 1824 dividió a México en diecinueve estados y cinco territorios.

LA INTERVENCIÓN
NORTEAMERICANA

En febrero de 1847, la flota americana, formada por 13,000 hombres y comandada por el general Winfield Scott, llegó a Veracruz. Después de una sangrienta batalla, donde el pueblo se defendió heroicamente, los norteamericanos avanzaron sobre Puebla sin encontrar resistencia. Scott y sus tropas permanecieron en Puebla hasta el mes de agosto en que marcharon sobre México, lo cual dio tiempo a Santa Anna para organizar la defensa de la capital, en donde reunió unos 18,000 hombres y fortificó varios puntos auxiliado por los generales Valencia, Bravo y Álvarez.

Los americanos penetraron en el Valle de México por el sureste y se situaron en Tlalpan, adonde había sido destacado el general Valencia para observar los movimientos del enemigo desde las alturas cercanas a San Ángel, con instrucciones de no atacar al enemigo sino sólo en el caso de que éste atacara alguna de las posiciones de defensa.

Santa Anna ordenó entonces que las tropas que había en San Ángel y en la hacienda de Coapa se retiraran, y que los batallones de *polkos* se hicieran fuertes en el convento de Churubusco al mando de los generales Anaya y Rincón.

La defensa de Churubusco fue verdaderamente heroica, hasta que agotado el parque los mexicanos tuvieron que suspender el combate; en tal situación los supervivientes fueron hechos prisioneros por los norteamericanos.

Para entrar en la capital sólo faltaba a los americanos apoderarse de Chapultepec y de las garitas. Scott ordenó en consecuencia el ataque al Castillo, que estaba defendido por el general Bravo, con 800 hombres, incluyendo a los alumnos del Colegio Militar.

Los norteamericanos atacaron el 13 de septiembre de 1847; las tropas de Bravo lucharon heroicamente, en especial los cadetes, seis de los cuales murieron en la pelea: el teniente Juan de la Barrera y los alumnos Juan Escutia, Francisco Márquez, Agustín Melgar, Fernando Montes de Oca y Vicente Suárez.

Al triunfar los norteamericanos tomaron posesión del Castillo e hicieron prisioneros a sus defensores. Los invasores ocuparon la capital el 14 de septiembre de 1847, y desde ese día ondeó el pabellón de las barras y las estrellas en el Palacio Nacional, por lo cual el pueblo mexicano indignado rompió el fuego desde las azoteas de los edificios. En ese ataque murieron muchos soldados norteamericanos.

Las tropas invasoras permanecieron en México hasta el 12 de junio de 1848, fecha en que salieron para embarcarse en Veracruz.

TIEMPOS DE INESTABILIDAD

Entre 1821 y 1850 reinó la inquietud en todos los órdenes. En treinta años hubo cincuenta gobiernos, casi todos productos de cuartelazos; once de ellos presididos por el general Santa Anna.

El 16 de febrero de 1854 el presidente Antonio López de Santa Anna, quien desde el 16 de diciembre anterior gobernaba con absoluto poder, decretó los límites del Distrito de México: al norte, hasta el pueblo de San Cristóbal Ecatepec; por el noroeste, hasta Tlalnepantla; por el oeste, hasta Los Remedios, San Bartolo y Santa Fe; por el suroeste, hasta Huixquilucan, Mixcoac, San Ángel y Coyoacán; por el sur, hasta Tlalpan, Xochimilco e

Ixtapalapa; por el oeste, hasta el Peñón; y por el noreste, hasta la mitad de las aguas del lago de Texcoco.

El Distrito quedó dividido en ocho prefecturas centrales, que correspondían a los otros tantos cuarteles mayores que formaban la municipalidad de México, y tres exteriores (Tlalnepantla, Tacubaya y Tlalpan).

El 18 de febrero de 1856 se reunió en México, el Congreso constituyente, formado en su mayoría por diputados de ideas liberales, entre cuyos miembros más distinguidos se contaban Ponciano Arriaga, Francisco Zarco, Ignacio Ramírez, Melchor Ocampo y Valentín Gómez Farías.

El 5 de febrero de 1857 aprobó el Congreso la nueva Constitución política que organizaba al país en forma de "República representativa, democrática, federal", compuesta de 23 Estados Libres y Soberanos en su régimen interior, pero unidos en una "federación".

El 15 de julio de 1867 Benito Juárez entra en la capital a recibir el aplauso popular que celebra la victoria republicana; ese mismo día Porfirio Díaz le anuncia su decisión de retirarse del ejército, declarando que se dedicará a la agricultura en su finca La Noria, cercana a la ciudad de Oaxaca.

El 10 de abril de 1865 el archiduque Maximiliano expidió el Estatuto Provisional del Imperio Mexicano, conforme al cual el Distrito Federal quedó comprendido dentro del Departamento del Valle de México. Esta disposición terminó al triunfo de la República.

EL PORFIRIATO

Después de algunas acciones militares, el presidente Lerdo de Tejada abandonó el poder y decidió expatriarse voluntariamente radicándose en los Estados Unidos. Libre el camino hacia la presidencia, el general Díaz ocupó la Ciudad de México, se adueñó del poder y, tras un simulacro de elecciones, se instaló en la silla presidencial el 5 de mayo de 1877.

El 4 y el 17 de agosto de 1898 se aprobaron los convenios de límites entre el Distrito Federal y los estados de Morelos y México, respectivamente.

Por decreto del 16 de diciembre de 1899, el Distrito Federal se dividió, para su régimen interior, en la municipalidad de México y en las prefecturas siguientes: Guadalupe Hidalgo, Azcapotzalco, Tacubaya, Coyoacán, Tlalpan y Xochimilco.

El 26 de marzo de 1903 se expidió la Ley de Organización Política y Municipal del Distrito Federal, en virtud de la cual el Distrito Federal quedó dividido en 13 municipalidades.

En 1909 se organizó el Partido Democrático, compuesto de elementos porfiristas que pretendían una evolución pacífica a fin de cambiar el régimen de la dictadura por el imperio de la Constitución; luchaban también por la moralización de la justicia, el fomento de la educación pública y una adecuada legislación agraria y obrera.

Encabezaba este partido el licenciado Benito Juárez Maza, con quien colaboraron otros intelectuales de la clase media.

En ese mismo año (1909) se organizó igualmente el Partido Antirreeleccionista, que postulaba el principio de "Sufragio Libre. No Reelección". Sus representantes celebraron una convención en la Ciudad de México en abril de 1910, en la que designaron candidato a don Francisco I. Madero y a don Francisco Vázquez Gómez para la vicepresidencia.

LA REVOLUCIÓN

Según algunos historiadores, el 26 de junio de 1910, día de las elecciones, había en las cárceles de la República más de seis mil partidarios de Francisco I. Madero, presos. Sin embargo, se hicieron las elecciones, en las que, naturalmente, triunfó el fraude electoral y resultó reelecto por sexta vez el general Porfirio Díaz.

Sin embargo, el régimen porfirista se hallaba en completa decadencia política y social. El general Díaz había envejecido y con él la dictadura; entonces se rompió el equilibrio en que ésta se basó durante casi treinta años.

En 1912, y con el fin de adoctrinar a la clase obrera, se establece en la capital de la República —dice Lombardo Toledano— la Casa del Obrero Mundial.

Al ocupar la capital de la República, Carranza quiso entrar en arreglos con Emiliano Zapata, quien con sus actividades guerrilleras había contribuido tanto a la victoria revolucionaria. Pero el caudillo del sur, cuya desconfianza desde la época de Madero no reconocía límites, exigió la subordinación del primer jefe y del ejército constitucionalista al Plan de Ayala. Al hacerlo así pensaba, probablemente, en su adhesión al Plan de San Luis por una cláusula agraria nunca cumplida por Madero. De aquí su negativa a adquirir compromisos, procurando que los demás aceptaran los postulados del Plan de Ayala cuando todavía el constitucionalismo, aún débil, no cumplía claramente su propósito social.

Los profundos desacuerdos hicieron imposible, a la larga, el entendimiento entre carrancistas y zapatistas.

En diciembre de 1916, en su Proyecto de Reformas a la Constitución de 1857, el primer jefe, Venustiano Carranza, propuso adherir al Distrito Federal los distritos de Chalco, Amecameca, Texcoco, Otumba, Zumpango, Cuautitlán y parte del de Tlalnepantla, para lo cual los límites con el Estado de México se establecerían siguiendo la línea de cumbres de las serranías de Monte Alto y Monte Bajo; sugirió además suprimir la previsión del Estado del Valle de México, pero sus iniciativas no fueron aceptadas.

El México
Contemporáneo

En 1921, dio principio la verdadera reconstrucción nacional. A pesar de su lentitud y de los altibajos para realizarla, la reforma agraria se ponía en marcha. El latifundio iría cediendo ante la pequeña propiedad, pues según el criterio oficial del momento, esa era la forma óptima de explotación de la tierra.

En 1924, establecidas ya las nuevas bases del poder político, ocupó la presidencia Plutarco Elías Calles.

La reforma de la fracción IV, al artículo 73 constitucional, del 28 de agosto de 1928, suprimió el régimen municipal en el Distrito Federal y encomendó el gobierno del mismo al presidente de la República, quien lo ejercería por conducto del Departamento Central, creado en esa misma fecha, con jurisdicción en las antiguas municipalidades de México, Tacubaya y Mixcoac, y en 13 delegaciones.

En la Ley Orgánica del Gobierno del Distrito Federal, del 31 de diciembre de 1941, ya sólo aparecen como partes de la entidad, la Ciudad de México y once delegaciones.

En la Ley Orgánica vigente, publicada en el Diario Oficial el 29 de diciembre de 1978, se reitera que los límites del Distrito Federal son los fijados por los decretos del 15 y 17 de diciembre de 1898 y se indica que el Distrito

Federal o Ciudad de México se divide, de acuerdo con sus características geográficas, sociales y económicas, en las siguientes 16 delegaciones: Álvaro Obregón, Azcapotzalco, Benito Juárez, Coyoacán, Cuajimalpa de Morelos, Cuauhtémoc, Gustavo A. Madero, Iztacalco, Iztapalapa, La Magdalena Contreras, Miguel Hidalgo, Milpa Alta, Tláhuac, Tlalpan, Venustiano Carranza y Xochimilco.

Capítulo II

La ciudad de los palacios

LA CIUDAD DE LOS PALACIOS

En la primera mitad del siglo XIX la Ciudad de México conservaba prácticamente intacta su fisonomía colonial (la arquitectura colonial es el conjunto de manifestaciones arquitectónicas que surgieron en América Latina desde el descubrimiento del continente en 1492 hasta la independencia del mismo a principios del siglo XIX).

El inglés Charles Joseph Latrobe, quien en 1832 viajó a México, denominó a la capital como "la ciudad de los palacios", expresión que erróneamente se ha atribuido a Alejandro de Humboldt, tal vez porque Humboldt, unos años antes, también impactado por la soberbia arquitectura de la capital mexicana, con otras palabras pero con igual énfasis, expresó su admiración.

Lo importante es que cualquier visitante que llegaba a la ciudad se quedaba pasmado ante los imponentes edificios que se levantaban por todas partes. La imagen palaciega se debía no sólo a la grandiosidad de las casas señoriales, muchos edificios públicos y de gobierno también se construyeron con las dimensiones y la majestuosidad de un palacio. Esta concepción arquitectónica se continuó durante el periodo independiente y alcanzó un grado mayor durante el porfiriato, bastan como ejemplos el Palacio de las Bellas Artes y el Palacio Postal.

Con el ascenso social de los criollos (hijos de españoles nacidos en México) toma auge la construcción de mansiones señoriales, ya que los criollos deseosos de ser reconocidos como "nobles", no escatiman en contratar arquitectos, albañiles y canteros para lograr que la construcción de sus residencias diera como resultado un lugar de excepción donde el lujo, las reuniones de sociedad y la oración convivían.

Aunque no todas las construcciones seguían un mismo patrón, existen elementos comunes y habitaciones imprescindibles en toda casa señorial. Los palacios de la Nueva España comúnmente tenían dos pisos (a veces dos pisos y un entresuelo). Al entrar lo primero que se veía era un patio principal, con una fuente en el centro. El espacio estaba delimitado por arcos y columnas.

La planta baja estaba destinada para los servicios; allí se encontraban la portería, las cocheras, las bodegas y las caballerizas, así como las habitaciones de los caballerizos y palafraneros. Si el palacio tenía entresuelo, éste se utilizaba para alojar a los huéspedes o simplemente como despacho.

La planta alta era el entorno central donde la familia recibía invitados o descansaba, y la delimitación entre el espacio público y privado era muy estricta. La escalera principal conducía a una antesala donde se hacía esperar un momento a los invitados antes de hacerlos pasar al salón del estrado. Este salón era el alma del palacio, se ubicaba en la parte que daba a la calle, ocupando preferentemente el balcón central y, de ser muy amplio, los balcones laterales. En este lugar se encontraban los retratos del virrey en turno y los de la familia, especialmente los de los miembros de alta jerarquía eclesiástica o militar. Allí se recibía a los invitados especiales, y se llamaba así porque había un estrado donde se alineaban consolas con alimentos y canapés listos para recibir a los invitados.

El salón se comunicaba con otro menos frecuentado, llamado del dosel, donde entronizado sobre gradas y bajo un dosel, se encontraba el retrato del monarca reinante, con la idea de que si alguna vez visitaba el palacio, tendría ya un lugar reservado.

La asistencia era lo que conocemos como la sala, el lugar donde la familia se reunía cotidianamente para leer o llevar a cabo labores domésticas como bordar y coser; a veces se jugaba ajedrez o cartas.

El gabinete era el lugar donde se recibía a las personas cercanas que iban a hacer negocios, lo que todavía en algunas casas se conoce como "el despacho", y en el caso de que el dueño estuviera interesado en las artes y las ciencias, el gabinete era un catálogo de mapas, libros, astrolabios, brújulas, marfiles y cajas decoradas.

Si algún miembro de la familia sabía tocar algún instrumento, se construía una sala especial para su ejecución. Si la familia tenía ascendientes guerreros, eran hijos o nietos de conquistadores, se construía una sala de armas para mostrar el arsenal familiar; tanto el heredado como las armas exóticas de culturas orientales. Allí se exhibían petos y corazas, espadas toledanas y dagas florentinas.

Todas las familias que contaban con un título nobiliario, tenían derecho a construir un oratorio privado. Regularmente, se encontraba junto al salón del estrado y tenían un retablo dorado muy rico en figuras. Allí se exhibían los crucifijos de marfil y los candelabros de plata; y había bancas o reclinatorios.

Las recámaras eran los espacios más privados del palacio, allí descansaban los señores entre la cama, taburetes, arcones y cómodas. A veces había pilas de agua bendita y un reclinatorio. Existía un mueble llamado "biombo de cama" que protegía a los dueños de las corrientes de aire y las miradas furtivas. Un espacio anexo estaba destinado al tocador; allí se encontraba el aguamanil y otros objetos para la higiene.

Además de una mesa enorme donde comía la familia y se podía recibir a invitados, el comedor era el lugar donde se exhibían cuadros con temáticas alimenticias. El servicio —bandejas, platos, cubiertos, copas— estaba realizado en cristal cortado, plata y porcelana china.

La cocina era el lugar menos rico en decoración de toda la casa y con frecuencia no se diferenciaba mucho de la cocina de una familia común. Su mayor lujo eran los azulejos que cubrían los muros y los hornos; el resto era una fiesta de cazuelas, ollas y jarros, metates y molcajetes, frascos de vidrio soplado, tinajas y toneles con agua para lavar trastes y alimentos.

El baño era una habitación exclusiva para el "placer", una especie de piscina pequeña, imitada de los árabes, abierta en el piso a no más de 70 centímetros de profundidad, cubierta de azulejos y donde de vez en vez se bañaban los integrantes de la familia. A partir del siglo XVIII, "el placer" compitió, y finalmente fue sustituido, con la tina de cerámica de Talavera poblana. El resto de las necesidades físicas se hacían en zanjas dispuestas para tal efecto en la parte posterior de la casa, o más comúnmente, en bacinicas cuyos contenidos eran arrojados a la calle a la voz de "¡aguas!"

Hoy en día son pocos los inmuebles de aquella época que se conservan "intactos" y en buenas condiciones. La incultura, la incomprensión, la falta de sensibilidad para prever el desarrollo urbano y la piqueta en aras del "progreso" derribó incontables maravillas arquitectónicas.

Sin embargo, todavía es posible visitar algunos de aquellos palacios y otros construidos en una época más reciente. Conocer los que en otra época fueran residencias de los notables, es un pequeño placer que no debe pasar por alto quien viva en la Ciudad de México, o simplemente esté de visita.

A continuación conoceremos algo acerca de varias de estas maravillas arquitectónicas de la gran ciudad.

EL PALACIO DEL
ARZOBISPADO

El inmueble que hoy ocupa el Museo de la Secretaría de Hacienda y Crédito Público, se ubica en el sitio en que fue erigido el Antiguo Palacio del Arzobispado, construido en 1530 por órdenes de Fray Juan de Zumárraga, primer obispo de México. El basamento de la pirámide dedicada a Tezcatlipoca, "señor de brujos y hechiceros", sirvió de cimiento al Antiguo Palacio. Por este motivo, a la entrada del museo encontraremos un espacio dedicado a Tezcatlipoca.

En 1720, el arzobispo Lanciego y Eguilaz dispuso la ampliación del palacio y el arzobispo Antonio Vizarrón y Eguiarreta ordenó posteriormente su reedificación total. El encargado de la obra fue el arquitecto sevillano Jerónimo de Valvas, introductor de la columna estípite en la Nueva España. Se dice que la reja que ornamenta el balcón central perteneció a la primitiva catedral.

Funcionó como arzobispado hasta 1859, año en el que fue expropiado. Se estableció ahí la Contaduría Mayor de Hacienda; más tarde, un jardín de niños y durante muchos años fue bodega. Actualmente funciona como Museo de la Secretaría de Hacienda y Crédito Público.

Este palacio se encuentra en la esquina formada por las calles de Moneda y Licenciado Verdad, antes llamada Cerrada de Santa Teresa de la Antigua.

PALACIO DEL AYUNTAMIENTO

Mientras Hernán Cortés, quien muy pronto sería nombrado gobernador y capitán general estaba en Coyoacán, la ciudad comenzaba a tomar forma. Con las piedras de los templos se construyeron, de acuerdo con las Ordenanzas de Población de Felipe II, las Casas del Ayuntamiento o Casas del Cabildo, a la par que casas parroquiales o privadas de vecinos prominentes.

Entre 1527 y 1532 quedó lista la fortaleza. Esa arquitectura era necesaria como protección contra los indígenas, quienes tenían prohibido asentarse en la zona. El antiguo edificio del Ayuntamiento estaba en la Plaza Mayor, y tenía funciones administrativas y de justicia en la ciudad.

El edificio constaba de una Sala de Acuerdos, una pieza para el escribano, otra de contaduría, Sala para Audiencia ordinaria, capilla, sacristía y la cárcel de la ciudad. Poco a poco con el tiempo, fueron agregándose otras dependencias: una alhóndiga, una fundición, casa de moneda, la carnicería mayor y las casas que servían de residencia.

Este edificio sufrió daños provocados por temblores, incendios (el más grave en 1692), inundaciones, conflictos armados, ampliaciones, remodelaciones y la aparición del salitre.

A principios del siglo XVIII (1714), el Palacio del Ayuntamiento es reconstruido con el gusto de la época: de la primera austeridad con muros anchos y ventanas pequeñas, pasa al estilo barroco peninsular, con arcos y adornos, y después se le agrega el neoclásico.

El Antiguo Palacio del Ayuntamiento como hoy lo conocemos, ubicado en uno de los perímetros de la Plaza de la Constitución, data de esta fecha, aunque ha tenido cambios.

En 1907, con motivo del Primer Centenario de la Independencia, Porfirio Díaz ordena la reconstrucción completa del Palacio Municipal, pero el edificio queda listo hasta 1928, a cargo del arquitecto Manuel Gorozpe.

A partir de 1929, se convierte en el ex palacio municipal y sirve de sede al Departamento del Distrito Federal. En 1934 se le agrega el cuarto piso.

Pese a que sólo quedan los cimientos y algunos muros del Ayuntamiento original, su arquitectura y belleza invitan a observarlo, ya sea en su fachada exterior, con su logia o estilo neoclásico y el águila imperial, ya sean sus arquerías o los escudos de la ciudad; sus balcones o sus torres que fueron elevándose conforme la edificación crecía. En su interior se pueden apreciar en sus columnas los estilos dórico, jónico y corintio, o su hermoso Salón de Cabildos, escenario de eventos trascendentes, y su biblioteca, que ofrece servicio de consulta sobre temas de nuestra ciudad.

Desde 1997 es la sede del gobierno capitalino. Es el edificio que ocupa la mitad occidental de la acera sur del Zócalo, entre la calle 5 de Febrero y la avenida 20 de Noviembre.

PALACIO DE BELLAS ARTES

El Palacio de Bellas Artes es uno de los edificios más emblemáticos de la Ciudad de México y uno de los más hermosos del mundo. Su construcción se inició cuando el entonces presidente Porfirio Díaz puso la primera piedra del edificio el 2 de abril de 1904 y fue terminada treinta años después, para ser inaugurado el 29 de septiembre de 1934.

La idea original era edificar un gran teatro nacional donde se presentaran las mejores obras del mundo, junto con bellas óperas. La Revolución postergó y modificó este planteamiento y dio lugar a un majestuoso inmueble orgullo de todos los mexicanos: el Palacio de Bellas Artes y Literatura. Demolido el viejo teatro nacional que cerraba la avenida 5 de Mayo a la altura de la calle de Vergara (hoy Bolívar), se adquirieron predios que formaban la manzana entera.

Se encuentra situado a un costado de la Alameda Central. Es una construcción *art nouveau* monumental ideada por el arquitecto italiano Adamo Boari. El edificio está compuesto por una estructura de acero revestida de mármol. Los trabajos fueron suspendidos en 1910 debido a los enfrentamientos. Pasaron varios años con los consiguientes intentos de reestablecer el proyecto. No fue hasta 1932, cuando se reinició la obra a cargo del arquitecto Federico Mariscal. Ya con la fachada concluida, el profesionista mexicano aplicó la corriente *art decó* dentro del palacio. Todo el material es nacional excepto las escaleras que dan a la sala principal hechas de granito noruego. Las butacas son de origen francés. El mármol café procede de Querétaro; el negro de Nuevo León; el rosa de Durango y el piso blanco de Buenavista, Guerrero.

Punto y aparte merece el telón de 14 metros de ancho y 12.50 metros de altura, realizado por la Casa Tiffany´s de Nueva York. Pesa 21 toneladas y está compuesto por 206 tableros integrados a su vez por más de un millón de bloques de vidrio en el que se pueden observar los volcanes Popocatépetl e Ixtlacíhuatl.

Alberga en su interior el Teatro de Bellas Artes, que cuenta con casi dos mil butacas para que el público disfrute de los espectáculos, principalmente de ópera y música clásica, que en él se celebran. Enmarcando el escenario, se encuentra un mosaico mural del artista Geza Marotti, llamado "El arte teatral a través de las edades", fue hecho a base de lascas de vidrio sobre un fondo de tonalidades oro viejo con incrustaciones de eosina y reflejos metálicos. Ocupa una superficie de 55 metros cuadrados. El plafón en el cual está representado Apolo rodeado por nueve musas también fue diseñado por Marotti, fue realizado en Hungría con vidrios emplomados que están soportados por bastidores de hierro, llegó a nuestro país en distintos viajes por barco entre 1910 y 1916, su colocación se terminó en 1919.

Afuera del palacio se esculpieron obras que representan a la Armonía, la Música, el Águila Nacional, la Cabeza de Caballero, entre otras. Los artistas fueron Leonardo Bisolfi, Geza Marotti, Gianneti Fiorenzo y André Allar.

Los pegasos que actualmente podemos admirar en los pedestales de la explanada exterior, fueron puestos ahí en 1932, estas esculturas provenientes de España y realizadas por Agustín Querol llegaron a Veracruz en 1911. Originalmente fueron pensadas para rematar el cubo exterior del escenario. De hecho allí se colocaron en 1912, pero su excesivo peso obligó a desmontarlas, y fueron a parar al Zócalo, donde se colocaron entre diciembre de 1921 y enero de 1922, para regresar a los terrenos de Bellas Artes en 1928.

El palacio cuenta en su interior con diecisiete murales de Rufino Tamayo, Diego Rivera, José Clemente Orozco, David Alfaro Siqueiros, Jorge González Camarena y Manuel Rodríguez Lozano. Alberga un museo compuesto por cinco salas: Nacional, Diego Rivera, Fernando Gamboa, Paul Westheim y Justino Fernández, las cuales exhiben muestras temporales de gran calidad. En la última planta del edificio se encuentra el Museo Nacional de Arquitectura.

Los 19 mil 252 metros cuadrados que comprende la superficie tuvieron un avalúo en 1929 de 19 millones, 703 mil, 970 pesos, sin contar el decorado y mobiliario. En total, la estructura pesa 75 toneladas, por lo que la construcción se hunde anualmente un centímetro.

PALACIO DE BUENAVISTA

Corría el mes de junio de 1865 y el Emperador Maximiliano gobernaba México. Agradecido con los servicios del Mariscal Francisco Aquiles Bazaine, le dio como regalo de bodas el entonces llamado Palacio de Buenavista, hoy conocido como Museo Nacional de San Carlos, edificado por uno de los más brillantes arquitectos españoles de la época: Manuel Tolsá Sarnó.

Innumerables relatos guarda esta esplendorosa obra situada en Puente de Alvarado 50, construida a fines del siglo XVIII y principios del siglo XIX cuyo estilo arquitectónico es similar al Palacio de Minería. La suntuosa residencia se hizo por encargo de doña María Josefa de Pinillos y Gómez para regalarla a su segundo hijo, al cual le había comprado el título de Conde de Buenavista, aunque el joven murió antes de que concluyera la obra.

En este lugar perdió sus riquezas la segunda marquesa de Selva Nevada; ofreció ostentosas recepciones el Conde de Regla y los jardines que se extendían hasta el Caballito, supieron de los escandalosos amoríos del Conde de Pérez Gálvez.

Sin embargo, luego de albergar a la aristocracia nacional, este bello inmueble fue degradado y se utilizó como sede de la Tabacalera Mexicana, que dio nombre a la colonia en que se ubica.

Por azares del destino, este edificio de tres mil doscientos noventa metros cuadrados pasó a manos de Agustín Schultzenberg León, quien el dos de julio de 1940 dirigió una misiva al gobierno del General Manuel Ávila Camacho, donde le proponía concretar una permuta por propiedades federales más pequeñas en extensión.

La respuesta de la Dirección General de Bienes Nacionales fue negativa. El argumento esgrimido fue el alto costo del inmueble, que en aquella época ascendía a 531 mil 170 pesos, y la administración federal no poseía construcciones o terrenos que tuvieran el mismo valor.

Al morir Schultzenberg León, donó la propiedad a la Beneficencia Pública del Distrito Federal. Pese a ello, fue reclamada como un bien de la nación y sus columnas dóricas sirvieron de marco para la Lotería Nacional; la Secretaría de Comunicaciones y la Dirección de Aduanas, para después convertirse entre 1958 y 1965 en la Escuela Preparatoria número cuatro perteneciente a la UNAM.

Con este cambio, su histórica belleza se esfumó. La hermosa fachada principal fue ahogada al elevarse la acera; la columnata de la planta baja se tapió; el patio ovalado que era único en América, fue cubierto por una espantosa estructura de acero, y los salones de clase fueron subdivididos con bloques de cemento.

Así pasaron varios años hasta que en el sexenio de Gustavo Díaz Ordaz, la Secretaría de Salubridad y Asistencia determinó restaurarlo. En 1965, el arquitecto Manuel de la Sierra consultó los planos originales y libros de historia, para que las balaustradas y escalinatas recobraran su antigua majestuosidad.

Con estos trabajos de remodelación, los patios tuvieron una nueva perspectiva más amplia y grandiosa. En esos tiempos, el Palacio de Buenavista se convirtió en la Escuela de Salud Pública para médicos posgraduados que vendrían de todo el continente americano.

A finés de 1966 por acuerdo de Díaz Ordaz, fue destinado para la galería de la Academia de San Carlos, según reza un oficio enviado por el Ing. Manuel Franco López, subsecretario de Recursos no Renovables, al Doctor Rafael Moreno Valle, titular de Salubridad y Asistencia, así como al Lic. Agustín Yáñez Delgadillo, de Educación Pública.

Este edificio perteneció al Instituto Nacional de Bellas Artes por un decreto emitido el 13 de abril de 1967.

El Museo de San Carlos fue inscrito en el Registro Público de la Propiedad y del Comercio de la Ciudad de México, con los siguientes datos: Secc. A, Tomo 183, Vol. 10, Fojas 19 y 20. Vende: Carmen Beatriz de León y otros. Compra: Patronato del Museo de San Carlos, Asociación Civil. Precio: 450 mil pesos.

Ya en julio de 1968 fue inaugurado, aunque fue hasta 1994 cuando adquirió el rango de Museo Nacional gracias a un decreto presidencial. Poco antes, en las décadas de los 70´s y 80´s, el número de donaciones aumentó considerablemente, debido a la generosidad de coleccionistas nacionales y extranjeros.

De hecho fue necesaria la construcción de un edificio anexo, lo que permitió que fueran ampliadas las salas de exhibición y los espacios dedicados al propio museo.

Cuenta con un notable acervo de arte europeo, integrado principalmente por pinturas que van desde el siglo XIV a principios del siglo XX, entre las que destacan tablas góticas españolas, renacentistas, manieristas, barrocas, neoclásicas, románticas, simbolistas, y de otras tendencias de fines del siglo XIX.

Existe una gran colección de más de mil grabados, misma que incluye la serie conocida como "Los Caprichos", de Francisco de Goya y Lucientes, así como esculturas de los genios Auguste Rodin y Manuel Vilar.

Actualmente es uno de los principales museos en la Ciudad de México. El número de visitantes se ha incrementado, dada la enorme importancia que poseen las obras que exhibe y admirar todo el acervo artístico y la obra arquitectónica es un placer que nadie puede perderse.

PALACIO DE LAS COMUNICACIONES

En tiempos del presidente Porfirio Díaz hubo un concurso para designar al arquitecto que construiría el Palacio de Comunicaciones y Obras Públicas. El presidente deseaba que este fuera un edificio moderno y muy elegante. Como a él le gustaban las artes y la cultura francesa, decidió organizar un concurso que se extendiera hasta Europa, así el ganador fue el arquitecto italiano Silvio Contri, que vino a vivir a México para poder construirlo.

Sobre los terrenos de lo que fuera el hospital de San Andrés, donde se veló y embalsamó el cadáver de Maximiliano, se inició en 1904 su construcción.

Su estilo ecléctico es grandioso, ya que suscita la vista de este espléndido palacio no sólo por su notable dimensión, sino también y principalmente por la sensación de belleza arquitectónica que produce la relación de sus elementos constructivos y ornamentales. La construcción reúne elementos neorrenacentistas, neobarrocos y neoclasicistas.

Se encuentra frente a la plaza Manuel Tolsá, en la calle de Tacuba No. 8 entre las calles de Xicotencatl y Marconi, la fachada posterior mira hacia la calle de Donceles. El edificio ocupa totalmente la superficie del predio 5,026 m^2 con 87 metros de frente por 58 de profundidad, tiene una altura de 26 metros.

Su estructura es semejante a la del palacio postal, la estructura es metálica, de acero, compuesta por viguetas de alma llena y otras de celosía unidas por remaches, sobre un gran emparrillado de perfiles de acero ahogado luego en cemento e igual que la casa de correos, sus entrepisos son de vigueta y bovedilla. El revestimiento exterior de las cuatro fachadas del palacio y de sus exteriores así como los elementos decorativos, se hizo con cantera de color gris de los bancos de San Martín Xaltocan, Tlaxcala; la herrería en bronce ornamental fue fabricada por la fondería de Pignone en Florencia, Italia.

El palacio fue inaugurado por el presidente Francisco I. Madero en 1911. La Secretaría de Comunicaciones y Transportes cambió sus oficinas años más tarde. Durante varios años el inmueble albergó el Archivo General de la Nación, hasta su traslado al Palacio de Lecumberri. Actualmente es sede, desde 1982, del Museo Nacional de Arte, que conserva algunas de las obras más representativas de la historia artística de México.

PALACIO DE LOS
CONDES DE CALIMAYA

En 1528, don Hernán Cortés le dio este solar a su primo don Juan Gutiérrez Altamirano, quien de inmediato empezó a diseñar lo que sería su casa. En 1536 contrató al maestro de obras Bartolomé Coronado para que realizara los trabajos para la edificación de su mansión. El rey español Felipe III, en 1616, concedió a la familia el título de Condes de Santiago de Calimaya y Senescal de las Filipinas. De ahí se deriva el nombre con el que conocemos actualmente la casa.

Esta casa debió caracterizarse durante los siglos XVI y XVII por su solidez y el derroche en su construcción, además de la gran superficie que ocupaba. La primera residencia, de estilo plateresco, sufrió hundimientos y averías; por lo que los arquitectos Lorenzo Rodríguez y Cayetano de Sigüenza hicieron un reconocimiento a la casa dictaminando que ésta se encontraba en pésimo estado; con lo cual se ordenó su demolición para erigir en ese mismo lugar el actual palacio que ahora conocemos; conservándose de la construcción antigua únicamente los escudos heráldicos, el de armas, y la cabeza azteca de serpiente que se encuentra adosada en el basamento en la esquina que conforman las dos fachadas.

El palacio fue totalmente reconstruido en 1774 por uno de los más importantes arquitectos del barroco en la ciudad, don Francisco Antonio Guerrero y Torres, autor entre otras obras, de la capilla del Pocito en la Villa de Guadalupe.

Se preocupó por el diseño y composición de las fachadas y por la organización interior; restituyó el uso de las columnas y de las pilastras, e impuso en este edificio un nuevo sentido a la decoración ornamental, trasformando los espacios y realizando así una de las mejores síntesis del barroco mexicano.

De gran carácter y personalidad esta casa está construida en dos plantas. No tiene entresuelo y à ello se debe la belleza de su fachada, revestida de tezontle rojo, con decoraciones mixtilíneas y nobles gárgolas en forma de cañón. En la esquina que forman las fachadas principal y lateral se encuentra empotrada —ya se dijo— una cabeza de serpiente, originalmente tomada del *Coatepantli* del Templo Mayor.

El primer nivel es una combinación de puertas y ventanas que se prolongan a lo largo de la fachada; ya que originalmente éstas fueron accesorias arrendadas a particulares. Los marcos de puertas y ventanas son de piedra.

En el piso segundo, el ritmo de la composición arquitectónica cambia; dominando el área de macizos en relación con los vanos y sólo se interrumpe por el enmarcamiento del segundo cuerpo de la portada, del que sobresalen el balcón principal y los secundarios, los cuales tienen barandales de hierro forjado. Sobre el tezontle se dibujan con gran belleza los típicos encuadramientos de los vanos, jambas prolongadas hasta las cornisas, y en el centro de su fachada las columnas clásicas alternan con cordones ondulados.

El portal es de dos cuerpos, y en el primero está la puerta con un arco mixtilíneo, flanqueada por un par de columnas con capiteles jónicos a cada lado.

El portón de esta residencia es espléndido y quizá de lo más hermoso que pueda ostentar un portón: tallado en madera, importado de Filipinas, ornamentado con motivos heráldicos que sostienen los escudos de los Castilla,

Velasco y Mendoza. "Sus cercos y peinazos — señala el Marqués de San Francisco — son fuertes y toscos, pero están profundamente adornados con tallas de estilo barroco de bastante finura… No hay superficie en esta puerta que no esté adornada con tallas, ya representen éstas las armas de Velasco y Altamirano, ya figuren en ellas trofeos de guerra, bichas, aspas y florones."

En el segundo cuerpo de la portada se abre un balcón que ostenta columnas pareadas con capiteles corintios y remates desmesurados sobre el entablamiento. La cornisa se enrolla en dos volutas, cada una con una escultura de niño encima, para dar lugar al escudo cuartelado, de mármol en relieve. El interior de la casa ostenta un arco en el zaguán que nos conduce al patio principal, amplio y lleno de luz.

El patio principal tiene forma cuadrangular; está limitado por arcos de medio punto de dos niveles, además de contar con amplios corredores en tres de sus lados. En las enjutas aparecen los escudos de las familias emparentadas con la casa de los Condes de Santiago; sobre ellas, las gárgolas interiores del patio.

Los soldados de piedra — "con casco y lanza"—, que estaban en el pretil de la azotea para memorar la prerrogativa otorgada por decreto del Virrey a los condes de Santiago para poseer una guardia personal, fueron quitados de su lugar en 1826 y enterrados con mucho cuidado y en secreto, en ciertos lugares de la casona: "es fama que al prescindir de ella el conde por falta de fondos, su yerno don Ignacio Leonel Goméz de Cervantes los mandó poner de busto, con excepción del de la esquina que era de cuerpo entero, pagando por esto una pensión en las cajas reales".

Este patio cuenta con una fuente que se localiza en el muro contrario a la escalera principal; su forma es de tazón de medio punto y va empotrada en el muro; el pedestal se conforma por una sirena de dos colas montada en un delfín, mostrando una concha a sus espaldas, y tocando una guitarra.

La escalera principal está en el corredor norte, arranca bajo un arco de piedra trilobulado que ostenta enjutas con ornamentación vegetal. Tres rampas dan acceso al segundo nivel; la principal se encuentra franqueada por un león y un jaguar esculpidos en cantera. Los peldaños de las escaleras son también de cantera; y los barandales, al igual que los de los pasillos del segundo piso, son de hierro forjado. Un arco mixtilíneo remata el desembarque de la escalera; que a diferencia del primer nivel, está enmarcado con pilastras molduradas. Los dormitorios estaban ubicados en torno a los patios y tenían comunicación contigua.

La familia vivía en la planta alta, profusa de macetas y tibores, con plantas y flores en sus barandales y corredores. Al terminar la escalera, a mano derecha se encontraba el despacho y el archivo del conde; las restantes habitaciones eran utilizadas para guardar vajillas, despensa, cocina, cuartos de las cocineras, amas de llaves, damas de compañía, y otras personas allegadas.

La capilla doméstica está compuesta por dos espacios, el primero es la sacristía, localizada a un costado de la escalera principal, y el segundo estaba ocupado por la propia capilla doméstica. Su acceso es a través de una rica portada de estilo barroco con arco mixtilíneo, de molduras móviles, follaje rococó y columnas sobre pedestales en las que se hallan esculpidos dos niños a manera de atlantes. La portada está rematada por una venera dedicada a Carlos III, en 1816.

Las dimensiones interiores de la capilla son pequeñas; en su interior se conservan dos reclinatorios, pinturas de la época y un altar tallado en hoja de oro. Su cúpula es octogonal y sobre las pechinas se abren óculos que dan luz al interior.

El salón principal —llamado "del dosel", porque en él presidía, bajo rico baldaquín de damasco encarnado, el retrato del monarca reinante con un sitial de caoba debajo a manera de trono, se localiza del lado de la fachada principal, con la entrada por el corredor superior poniente; es un espacio amplio en el que se desarrollaban las actividades sociales más importantes de la familia. Llamado también "el gran salón", y no menor a 22 m de longitud, albergaba el estrado más grande de las casas señoriales de aquella época.

A un lado y otro de la escalera en la planta baja se localizaban las habitaciones del portero y de los caballerangos. Las áreas de servicio estaban en el traspatio, donde se ubicaban la cocina, los baños y las habitaciones de los sirvientes, además de las caballerizas, lugar para guardar los forrajes, los arreos de montar y las guarniciones para el coche. Las cocheras se hallaban al fondo del patio. En la actualidad este patio se encuentra cubierto por una gran losa y un plafón de madera, siendo utilizado en estas condiciones para sala de conferencias y representaciones teatrales.

En la parte superior de la casona, se encuentran construidos dos cuartos, mandados a hacer por el pintor campechano Joaquín Clausell casado con la hija mayor del Conde de Santiago de Calimaya. Éste los utilizó como su estudio o taller, un lugar que le sirviera de refugio y de reunión.

El Palacio de los Condes de Calimaya es, sin duda alguna, una de las edificaciones más importantes de su época, no sólo por la magnificiencia de la obra arquitectónica, sino porque gracias a ella nos transportamos en el tiempo y podemos atisbar la vida aristocrática de su tiempo. Declarada monumento nacional en 1931 por el Departamento del Distrito Federal, y adquirida por esta dependencia en el año de 1960, la casona ha sido acondicionada para instalar en ella el Museo de la Ciudad de México. La obra de restauración y adaptación estuvo a cargo del Arq. Pedro Ramírez Vázquez, siendo su apertura al público en el año de 1964.

PALACIO DE HERAS Y SOTO

Este palacio fue mandado construir hacia 1760 por el capitán sevillano Adrián Ximénez de Almendral, maestro, patrón y veedor en el arte de platería y de su segunda esposa María Antonia Azorín. La obra se atribuye al arquitecto Lorenzo Rodríguez.

En 1769, se celebró en la capilla u oratorio de la mansión la boda de la primogénita María Manuela Ximénez de Almendral y Azorín con el Secretario del Secreto del Santo Oficio de la Inquisición. Adrián Ximénez de Almendral mandó fabricar un pequeño palacio para que sirviera de habitación a su hija.

En 1833 la casa fue rematada por el concurso de acreedores de las propiedades de los doctores José Manuel y Miguel María Abad Ximénez Azorín, nietos del difunto platero. Esta grandiosa construcción se dividió en dos, la casa principal de la calle de Manrique 4, que daba vuelta a la calle de la Canoa, la compró el minero de Guanajuato José Miguel Septién en 34 mil pesos, y la casa contigua a la principal, o pequeño palacio de la calle de Manrique 5, la adquirió el coronel Antonio Alonso Terán.

En 1852, la casa principal fue vendida por los hijos de Septién a Tomás López Pimentel, casado con Mariana de Heras Soto y Rivaherrera, de ahí que el nombre de la casa conocida como la de los Pimenteles cambió, desde principios de este siglo, por el de casa de los condes de Heras Soto. Su hija Concepción Pimentel de Mier y Celis heredó este palacio en 1906, su hija Mariana Mier, casada con Eustaquio Escandón y Barrón, dispuso al morir que la mitad de sus cuantiosos bienes se dedicaran a obras de beneficencia, fundándose la Beneficencia Privada Mariana Mier.

Más tarde la casa fue rentada a los Ferrocarriles Nacionales de México, y fue utilizada como bodega del Express. En 1940, el patronato de la beneficencia vendió el palacio a la Compañía Mexicana de Inversiones en 240 mil pesos, y ésta a su vez lo vendió, en 1972, a las autoridades del Departamento del Distrito Federal, emprendiendo unos años después su restauración y adaptación para albergar las oficinas del Centro Histórico de la Ciudad de México.

La casa número 5 de la calle de Manrique, hoy República de Chile, fue habitada, entre 1865 y 1869, por el historiador y hombre de letras Joaquín García Izcabalceta; posteriormente después de haber tenido diversos usos, permaneció cerrada y abandonada hasta que en 1978 pasó a ser propiedad de la Dirección de Bienes del Departamento Central, que se ha encargado de su restauración. Declarado monumento el 9 de febrero de 1931. Tiene la siguiente placa: "Aquí nació en 1780 el Conde Don Manuel de Heras y Soto, uno de los que firmaron el acta de la Independencia Nacional".

PALACIO DE LA INQUISICIÓN

Edificio que se encuentra en la esquina de las calles de República de Brasil y República de Venezuela, frente a la plaza de Santo Domingo. Se le conoce por ese nombre porque ahí estuvo la llamada Santa Inquisición o Tribunal del Santo Oficio, desde 1736 hasta 1813, cuando fue suprimida por las cortes españolas. El inmueble fue construido por el arquitecto Pedro de Arrieta entre 1732 y 1736.

El 27 de junio de 1535 el inquisidor general don Alvaro Manrique, expidió en España el título de primer inquisidor apostólico al señor Zumárraga, quien nunca organizó el tribunal, como tampoco el siguiente, el visitador Tello de Sandoval. Esto no sucedió sino hasta el 12 de septiembre de 1571, por el tercer arzobispo.

El *Santo Tribunal de la Inquisición* se fundó el 4 de noviembre de 1571, siendo Sumo Pontífice Pío V y Rey de España Felipe II. El primer Inquisidor y presidente fue Fray Tomás de Torquemada. El primer condenado al fuego fue George Ribli, de nacionalidad inglesa, en 1574.

Quizás el Auto de Fe más memorable fue el de la Plaza del Volador publicado el 11 de marzo de 1649 para realizarse el 11 de abril (día *domingo in albis*) del mismo año. El evento inició con un lucido paseo que salió de la casa de la Inquisición. Los reos iban vestidos con túnicas cortas llamadas *San Benito* de color verde y decoradas con manchas rojas simulando llamas de fuego, un cucurucho en la cabeza, una vela verde en la mano y amordazados los que eran blasfemos. Todos ellos fueron montados en mulas pero vueltos hacia el rabo mientras el pregonero iba repitiendo la sentencia.

Se juzgaron a 108 reos: 32 herejes judaizantes; 23 en estatua, también herejes judaizantes (este procedimiento se seguía cuando los presos fallecían durante el interrogatorio); y 53 en persona, herejes judaizantes y acusados de otros delitos. Los que se juzgaron en estatua iban acompañados por cajas de huesos de otros reos difuntos.

Entre los que se juzgaron en persona estuvieron Tomás Treviño de Sobremonte, acusado de hereje, judaizante, relapso, blasfemo y protervo, de 57 años de edad (sobre este personaje se creó la *Leyenda del Judío*), y Simón Montero, hereje judaizante, pertinaz y protervo, de 49 años. Posterior a la procesión y la sentencia fueron llevados a la Plazuela de San Diego, ahora la Alameda, donde estaba el quemadero (cerca de donde hoy se encuentra la fuente de Hércules). Allí fueron quemadas las estatuas, cajas de huesos y 13 reos en persona. Los restantes pidieron misericordia y les impusieron otras penas.

El edificio de la Inquisición, por la actividad ahí realizada, encierra entre sus muros muchas leyendas, pero sin lugar a dudas una de las más notables es la que hace referencia a la *Mulata de Córdoba*. Su relevancia es tal que se ha compuesto una ópera que con ciertas modificaciones no deja de ser atractiva para el público que gusta de este género.

El tribunal fue suprimido el 22 de febrero de 1813 por las cortes de Cádiz, restablecido al año siguiente por Fernando VII y finalmente extinguido el 10 de junio de 1820.

El edificio fue ocupado sucesivamente por el Congreso General, el Gobierno del Estado de México (hasta el 18 de noviembre de 1824 en que se erigió el Distrito Federal), el Tribunal de Guerra y Marina, la Escuela Lancasteriana y el Seminario Conciliar. En 1854 fue comprado por José Urbano Fonseca, inspector general de Instrucción Pública, para albergar la Escuela de Medicina.

En 1879 el director de la escuela, Francisco Ortega, mandó ponerle un tercer piso el cual se demolió posteriormente. Mudada aquella facultad a Ciudad Universitaria, el edificio fue remodelado varias veces.

Hoy es sede del Departamento de Historia y Filosofía de la Medicina, del que dependen el Museo y la Biblioteca Histórica de la especialidad, que también se hallan ahí. Además existe una muestra de instrumentos de tortura de la época de la Inquisición.

PALACIO DE ITURBIDE

Edificio situado en el número 17 de la calle Francisco I. Madero, cuyo diseño corrió a cargo del arquitecto Francisco Antonio de Guerrero y Torres, entre 1779 y 1784. La marquesa de Moncada y Villafonte habitó este lugar que le fue obsequiado por su padre, el conde de San Mateo de Valparaíso, desde 1785 hasta fin de siglo cuando tuvo que abandonar la Nueva España.

La fachada es de cuatro niveles con torreones en las esquinas. El patio imita al del Palacio Real de Palermo, ciudad donde naciera el marqués de Moncada. Tiene 18 esbeltas colunas dóricas y el trabajo en el tallado en piedra es de una gran calidad.

Fue residencia del último virrey, Félix María Calleja del Rey, quien actuó de forma cruel en contra de los insurgentes durante la guerra de independencia.

El edificio recibió su actual nombre porque entre 1821 y 1823 habitó en él Agustín de Iturbide, después de su entrada triunfal a la ciudad al mando del Ejército Trigarante, una vez consolidada la Independencia.

Entre 1830 y 1834 el edificio fue alquilado por el Colegio de Minería. En 1855 fue inaugurado ahí el Hotel de las Diligencias, más tarde conocido como Hotel Iturbide, que funcionó hasta los años treinta del siglo veinte.

En 1966 el inmueble fue adquirido por Banamex (Banco Nacional de México). Fue restaurado en 1972 y ahora es sede de Fomento Cultural Banamex.

PALACIO DE LECUMBERRI

El también llamado Palacio Negro, fue una penitenciaria de la Ciudad de México construida entre 1885 y 1900, que contaba con la particularidad de que las celdas estaban dispuestas en pasillos radiales para permitir su observación y control por un único vigilante, apostado en el centro del edificio. Escenario imponente en el que durante más de 75 años, miles de presos inocentes o culpables vieron pasar su vida a través de rejas y puertas de acero.

Fue por 1881 cuando se tuvo la idea de edificar una penitenciaría que cumpliera con un modelo más eficaz de readaptación social, y de igual manera fuera más amplia, ya que la cárcel vigente no daba abasto para hospedar a toda la delincuencia que albergaba la ciudad.

Sin embargo, el proyecto no fue fácil de concretar. Resulta que los terrenos escogidos ubicados en la llamada "Cuchilla de San Lázaro", y que supuestamente habían pertenecido a un conde español de apellido Lecumberri, eran de arcilla y turba vegetal, por lo que la cimentación resultó bastante costosa y delicada.

Estos factores provocaron que la construcción se extendiera hasta casi 20 años. Quien inició la obra fue el ingeniero Miguel Quintana, siguió José Serrano, continuó Antonio M. Anza y finalmente la concluyó Manuel Castro.

Fue Porfirio Díaz quien inauguró formalmente la Penitenciaría de la Ciudad de México el 29 de septiembre de 1900. En total se erogaron 2 millones, 396 mil 914 pesos con 84 centavos.

El estilo corresponde a la corriente ecléctica de finales del siglo XIX. Las impresionantes torres con más de 30 metros de altura asombraban a todos los capitalinos no acostumbrados a este tipo de edificaciones. Cabe destacar que las almenas y aspilleras resaltaban la función represiva del inmueble. La fachada principal se cubrió con una piedra llamada de Los Remedios.

Todas las celdas formaban una especie de siete brazos que eran vigilados desde un punto central. La idea era que los convictos pasaran por cuatro periodos con base en su buena conducta para obtener su libertad.

Por sus estrechas crujías desfilaron diversos personajes tales como León Toral, acusado de homicidio contra Álvaro Obregón; el ladrón que robaba a los ricos para beneficiar a los pobres, Jesús Arriaga, mejor conocido como "Chucho el Roto" y el asesino de mujeres, Goyo Cárdenas.

También estuvieron en este lugar los muralistas, Gerardo Murillo, "Dr Atl", y David Alfaro Siqueiros; los luchadores de la izquierda mexicana Valentín Campa y Heberto Castillo, ambos ya fallecidos, los estudiantes de los movimientos de 1968 y el escritor colombiano Premio Cervantes, Álvaro Mutis, entre otros.

El Palacio Negro de Lecumberri como era llamado por la población, fue utilizado para la filmación de distintas películas. La más famosa de ellas *Ustedes los ricos*, protagonizada por Pedro Infante.

Luego del conflicto estudiantil y ya en el sexenio de Luis Echeverría Álvarez, varios sectores de la sociedad reclamaron la desaparición de esta prisión, debido a las sórdidas historias que tenía la penitenciaría.

En 1976 se pusieron en marcha los Reclusorios Norte, Sur y Oriente, con lo que los reos de Lecumberri fueron trasladados a estos llamados Centros de Readaptación Social. En ese tiempo, se incrementaron las peticiones de demolición de este inmueble.

No obstante, se alzaron voces como las del historiador Edmundo O´Gorman y del arquitecto Jorge Manríquez, quienes argumentaron que Lecumberri tenía un valor arquitectónico e incluso lo compararon con la Torre de Londres, otrora patíbulo y actual sitio de resguardo de las joyas de la Corona.

Un año después, el presidente José López Portillo, emitió un decreto por el cual se ordenó el establecimiento del Archivo General de la Nación adscrito a la Secretaría de Gobernación, en ese terreno de 50 mil metros cuadrados de área construida, más 30 mil metros cuadrados de superficie verde.

Los dos riesgos que se mencionaban para ubicar ahí el archivo desaparecieron por arte de magia: los roedores se fueron a otro lugar, y se instaló el sistema de drenaje profundo que acabó con el posible riesgo de inundaciones.

Con el propósito de erradicar la mala imagen que tenía el inmueble; se abrieron espacios y se suprimieron las rejas y puertas de acero. Empero, las celdas fueron conservadas y es ahí donde se conservan importantes fondos documentales. La parte que era hospital se restauró y actualmente ahí se restauran los papeles que han sido dañados por el paso de tiempo. Los siete patios fueron techados y convertidos en salas de consulta llamados ahora galerías, la zona central donde se encontraba la torre de vigilancia se sustituyó con una cúpula de cristal, con la finalidad de que entrara más luz, dando una estética más colonial y rescatando la época de los palacios, ahora es el centro de este recinto y se utiliza para realizar exposiciones, homenajes o alguna celebración oficial.

Dentro del inmueble se encuentran cinco jardines que embellecen este espacio misterioso, hay un lugar en particular donde está una torre, que no ha sido destruida. Esta torre era la de vigilancia especial, en este lugar se encontraban los presos más peligrosos por ello está separada e independiente de las demás instalaciones.

Existe un salón en el que figura una réplica de la campana de Dolores, así como las banderas del Ejército Trigarante (1821), con los mismos verde, blanco y rojo pero con una estrella; una Constitución de los Estados Unidos Mexicanos y una Acta de Independencia del Imperio Mexicano que data de 1821.

"Todo cambio es para bien", reza el dicho popular y el Archivo General de la Nación es un ejemplo de ello. Los lamentos de los reos se han ido para nunca volver, y en su lugar hay libros de incalculable valor histórico.

Si usted no sabe dónde se encuentra este sorprendente edificio aquí tiene la dirección, Avenida Eduardo Molina y Albañiles, Col. Penitenciaria Ampliación, Delegación Venustiano Carranza.

Palacio de Minería

El Palacio de Minería constituye la obra maestra del neoclasicismo en América. Planeado y construido de 1797 a 1813 por el escultor y arquitecto valenciano Manuel Tolsá para albergar al Real Seminario de Minería, a fin de formar académicos especialistas en la explotación de minas.

Se encuentra en la Ciudad de México en la calle de Tacuba No. 5, frente a la Plaza Manuel Tolsá.

El majestuoso monumento de elegancia de formas y exactitud de proporciones en el que se conjugan luz, espacio y funcionalidad, es una de las construcciones más relevantes dentro de la arquitectura mexicana; forma parte del patrimonio artístico y cultural de la Universidad Nacional Autónoma de México y se encuentra bajo el resguardo de la Facultad de Ingeniería.

Forman parte de su arquitectura: la extraordinaria Antigua Capilla, el Salón de Actos, el Salón del Rector, el Salón del Director, la Galería de Rectores y la Biblioteca, conservándose en algunos de ellos ejemplos de magnífica pintura mural (S. XIX); y el recientemente creado Museo de homenaje a Manuel Tolsá en el que es posible contemplar obras del artista valenciano y de personajes de su época. A estos recintos se suman cinco patios; el principal en dos cuerpos, enmarcado con arcos, bellas pilastras y singulares columnas, da acceso a una señorial escalera.

EXPOSICIÓN DE METEORITOS

En el vestíbulo, se presenta una exposición permanente de fragmentos de asteroides llamados meteoritos. Es la más importante del mundo por el tamaño y el número de piezas; algunas de las cuales han sido solicitadas para exhibirlas en exposiciones internacionales. La mayoría de las piezas (entre ellas las más grandes) fueron halladas en Chihuahua y Zacatecas.

LOS PATIOS

El patio central, rodeado totalmente por arcadas, tanto en la planta baja como en el piso siguiente, es impresionante por sus proporciones; se observa perfectamente el límite superior del edificio marcado por balaustradas y una serie de jarrones que rematan cada uno de los ejes de los pilares.

El patio de la autonomía, que debe su nombre a la conmemoración de la autonomía universitaria promulgada en 1929, está en tres de sus lados rodeado por corredores.

El patio de la fuente, llamado así por la fuente que en siglo XIX servía para abastecer de agua al edificio.

LA BIBLIOTECA

Originalmente, era un laboratorio donde se analizaban los materiales extraídos de las minas. La biblioteca da servicio al público en general, con sus más de 184,000 vólumenes, provenientes los más antiguos de las bibliotecas del Colegio de San Idelfonso y del Real Seminario de Minas.

EL SALÓN BICENTENARIO

En este lugar estaban los hornos de fundición de metales. Debe su nombre a la conmemoración de los primeros doscientos años (1792-1992) de la fundación del Real Seminario de Minería. En el salón podemos admirar una escultura en piedra realizada por Federico Cantú con el tema "Canto a un dios mineral".

EL SALÓN DE LAS SIBILAS

Los doce cuadros que representan a igual número de sibilas (profetisas) dan nombre a este salón. Los cuadros fueron pintados por el artista Pedro Sandoval en el siglo XVIII, en ellos se describe la anticipación hecha a la Virgen María sobre su futura concepción y el martirio de Jesús.

LA CAPILLA

El altar de la capilla diseñado por uno de los alumnos de Tolsá llamado Antonio Camaño, tiene columnas de mármol con capiteles de bronce dorados. A Rafael Ximeno y Planes se deben tanto la excelente pintura que representa a la Virgen de Guadalupe, como los frescos del techo, dedicados al "Milagro del Pocito" y a la "Asunción de la Virgen". La Virgen de Guadalupe preside este lugar por ser la patrona de los mineros. También San José y San Nicolás son sus protectores y por eso están representados en las dos esculturas del altar.

EL SALÓN DE ACTOS

Este espacio ha sido escenario de acontecimientos relevantes, por ejemplo, en 1867, don Benito Juárez recibió aquí un banquete para celebrar el triunfo de la República sobre el Imperio de Maximiliano. En el año de 1909, el salón sirvió temporalmente como sala de sesiones de la Cámara de Diputados. Este es el recinto de los grandes actos académicos, la sillería tallada en madera, cuya disposición permite que todos los asistentes vean claramente el desarrollo del evento que se está efectuando, y que le dan al mismo tiempo un toque de solemnidad.

Los trece pedestales tienen esculturas alusivas a las ciencias, y las ventanas elípticas ubicadas alrededor del salón, hacen que la luz cambie conforme avanza el día.

LA GALERÍA DE LOS RECTORES

Fue creada en 1980 para exhibir los retratos de todos los rectores de la UNAM desde 1910 hasta la fecha.

EL SALÓN ROJO O SALÓN DEL RECTOR

Sirve como despacho alterno del rector de la UNAM. Originalmente y hasta 1841, formaba parte de las habitaciones del Director del Colegio de Minas. En 1891 se usó como despacho del Ministro de Fomento, quien efectuó remodelaciones de gran belleza.

EL SALÓN RECIBIDOR

En este salón se muestra uno de los pocos retratos del general Porfirio Díaz que se pintaron en su época. Se le ve vestido de etiqueta, con la banda presidencial. El autor del retrato fue Federico Rodríguez.

MUSEO MANUEL TOLSÁ

Creado en 1999 para honrar la memoria del constructor del Palacio de Minería y para divulgar su obra como escultor, dibujante y decorador. Aquí se encuentra una réplica del "Caballito", planos, esculturas, dibujos, etcétera. También se usa para presentar exposiciones temporales.

Palacio Nacional

Edificio situado en el costado este de la plaza de la Constitución o Zócalo. Está limitado por las calles de Moneda, al norte; Corregidora, al sur y Correo Mayor al este. Se dice que está construido sobre el terreno que ocupaba el palacio de Moctezuma II.

Casa de Virreyes, sede de gestas heroicas; recinto de obras artísticas y casa de los presidentes de la República hasta 1934, este inmueble considerado monumento alberga en sus 4 manzanas, 11 edificios, 14 patios y 4 niveles la mayoría de los acontecimientos que dieron vida a nuestro país.

Fue construido por los españoles con mano de obra indígena con un costo que ascendió a 24 mil pesos de aquella época, las escrituras fueron redactadas el 19 de enero de 1562 en Madrid, España.

En 1529, el inmueble fue cedido por Carlos V a Hernán Cortés como pago por los servicios prestados en la conquista y pacificación de la Nueva España. Más tarde la Corona española le compró el edificio a Martín Cortés, hijo del conquistador, y desde 1562 fue la sede del gobierno colonial. En ese año quedaron establecidas allí las habitaciones para el representante del rey, la cárcel de la corte, el archivo, la audiencia y años después la casa de acuñación de moneda. El 6 de junio de 1692 fue incendiado parcialmente por una revuelta popular y tuvo que ser remodelado a lo largo de varios años.

En septiembre de 1896, el gobierno de Porfirio Díaz instaló la campana de la iglesia de Dolores sobre el balcón central del edificio, en el mismo sitio donde, durante la colonia, habían estado un reloj y una campana sin badajo.

En 1927 Plutarco Elías Calles ordenó añadir un piso, con lo que el inmueble quedó como hoy se le conoce. Esta obra fue realizada por Augusto Petricioli, quien también dispuso que se cubrieran las paredes con tezontle para darle un aspecto "neocolonial".

En la actualidad se le continúan colocando pilotes de 35 metros de profundidad, con el propósito de controlar el hundimiento que padece el majestuoso edificio, debido a la zona y a las vibraciones que transmiten con el paso de los trenes del Sistema de Transporte Colectivo (Metro).

A continuación se describen algunas de las áreas de Palacio Nacional.

Al costado sur-poniente de Palacio, pueden observarse pinturas de mediados del siglo XIX. Una de ellas corresponde al poeta e historiador José Martí, quien vivió cerca de ahí antes de partir a colaborar en la liberación de Cuba.

El corredor de las figuras nacionales inicia con las pinturas de Netzahualcóyotl y Cuauhtémoc, en el corredor figuran casi todos los presidentes mexicanos. Otros como Antonio López de Santa Ana no aparecen. Este espacio está adornado con jarrones de origen chino y candiles con el emblema del águila coronada, herencia del emperador Maximiliano.

Ya en la llamada escalera de honor que comunica con el despacho presidencial, se puede leer la frase: "La patria es primero", inmortalizada por Vicente Guerrero. Los muros de la oficina del Primer Mandatario están decorados con cuadros de Gerardo Murillo, "Dr Atl".

Más adelante se halla el llamado Salón de Fumadores, decorado con mobiliario otomano y un espejo francés. Aquí fue donde se reunió en varias ocasiones Luis Echeverría Alvárez, a la sazón Secretario de Gobernación con los líderes estudiantiles de 1968.

Está después el Salón de Acuerdos con bustos de los filósofos griegos Sócrates y Platón, para luego tener acceso a la biblioteca, en la que se sitúa el primer elevador que hubo en la Ciudad de México, que data de 1902 y que incluso tiene un reloj de pared.

El Salón Azul, con una pintura del libertador Simón Bolívar y el Salón Verde, con imágenes de George Washington y del rey español Carlos III, en el siglo XIX fueron uno solo, y estaba destinado a fiestas y banquetes. A un lado está el Salón Morado, conocido a principios del siglo XX como el salón de los Secretos. Ahí atendía Porfirio Díaz las conferencias de prensa.

Sin duda el más importante de estos salones es el llamado de los Embajadores, ya que aquí el Primer Mandatario recibe las cartas credenciales de los representantes de otras naciones. En este lugar se firmó el Acta de la Independencia de México en 1821. También tuvo lugar el velorio de Benito Pablo Juárez García.

Sigue el Salón de Recepciones que da al balcón central donde se hace sonar la campana o esquilón cada 15 de septiembre. En este sitio estuvo preso 19 días el Benemérito de las Américas.

La estatua de Pegaso, que representa la inteligencia, el valor y la prudencia, está en el Patio de Honor. Esta escultura fue colocada en el siglo XIX en la entonces Plaza de Armas, hoy llamada Plaza de la Constitución, y fue Plutarco Elías Calles quien ordenó instalarla en Palacio Nacional.

El célebre muralista Diego Rivera pintó 14 murales en el interior de Palacio Nacional (1929-1935 y 1941-1952) que abarcan 642 metros cuadrados. El último narra la entrada de los conquistadores españoles a Veracruz y corresponde a 1951.

Del lado oriente del inmueble se ubica una iglesia mandada a edificar por la Emperatriz Carlota. A un costado estaban dos edificios severamente dañados por los sismos registrados en 1985, por lo que la anterior administración ordenó demolerlos y crear un extenso jardín, en el que predominó el árbol de la "Manita", que dio lugar a un dicho en tiempos del Virreinato: "Si no da el árbol de la Manita, el Virrey moría".

Hoy en día funcionan oficinas de las Secretarías de Hacienda y Crédito Público, así como de Desarrollo Social. También es sede de la I Zona Militar y por supuesto, en ocasiones, se celebran actos con la participación del Primer Mandatario.

PALACIO POSTAL

En el ambicioso programa de construcciones públicas concebido por el gobierno de Porfirio Díaz se convocó a un concurso internacional, resultando ganador un arquitecto italiano avecindado en los Estados Unidos, de nombre Adamo Boari.

En un primer momento se le encargó el proyecto del nuevo edificio de Correos y poco tiempo después el del nuevo Teatro Nacional (hoy Palacio de Bellas Artes), que quedarían ubicados uno frente al otro en una de las mejores zonas de la Ciudad de México.

En este lugar estuvo la casa de Tecuichpo, la esposa de Cuauhtémoc, último emperador azteca. Más tarde, durante el periodo de la colonia, se levantó, y funcionó durante 150 años, el hospital de Terceros de la Orden de San Francisco. Finalmente, el entonces presidente de la República, Porfirio

Díaz puso la primera piedra de la construcción el 14 de septiembre de 1902 que se concluiría cinco años más tarde, el 17 de febrero de 1907, con una gran fiesta a la que arribó el Primer Mandatario en una elegante carroza, y a la que concurrieron todos los integrantes del gabinete; miembros del cuerpo diplomático y personalidades de la sociedad. El costo de la obra ascendió a 2 millones, 921 mil pesos con 94 centavos.

Los orígenes del Palacio Postal son descritos por la propia Secretaría de Comunicaciones y Obras Públicas en las memorias del ramo para el ejercicio fiscal 1901-1902, que contienen además información muy valiosa sobre la cimentación del edificio, cuyo interés puede ser todavía de actualidad, dado que el éxito de la misma ha quedado ampliamente demostrado a casi un siglo de su construcción.

LÍNEAS GENERALES DEL PROYECTO ARQUITECTÓNICO

El proyecto de Boari se desarrolla en cuatro plantas ya que ésta fue el área que se consideró necesaria para satisfacer todas las necesidades del proyecto arquitectónico. A pesar de lo extenso del edificio, la existencia de cuatro fachadas facilitaría enormemente las cosas al arquitecto en materia de iluminación natural. Para ayudarse todavía más dispuso en la zona central del rectángulo, dos aberturas para proveer de luz diurna al interior: la frontal, desde la calle de Tacuba, es un tragaluz de toda la altura del edificio que permite iluminar el núcleo de distribución de todas las circulaciones y destacar la escalera monumental de hierro colado que asciende por este cubo.

Los ascensores también próximos a este tragaluz adquieren gran importancia por esta causa. De hecho el espacio más importante del edificio es este gran *hall*. A diferencia de los edificios del pasado en casi todo el mundo, los nuevos edificios monumentales carecían ya de patio, siendo reemplazado éste por el tragaluz del espacio de la escalera.

Para el edificio de correos Boari hizo equipo con el muy competente ingeniero mexicano Gonzalo Garita, gran conocedor de las peculiaridades del suelo para evitar que el nuevo edificio tuviera un gran peso para no sufrir el hundimiento que tantos problemas causa a las construcciones de la capital del país. De esta manera puede decirse que la notable estabilidad que el Palacio Postal ha mostrado a lo largo del tiempo es algo que debe agradecerse al talento de Garita, pues siendo éste el edificio de mayor altura de su tiempo en la capital, se erige todavía hoy con arrogante estabilidad, calle de por medio, frente a un Palacio de Bellas Artes que ha perdido ya dos metros de su altura original.

LAS FORMAS ARQUITECTÓNICAS DEL PALACIO POSTAL

La orientación cultural del gobierno de Porfirio Díaz, de raíz liberal, no consideraba como un camino válido para la arquitectura mexicana la tradición de la arquitectura colonial. Son muy numerosos los testimonios que hablan del desdén que sentían por la arquitectura colonial políticos como Justo Sierra, quienes encontraban en esos edificios un obstáculo al progreso.

No es extraño que tanto el Correo como el Palacio Nacional y el Palacio de Comunicaciones se hayan edificado precisamente sobre los edificios de tres exconventos, que fueron demolidos para el efecto: el Hospital de Terceros, el de Santa Isabel y el de San Andrés, respectivamente.

Pero volviendo a Boari, es pertinente recordar que en su discurso inaugural Gonzalo Garita identificaba el modelo que habría identificado a Boari:

"El estilo general del edificio obedece al español antiguo, anterior a la época de la conquista, conocido por plateresco, y su construcción se ha efectuado, de acuerdo con los procedimientos más recientes del arte de construir".

La cita permite advertir que el contenido político de la declaración estaba muy bien meditado. El edificio no es plateresco en absoluto: el término se aplica a cierta tendencia decorativa originada en Lombardía y trasplantada a España con éxito (primero, y a sus colonias después), que tomaba las formas del renacimiento de manera epidérmica para aplicarlas decorativamente a una fachada. Es decir, se trataba de la utilización más pragmática de las formas clásicas. Y no hay mucho —o nada— de clásico en el Palacio Postal. Los arcos de medio punto (los hay también escárzanos) remiten más al románico italiano. Lo gótico en Italia, por otra parte, no se desprendió por completo del románico y lo italiano está presente de muchas maneras en el Correo como todos los estudiosos se han encargado de observar.

En otras palabras, Boari habría intentado hacer lo que conocía bien –lo italiano— a condición de que a sí mismo pareciese español, para de esa manera acercarse, si bien tras un cuidadoso rodeo conceptual, al suelo mexicano.

Como ya se ha visto, Boari prescindió de los patios abiertos como espacios expresivos del Palacio Postal, reemplazándolos por áreas cubiertas con iluminación cenital, idea moderna que había nacido desde el siglo XVIII en Inglaterra, cuyo clima la justifica ampliamente. Era común en Inglaterra y los Estados Unidos que bajo el plafón luminoso del *hall* se desplegase, como protagonista primordial de este espacio, la gran escalera. Y esto es, precisamente, lo que ocurre en el Palacio Postal.

No menos importante es el papel que se asignó, en este mismo espacio, a los ascensores (ya retirados), símbolo del progreso y que ocupaban aquí una posición emblemática.

Para el público de la época las formas horizontales del Palacio Postal eran sólo una decoración que no debía interpretarse textualmente para evocar el pasado. Era más importante para los contemporáneos de Boari, el hecho de que fuera un edificio totalmente moderno en su concepción. Sus acabados debían ser lujosos para que la imagen de la nación misma se reflejase en ellos. La célebre herrería ornamental de las áreas de atención al público proveniente de Florencia, cumple perfectamente este propósito. Hay en el diseño de toda esta herrería un eco de trabajos norteamericanos de finales del siglo XIX, particularmente de la ciudad de Chicago, próximos ya al despunte del *art noveau*.

Los pisos interiores fueron originalmente de mosaico en pequeñas piezas de estilo romano, siendo posteriormente reemplazados por mármol de Puebla. Las columnas, trabes y algunas paredes interiores están realizadas en escayola muy común en la época y en el resto, de sobrios interiores, sólo se concedieron algunos lujos al salón de recepciones que contiene las pinturas del italiano Bartolomeo Galloti.

Las fachadas exteriores fueron ejecutadas con piedra blanca de Pachuca que es muy fácil de labrar, como las cresterías de finas nervaduras de la parte superior del edificio, o los marcos de las ventanas adornados con toda clase de figuras escultóricas.

No podía ser de otra manera porque a pesar de la atmósfera cultural del historicismo, Boari era hijo de su tiempo y eran las formas del momento, inevitablemente, las que guiaban su sensibilidad. Por ello debemos hablar hoy del Palacio Postal como de un edificio perfectamente representativo de su propia época, con una decoración determinada, y no de un edificio románico, gótico o renacentista, o cualquier combinación de estos estilos. No pretendía Boari ser un arquitecto medieval, pongamos por caso, sino uno totalmente moderno. Olvidar esto propiciaría una comprensión muy poco adecuada de las motivaciones profundas de la arquitectura de los albores de este siglo, y llevaría a obtener conclusiones equivocadas sobre la verdadera naturaleza de los ambiciosos proyectos de edificios públicos emprendidos en aquellos años por la Secretaría de Comunicaciones y Obras Públicas, como parte del empeño de modernización de nuestro país. Aunque hoy debamos esforzarnos de manera especial para comprender sin error las intenciones reales de la época, no hay lugar para la duda: arquitectos como Adamo Boari y desde luego su cliente el gobierno mexicano, tenían la mirada puesta en el futuro. El vestuario historicista del Palacio Postal no debe impedirnos ver la dirección real en que se movía, a pesar de todo, la sociedad de principios de siglo en México.

La estructura metálica del Palacio Postal fue ejecutada por la casa neoyorquina Milliken Brothers (proveedora también de las estructuras de hierro del Palacio Legislativo, del Palacio de Comunicaciones y del Palacio de Bellas Artes). Como era de esperarse el comportamiento de esta estructura ha sido excelente, ya que el edificio ha superado sin ningún problema los grandes sismos sufridos por la Ciudad de México en 1911, 1957 y 1985.

Finalmente, las fachadas del edificio de Correos, sin embargo, acusan cierto deterioro, cuyos orígenes no es difícil determinar: lamentablemente la facilidad de trabajo de la piedra blanca de Pachuca la hace asimismo muy vulnerable a las condiciones de la intemperie. A causa de ello se han desintegrado las partes más delicadas de los ornamentos esculpidos, en especial los que ocupan posiciones prominentes. Esto ha impuesto la necesidad de emprender reparaciones en estas fachadas.

El Palacio Postal se localiza en la calle de Tacuba, haciendo esquina con el Eje Central Lázaro Cárdenas.

PALACIO DE LOS CONDES DE SAN MATEO DE VALPARAÍSO

El predio que se encontraba en la esquina de las actuales calles de Isabel la Católica y Venustiano Carranza, en el Centro Histórico de la Ciudad de México, fue concedido en el siglo XVI por el conquistador Hernán Cortés a Alonso Nortes, quien lo vendió más tarde a Juan Cermeño. Este último erigió en dicho terreno una primera casa con aspecto de fortaleza, edificada con materiales extraídos de construcciones precolombinas.

El 14 de agosto de 1712, Felipe V concedió el condado de San Mateo de Valparaíso y el vizcondado del Valle de Nuevo México a don Fernando de la Campa Cos. El palacio, sin embargo, no fue habitado por él, sino por su heredera, doña María de la Campa Cos, condesa de San Mateo de Valparaíso, quien junto con su esposo, el marqués del Jaral, don Miguel de Berrio y Zaldívar, comisionaron el proyecto al arquitecto Francisco Antonio Guerrero y Torres quien construyó el palacio entre 1769 y 1779.

El Palacio de los Condes de San Mateo de Valparaíso fue reconstruido de acuerdo con los deseos del conde; fue erigido dentro del más puro estilo mexicano y se utilizó cantera de chiluca para los elementos estructurales, tezontle para recubrir los macizos de la fachada y detalles de azulejos de talavera poblana.

En su exterior, sobre el ángulo superior de la esquina aparece un torreón, conteniendo un nicho angular u hornacina que resguarda la imagen guadalupana, flanqueada por columnas salomónicas.

La residencia cuenta con un acceso central que conduce a un patio asimétrico, formado originalmente por tres corredores. Debido a una ampliación que se realizó durante el siglo XX, ahora cuenta con un patio paralelo y un cuarto corredor. El piso superior se encuentra sostenido por una triple arcada que va de pared a pared sin apoyos intermedios.

La escalera constituye uno de los aspectos más notables del edificio ya que tiene doble rampa de embarque y las escalinatas suben en espiral —en forma helicoidal— hacia las habitaciones del entresuelo y el piso superior. Como corona, una magnífica cúpula remata la escalera y se adosa al domo de la capilla familiar.

Se cuenta que en el patio de esta casona, Manuel Tolsá realizó los primeros bocetos en cera para su famosa escultura de Carlos IV, El Caballito, y que su modelo fue un semental de la hacienda del Jaral llamado "El Tambor".

Existen muchas construcciones palaciegas más en esta gran ciudad, principalmente en el llamado Centro Histórico, por ejemplo: el palacio del marqués de Prado Alegre, el palacio de los condes de Miravalle, el edificio del Nacional Monte de Piedad, el palacio del Mayorazgo de Guerrero, el palacio del marqués del Apartado, el palacio de los condes de la Cortina, el palacio de los condes de San Bartolomé de Xala, y varios más, desafortunadamente, también un gran número de estas maravillas arquitectónicas del pasado de la ciudad se han perdido para siempre, o sólo quedan unos cuantos vestigios de las mismas, en cualquier forma, no hay duda alguna de por qué esta ciudad fue llamada "la ciudad de los palacios".

Capítulo III

La ciudad
y sus divinidades

LA CIUDAD Y SUS DIVINIDADES

Los mexicanos sin lugar a dudas somos un pueblo de fe, desde tiempos prehispánicos hemos evocado y convivido con dioses y mitos. Tras el triunfo de la conquista, llegó la evangelización y con ella una nueva visión del mundo celestial.

Algunos indígenas deseosos de resguardar sus creencias, llegaron a esconder sus ídolos, enterrándoles bajo las cruces, en las que sabían se tendrían que arrodillar, para adorar allí al nuevo dios. Y de esta manera, cuando le fuera impuesta la adoración a la cruz, ellos se arrodillarían ante su propio dios.

LA VIRGEN DE GUADALUPE

Han transcurrido 472 años (en el año de 1531) desde su aparición en tierras mexicanas y es un hecho que la imagen de la Virgen de Guadalupe es uno de los símbolos de unión más fuertes del pueblo mexicano. Cada año, 20 millones de fieles se acercan al venerado cuadro para expresar a la Madre del Cielo el testimonio de su cariño y veneración. El día de la fiesta, doce de diciembre, se calcula que casi tres millones de personas acuden al santuario del Tepeyac. Las investigaciones de su origen no han sido pocas, sin embargo aún quedan incógnitas que la ciencia no ha podido descifrar.

ANTECEDENTES

Entre las deidades prehispánicas que veneraban los aztecas, se encontraba la diosa *Tonantzin* que era considerada como la Madre de los dioses, o la Señora Fuente de Vida. Curiosamente en el mismo lugar donde se apareció la Virgen de Guadalupe, se encontraba un adoratorio para esta diosa. Cuentan algunas crónicas del siglo XVI que en un principio los indígenas se referían a la virgen como *Tonantzin*, que en náhuatl significa "Nuestra Madre".

Los primeros pobladores del Valle de México llamaban al cerro donde se apareció la virgen, cerro del *Tepeyac*, que significa "monte con una nariz", debido a su forma. Ya en la época de la Colonia los españoles llamaban Tepeaquilla al poblado que se asentaba a sus bordes, pero el nombre del cerrito se castellanizaba como Tepeyac.

La mayoría de los estudiosos concuerdan que Juan Diego nació en 1474 en el *calpulli* de Tlayacac, en Cuauhtitlán, el que fue establecido en 1168 por la tribu nahua y posteriormente conquistado por el jefe azteca Axayácatl en 1467; y estaba localizado 20 kilómetros al norte de Tenochtitlán (Ciudad de México).

Su nombre de nacimiento fue *Cuauhtlatoatzin*, que podría ser traducido como "el que habla como águila" o "águila que habla".

El *Nican Mopohua* lo describe como un *"macehualli"*, o "pobre indio", es decir uno que no pertenecía a ninguna de las categorías sociales del Imperio, como funcionarios, sacerdotes, guerreros, mercaderes, etc., es decir que pertenecía a la más numerosa y baja clase del Imperio Azteca, pero no a la clase de los esclavos.

Él trabajaba duramente la tierra y fabricaba matas las que luego vendía. Era dueño de su pedazo de tierra y tenía una pequeña vivienda en ella. Estaba casado pero no tenía hijos.

En los años 1524 o 1525 se produce su conversión al cristianismo y fue bautizado, así como su esposa, recibiendo el nombre cristiano de Juan Diego y su esposa el nombre de María Lucía. Fueron quizás bautizados por el misionero franciscano Fray Toribio de Benavente, llamado por los indios "Motolinía" o "el pobre" por su extrema gentileza y piedad y las ropas raídas que vestía.

De acuerdo a la primera investigación formal realizada por la Iglesia sobre los sucesos, las *Informaciones Guadalupanas* de 1666, Juan Diego parece haber sido un hombre muy devoto y religioso, aun antes de su conversión. Era muy reservado y de un carácter místico, afecto a largos silencios y frecuentes penitencias, y que solía caminar desde su poblado hasta Tenochtitlán, a 20 kilómetros de distancia, para recibir instrucción religiosa.

Su esposa María Lucía enfermó y luego falleció en 1529. Juan Diego entonces se trasladó a vivir con su tío Juan Bernardino en Tolpetlac, que le quedaba más cerca de la iglesia en Tlatilolco-Tenochtitlán, a sólo 14 kilómetros.

Él caminaba cada sábado y domingo a la iglesia, partiendo a la mañana muy temprano, antes que amaneciera, para llegar a tiempo a la Santa Misa y a las clases de instrucción religiosa. Caminaba descalzo, como la gente de su clase *macehualli*, ya que sólo los miembros de las clases superiores de los aztecas usaban *cactlis*, o sandalias, confeccionadas con fibras vegetales o de pieles. En esas frías madrugadas usaba para protegerse del frío una manta, o *ayate*, tejida con fibras del maguey, el cactus típico de la región. El algodón era sólo usado por los aztecas más privilegiados.

LAS APARICIONES Y LOS MILAGROS

Todos los relatos modernos de las apariciones de la Virgen de Guadalupe a Juan Diego están inspirados en el *Nican Mopohua*, o *Huei Tlamahuitzoltica*, escrito en náhuatl, a mediados del siglo XVI por el erudito indio Antonio Valeriano. Desafortunadamente el original de esta obra no ha sido encontrado. Una copia fue publicada en náhuatl por Luis Lasso de la Vega por primera vez en 1649 en la Ciudad de México.

A continuación una traducción al español:

"En orden y concierto se cuenta aquí cómo hace poco se apareció milagrosamente la perfecta Virgen Santa María Madre de Dios, nuestra Reina, en el Tepeyacac, que se nombra Guadalupe".

"Primero se dejó ver de un pobre indio llamado Juan Diego; y después se apareció su preciosa imagen delante del nuevo Obispo Don fray Juan de Zumárraga".

"Diez años después de tomada la ciudad de México, se suspendió la guerra y hubo paz en los pueblos, así como empezó a brotar la fe, el conocimiento del verdadero Dios, por quien se vive".

"A la sazón, en el año de mil quinientos treinta y uno, a pocos días del mes de diciembre, sucedió que había un pobre indio, de nombre Juan Diego, según se dice, natural de Cuautitlán. Tocante a las cosas espirituales en un todo pertenecía a Tlatilolco".

PRIMERA APARICIÓN

"Era sábado muy de madrugada cuando Juan Diego venía en pos del culto divino y de sus mandatos a Tlatilolco.

"Al llegar junto al cerrito llamado Tepeyacac, amanecía; y oyó cantar arriba del cerro; semejaba canto de varios pájaros; callaban a ratos las voces de los cantores; y parecía que el monte les respondía. Su canto, muy suave y deleitoso, sobrepasaba al del coyoltótotl y del tzinizcan y de otros pájaros lindos que cantan.

"Se paró Juan Diego para ver y dijo para sí: '¿Por ventura soy digno de lo que oigo? ¿Quizás sueño? ¿Me levanto de dormir? ¿Dónde estoy? ¿Acaso en el paraíso terrenal, que dejaron dicho los viejos, nuestros mayores? ¿Acaso ya en el cielo?' Estaba viendo hacia el oriente, arriba del cerrillo, de donde procedía el precioso canto celestial.

"Y así que cesó repentinamente y se hizo el silencio, oyó que le llamaban de arriba del cerrito y le decían: *'Juanito, Juan Dieguito'*.

"Luego se atrevió a ir a donde le llamaban. No se sobresaltó un punto, al contrario, muy contento, fue subiendo el cerrillo, a ver de dónde le llamaban. Cuando llegó a la cumbre vio a una señora, que estaba allí de pie y que le dijo que se acercara.

"Llegado a su presencia , se maravilló mucho de su sobrehumana grandeza: su vestidura era radiante como el sol; el risco en que posaba su planta, flechado por los resplandores, semejaba una ajorca de piedras preciosas; y relumbraba la tierra como el arco iris. Los mezquites, nopales y otras diferentes hierbecillas que allí se suelen dar parecían de esmeralda; su follaje, finas turquesas; y sus ramas y espinas brillaban como el oro.

"Se inclinó delante de ella y oyó su palabra, muy suave y cortés, cual de quien atrae y estima mucho.

"Ella le dijo: *'Juanito, el más pequeño de mis hijos, ¿dónde vas?'*

"Él respondió: 'Señora y Niña mía, tengo que llegar a tu casa de México Tlatilolco, a seguir las cosas divinas, que nos dan y enseñan nuestros sacerdotes, delegados de Nuestro Señor'.

"Ella luego le habló y le descubrió su santa voluntad. Le dijo: *'Sabe y ten entendido, tú el más pequeño de mis hijos, que yo soy la siempre Virgen María, Madre del verdadero Dios por quien se vive: del Creador cabe quien está todo: Señor del cielo y de la tierra. Deseo vivamente que se me erija aquí un templo, para en él mostrar y dar todo mi amor, compasión, auxilio y defensa, pues yo soy vuestra piadosa madre, a ti, a todos vosotros juntos los moradores de esta tierra y a los demás amadores míos que me invoquen y en mí confíen; oír allí sus lamentos y remediar todas sus miserias, penas y dolores.*

"Y para realizar lo que mi clemencia pretende, ve al palacio del Obispo de México y le dirás cómo yo te envío a manifestarle lo que deseo, que aquí me edifique un templo: le contarás puntualmente cuanto has visto y admirado, y lo que has oído. Ten por seguro que te lo agradeceré bien y lo pagaré, porque te haré feliz y merecerás mucho que yo recompense el trabajo y fatiga con que vas a procurar lo que te encomiendo. Mira que ya has oído mi mandato hijo mío el mas pequeño, anda y pon todo tu esfuerzo'.

"Juan Diego contestó: 'Señora mía, ya voy a cumplir tu mandato; por ahora me despido de ti, yo tu humilde siervo'.

"Luego bajó, para ir a hacer su mandato; y salió a la calzada que viene en línea recta a México".

SEGUNDA APARICIÓN

"Habiendo entrado sin dilación en la ciudad, Juan Diego se fue en derechura al
palacio del obispo que era el prelado
que muy poco antes había venido y se
llamaba Fray Juan de Zumárraga, religioso de San Francisco.

"Apenas llegó trató de verle; rogó
a sus criados que fueran a anunciarle. Y
pasado un buen rato, vinieron a llamarle,
que había mandado el señor obispo que
entrara.

"Luego que entró, enseguida le dió el recado de la Señora del Cielo; y
también le dijo cuanto admiró, vio y oyó. Después de oír toda su plática y su
recado, pareció no darle crédito. El obispo le respondió; 'Otra vez vendrás,
hijo mío, y te oiré más despacio; lo veré muy desde el principio y pensaré en
la voluntad y deseo con que has venido'. Juan Diego salió y se vino triste,
porque de ninguna manera se realizó su mensaje.

"En el mismo día se volvió; se vino derecho a la cumbre del cerrito, y
acertó con la Señora del Cielo, que le estaba aguardando, allí mismo donde le
vio la primera vez: 'Señora, la más pequeña de mis hijas. Niña mía, fui a
donde me enviaste a cumplir tu mandato, le vi y le expuse tu mensaje, así
como me advertiste; me recibió benignamente y me oyó con atención; pero en
cuanto me respondió, apareció que no lo tuvo por cierto. Me dijo: 'Otra vez
vendrás, te oiré mas despacio, veré muy desde el principio el deseo y voluntad con que has venido'.

"'Comprendí perfectamente en la manera que me respondió que piensa
que es quizás invención mía que tú quieres que aquí te hagan un templo y que
acaso no es de orden tuya; por lo cual te ruego encarecidamente, Señora y
Niña mía, que a alguno de los principales, conocido y respetado y estimado,
le encargues que lleve tu mensaje, para que le crean; porque yo soy sólo un

hombrecillo, soy un cordel, soy una escalerilla de tablas, soy cola, soy hoja, soy gente menuda, y tú, Niña mía, la más pequeña de mis hijas, Señora, me envías a un lugar por donde no ando y donde no paro. Perdóname que te cause pesadumbre y caiga en tu enojo, Señora y Dueña mía'.

"Le respondió la Santísima Virgen: *'Oye, hijo mío el más pequeño, ten entendido que son muchos mis servidores y mensajeros a quienes puedo encargar que lleven mi mensaje y hagan mi voluntad; pero es de todo punto preciso que tú mismo solicites y ayudes y que con tu mediación se cumpla mi voluntad. Mucho te ruego, hijo mío el más pequeño, y con rigor te mando, que otra vez vayas mañana a ver al obispo. Dale parte en mi nombre y hazle saber por entero mi voluntad: que tiene que poner por obra el templo que le pido. Y otra vez dile que yo en persona, la siempre Virgen Santa María, Madre de Dios, te envía'*.

"Respondió Juan Diego: 'Señora y Niña mía, no te cause yo aflicción; de muy buena gana iré a cumplir tu mandato; de ninguna manera dejaré de hacerlo ni tengo por penoso el camino. Iré a hacer tu voluntad, pero acaso no seré oído con agrado; o si fuese oído, quizás no me creerá. Mañana en la tarde cuando se ponga el sol vendré a dar razón de tu mensaje, con lo que responda el prelado, ya me despido. Hija mía, la más pequeña, mi Niña y Señora. Descansa entretanto'.

"Luego se fue él a descansar a su casa".

TERCERA APARICIÓN

"Al día siguiente, domingo muy de madrugada, salió de su casa y se vino derecho a Tlatilolco a instruirse de las cosas divinas y estar presente en la cuenta para ver enseguida al prelado. Casi a las diez, se aprestó, después de que se oyó misa y se hizo la cuenta y se dispersó el gentío. Al punto se fue Juan Diego al palacio del señor obispo.

"Apenas llegó, hizo todo empeño para verle: otra vez con mucha dificultad le vio; se arrodilló a sus pies; se entristeció y lloró al exponerle el mandato de la Señora del Cielo, que ojalá que creyera su mensaje y la voluntad de la Inmaculada de erigirle su templo donde manifestó que lo quería.

"El señor obispo, para cerciorarse, le preguntó muchas cosas, dónde la vio y cómo era; y él refirió todo perfectamente al señor obispo. Mas aunque explicó con precisión la figura de ella y cuanto había visto y admirado, que en todo se descubría ser ella la siempre Virgen Santísima Madre del Salvador Nuestro Señor Jesucristo; sin embargo, el obispo no le dió crédito y dijo que no solamente por su plática y solicitud se había de hacer lo que pedía; que, además, era muy necesaria alguna señal para que se le pudiera creer que le enviaba la misma Señora del cielo.

"Así que lo oyó dijo Juan Diego al Obispo: 'Señor, mira cuál ha de ser la señal que pides; que luego iré a pedírsela a la Señora del Cielo que me envió acá'. Viendo el obispo que ratificaba todo sin dudar ni retractar nada, le despidió.

"Mandó inmediatamente unas gentes de su casa, en quienes podía confiar, que le vinieran siguiendo y vigilando mucho a dónde iba y a quién veía y hablaba. Así se hizo. Juan Diego se vino derecho y caminó la calzada; los que venían tras él, donde pasa la barranca, cerca del puente del Tepeyacac, le perdieron; y aunque más buscaran por todas partes, en ninguna le vieron.

"Así es que se regresaron, no solamente porque se fastidiaron, sino también porque les estorbó su intento y les dio enojo. Eso fueron a informar al señor obispo, inclinándose a que no le creyera: le dijeron que nomás le engañaba; que nomás forjaba lo que venía a decir, o que únicamente soñaba lo que decía y pedía; y en suma discurrieron que si otra vez volvía le habían de coger y castigar con dureza, para que nunca más mintiera y engañara.

"Entre tanto, Juan Diego estaba con la Santísima Virgen, diciéndole la respuesta que traía del señor obispo; la que oída por la Señora le dijo: *'Bien está hijito mío, volverás aquí mañana para que lleves al Obispo la señal que te ha pedido; con esto te creerá y acerca de esto ya no dudará ni de ti sospechará; y sábete, hijito mío, que yo te pagaré tu cuidado y el trabajo y cansancio que por mí has emprendido; ea, vete ahora, que mañana aquí te aguardo'''*.

CUARTA APARICIÓN

"Al día siguiente, lunes, cuando tenía que llevar Juan Diego alguna señal para ser creído, ya no volvió. Porque cuando llegó a su casa, a un tío que tenía, llamado Juan Bernardino, le había dado enfermedad, y estaba muy grave. Primero fue a llamar a un médico y le auxilió; pero ya no era tiempo, ya estaba muy grave.

"Por la noche, le rogó su tío que de madrugada saliera y viniera a Tlatilolco a llamar a un sacerdote, que fuera a confesarle y disponerle, porque estaba muy cierto de que era tiempo de morir y que ya no se levantaría ni sanaría.

"El martes, muy de madrugada, se vino Juan Diego de su casa a Tlatilolco a llamar al sacerdote; y cuando venía llegando al camino que sale junto a la ladera del cerrillo del Tepeyacac, hacia el poniente por donde tenía costumbre de pasar, dijo: 'Si me voy derecho, no sea que me vaya a ver la Señora, y en todo caso me detenga, para que lleve la señal al prelado, según me previno; que primero nuestra aflicción nos deje y primero llame yo de prisa al sacerdote; el pobre de mi tío lo está ciertamente aguardando'.

"Luego dió vuelta al cerro; subió por entre él y pasó al otro lado, hacia el oriente, para llegar pronto a México y que no le detuviera la Señora del Cielo.

"Pensó que por donde dio la vuelta no podía verle la que está mirando bien a todas partes. La vio bajar de la cumbre del cerrillo y que estuvo mirando hacia donde antes él la veía. Salió a su encuentro a un lado del cerro y le dijo: *'¿Qué hay, hijo mío el más pequeño?, ¿a dónde vas?'*

"Se apenó él un poco, o tuvo vergüenza, o se asustó. Se inclinó delante de ella y la saludó, diciendo: 'Niña mía, la más pequeña de mis hijas. Señora, ojalá estés contenta. ¿Cómo has amanecido? ¿Estás bien de salud, Señora y Niña mía? Voy a causarte aflicción: sabe, Niña mía, que está muy malo un pobre siervo tuyo, mi tío: le ha dado la peste, y está para morir. Ahora voy presuroso a tu casa de México a llamar a uno de los sacerdotes amados de Nuestro Señor, que vaya a confesarle y disponerle; porque desde que nacimos vinimos a aguardar el trabajo de nuestra muerte. Pero sí voy a hacerlo, volveré luego otra vez aquí, para ir a llevar tu mensaje. Señora y Niña mía, perdóname, ténme por ahora paciencia; no te engaño. Hija mía la más pequeña, mañana vendré a toda prisa'.

"Después de oír la plática de Juan Diego, respondió la piadosísima virgen:

'Oye y ten entendido hijo mío el más pequeño, que es nada lo que te asusta y aflige; no se turbe tu corazón; no temas esa enfermedad, ni otra alguna enfermedad y angustia. ¿No estoy yo aquí? ¿No soy tu Madre? ¿No estás bajo mi sombra? ¿No soy yo tu salud? ¿No estás por ventura en mi regazo? ¿Qué más has menester? No te apene ni te inquiete otra cosa; no te aflija la enfermedad de tu tío, que no morirá ahora de ella; está seguro de que sanó'".

(Y entonces sanó su tío, según después se supo).

"Cuando Juan Diego oyó estas palabras de la Señora del Cielo consoló mucho; quedó contento. Le rogó que cuanto antes se despachara a ver al señor obispo, a llevarle alguna señal y prueba, a fin de que creyera.

"La Señora del Cielo le ordenó luego que subiera a la cumbre del cerrito, donde antes la veía. Le dijo: *'Sube, hijo mío el más pequeño, a la cumbre del cerrito; allí donde me viste y te di órdenes, hallarás que hay diferentes flores; córtalas, júntalas, recógelas; enseguida baja y tráelas a mi presencia'.*

"Al punto subió Juan Diego al cerrillo. Y cuando llegó a la cumbre, se asombró mucho de que hubieran brotado tantas varias exquisitas rosas de Castilla, antes del tiempo en que se dan, porque a la sazón se encrudecía el hielo. Estaban muy fragantes y llenas del rocío de la noche, que semejaba perlas preciosas. Luego empezó a cortarlas; las juntó todas y las echó en su regazo. La cumbre del cerrito no era lugar en que se dieran ningunas flores, porque tenía muchos riscos, abrojos, espinas, nopales y mezquites; y si se solían dar hierbecillas, entonces era el mes de diciembre, en que todo lo come y echa a perder el hielo.

"Bajó inmediatamente y trajo a la Señora del Cielo las diferentes flores que fue a cortar; la que, así como las vio, las cogió con su mano y otra vez se las echó en el regazo, diciéndole:

'Hijo mío el más pequeño, esta diversidad de flores es la prueba y señal que llevarás al obispo. Le dirás en mi nombre que vea en ella mi voluntad y que él tiene que cumplirla. Tú eres mi embajador, muy digno de confianza. Rigurosamente te ordeno que sólo delante del obispo despliegues tu manta y descubras lo que llevas. Contarás bien todo; dirás que te mandé subir a la cumbre del cerrito, que fueras a cortar flores, y todo lo que viste y admiraste, para que puedas inducir al prelado a que dé su ayuda, con objeto de que se haga y erija el templo que he pedido'.

"Después que la Señora del Cielo le dio su consejo, se puso en camino por la calzada que viene derecho a México; ya contento y seguro de salir bien, trayendo con mucho cuidado lo que portaba en su regazo, no fuera que algo se le soltara de las manos, gozándose en la fragancia de las variadas hermosas flores".

EL MILAGRO DE LA IMAGEN

"Al llegar Juan Diego al palacio del obispo salieron a su encuentro el mayordomo y otros criados del prelado. Les rogó que le dijeran que deseaba verle; pero ninguno de ellos quiso, haciendo como que no le oían, sea porque era muy temprano, sea porque ya le conocían, que sólo los molestaba, porque les era inoportuno; además ya les habían informado sus compañeros que le perdieron de vista, cuando habían ido en su seguimiento.

"Largo rato estuvo esperando. Ya que vieron que hacía mucho que estaba allí, de pie, cabizbajo, sin hacer nada, por si acaso era llamado; y que al parecer traía algo que portaba en su regazo, se acercaron a él, para ver lo que traía y satisfacerse. Viendo Juan Diego que no les podía ocultar lo que traía, y que por eso le habían de molestar, empujar y aporrear, descubrió un poco que eran flores; y al ver que todas eran diferentes, y que no era entonces el tiempo en que se daban, se asombraron muchísimo de ello, lo mismo de que estuvieran muy frescas, y tan abiertas, tan fragantes y tan preciosas. Quisieron coger y sacarle algunas; pero no tuvieron suerte las tres veces que se atrevieron a tomarlas; porque cuando iban a cogerlas ya no se veían verdaderas flores, sino que les parecían pintadas o labradas o cosidas en la manta.

"Fueron luego a decirle al señor obispo lo que habían visto y que pretendía verle el indito que tantas veces había venido; el cual hacía mucho que por eso aguardaba, queriendo verle.

"Cayó, al oírlo, el señor obispo en la cuenta de que aquello era la prueba, para que se certificara y cumpliera lo que solicitaba el indito. Enseguida mandó que entrara a verle.

"Luego que entró, se humilló delante de él, así como antes lo hiciera, y contó de nuevo todo lo que había visto y admirado, y también su mensaje. Juan Diego le dijo: 'Señor, hice lo que me ordenaste, que fuera a decir a mi Ama, la Señora del Cielo, Santa María preciosa Madre de Dios, que pedías una señal para poder creerme que le has de hacer el templo donde ella te pide que lo erijas; y además le dije que yo te había dado mi palabra de traerte alguna señal y prueba, que me encargaste, de su voluntad. Condescendió a tu recado y acogió benignamente lo que pides, alguna señal y prueba para que se cumpla su voluntad'.

"'Hoy muy temprano me mandó que otra vez viniera a verte; le pedí la señal para que me creyeras, según me había dicho que me la daría; y al punto lo cumplió; me despachó a la cumbre del cerrillo, donde antes ya la viera, a que fuese a cortar varias flores. Después que fui a cortarlas las traje abajo; las cogió con su mano y de nuevo las echó en mi regazo, para que te las trajera y a ti en persona te las diera.

"'Aunque yo sabía bien que la cumbre del cerrillo no es lugar para que se den flores, porque sólo hay muchos riscos, abrojos, espinas, nopales y mezquites, no por eso dudé. Cuando fui llegando a la cumbre del cerrillo vi que estaba en el paraíso, donde había juntas todas las varias y exquisitas rosas de castilla, brillantes de rocío, que luego fui a cortar.

"'Ella me dijo por qué te las había de entregar; y así lo hago, para que en ellas veas la señal que me pides y cumplas su voluntad; y también para que aparezca la verdad de mi palabra y de mi mensaje.

"'Hélas aquí: recíbelas'".

"Desenvolvió luego su manta, pues tenía en su regazo las flores; y así que se esparcieron por el suelo todas las diferentes flores, se dibujó en ella de repente la preciosa imagen de la siempre Virgen Santa María, Madre de Dios, de la manera que está y se guarda hoy en su templo del Tepeyacac, que se nombra Guadalupe.

"Luego que la vio el señor obispo, él y todos los que allí estaban, se arrodillaron; mucho la admiraron; se levantaron a verla, se entristecieron y acongojaron, mostrando que la contemplaron con el corazón y el pensamiento.

"El señor obispo con lágrimas de tristeza oró y le pidió perdón de no haber puesto en obra su voluntad y su mandato. Cuando se puso de pie desató del cuello de Juan Diego, del que estaba atada, la manta en que se dibujó y apareció la Señora del Cielo. Luego la llevó y fue a ponerla en su oratorio. Un día más permaneció Juan Diego en la casa del obispo, que aún le detuvo.

"Al día siguiente le dijo: 'Ea, a mostrar dónde es voluntad de la Señora del Cielo que le erijan su templo'. Inmediatamente se invitó a todos para hacerlo".

APARICIÓN A JUAN BERNARDINO

"No bien señaló Juan Diego dónde había mandado la Señora del Cielo que se levantara su templo, pidió licencia de irse. Quería ahora ir a su casa a ver a su tío Juan Bernardino; el cual estaba muy grave cuando le dejó y vino a Tlatilolco a llamar un sacerdote, que fuera a confesarle y disponerle, y le dijo la Señora del Cielo que ya había sanado.

"Pero no le dejaron ir solo, sino que le acompañaron a su casa. Al llegar vieron a su tío que estaba muy contento y que nada le dolía.

"Se asombró mucho de que llegara acompañado y muy honrado su sobrino; a quien preguntó la causa de que así lo hicieran y que le honraran mucho. Le respondió su sobrino que, cuando partió a llamar al sacerdote que le confesara y dispusiera, se le apareció en el Tepeyacac la Señora del Cielo; la que, diciéndole que no se afligiera que ya su tío estaba bueno, con mucho se consoló, le despachó a México, a ver al señor obispo, para que le edificara una casa en el Tepeyacac. Manifestó su tío ser cierto que entonces le sanó y que la vio del mismo modo en que se aparecía a su sobrino; sabiendo por Ella que le había enviado a México a ver al obispo.

"También entonces le dijo la Señora de cuando él fuera a ver al obispo, le revelara lo que vio y de qué manera milagrosa le había sanado; y que bien le nombraría, así como bien había de nombrarse su bendita imagen, la siempre Virgen Santa María de Guadalupe.

"Trajeron luego a Juan Bernardino a presencia del señor obispo; a que viniera a informarle y atestiguar delante de él.

"A ambos, a él y a su sobrino, los hospedó el obispo en su casa algunos días, hasta que se erigió el templo de la Reina en el Tepeyacac, donde la vio Juan Diego.

"El señor obispo trasladó a la Iglesia Mayor la santa imagen de la amada Señora del Cielo: la sacó del oratorio de su palacio donde estaba, para que toda la gente viera y admirara su bendita imagen.

"La ciudad entera se conmovió: venía a ver y admirar su devota imagen y a hacerle oración. Mucho le maravillaba que se hubiese aparecido por milagro divino; porque ninguna persona de este mundo pintó su preciosa imagen".

LA IMAGEN DE LA VIRGEN

La imagen de Nuestra Señora de Guadalupe es una maravillosa síntesis cultural, una obra maestra que presentó la nueva fe de manera tal que pudo ser entendida y aceptada inmediatamente por los indios mexicanos. Es imposible de describir aquí de manera detallada la rica y complicada simbología que contiene este cuadro-códice porque cada detalle de color y de forma es portador de un mensaje teológico.

Simplemente el rostro impreso en el ayate es el de una joven mestiza; una anticipación, pues en aquel momento todavía no habían mestizos de esa edad en México. Veamos a continuación un poco sobre algunos de los elementos de esta portentosa imagen.

El ayate

El ayate está hecho de fibra de maguey o ixtle. Los indígenas testigos de las informaciones de 1666 declararon que con este tipo de ayate "se cernía tierra y era incapaz de pintura, ni aun consentía rayas de carbón o tinta".

Según crónicas de la época, al principio el ayate medía 2.26 por 1.55 metros y constaba de tres piezas unidas con hilo de maguey. La imagen se plasmó horizontalmente no en el centro exacto del ayate, es decir, sólo en dos piezas, dejando a una sin imagen. Esta tercera pieza fue descosida y separada del ayate por lo que finalmente quedó de 2.26 por 1.05 metros, tal y como lo conocemos hoy.

Los bastidores

Estos marcos de madera dañaron mucho el lienzo, pues en cada cambio de éstos con sus respectivos bastidores, el ayate era objeto de estiramientos, lo cual dañaba sus bordes. Hoy se pueden apreciar las marcas dejadas por dos de estos travesaños que por muchos años unieron al marco con el bastidor.

Los arabescos

Son flores con contorno y distorno que adornan el vestido de la Virgen. Debido a lo tosco y áspero de la tilma desconcierta la forma en que se plasmaron. El detalle es minucioso y se realizó en trazos dorados, Juan Diego los describió como "una vestidura radiante como el sol". Estudios realizados a la tilma afirman que el glifo náhuatl que significa Tepeyac está representado en las figuras del vestido.

La luna

Parece sugerir cierto dominio de la imagen sobre ella. Originalmente era de color plateado, pero con el paso del tiempo se ha ennegrecido y se han descarapelado algunos de sus detalles.

El ceñidor

En un tiempo fue de color morado pero al igual que la luna, se ha ennegrecido. Algunos estudiosos de la imagen sugieren que pudo ser añadido, pues al parecer, trataron de simular el hecho de que la virgen parecía estar embarazada.

Las costuras

Unen las dos piezas que componen el ayate, en un tiempo se pensó que el hilo de la costura era más fino y delicado que el resto del tejido, pero en el siglo XVII se pudo comprobar que el hilo es de ixtle. Estas costuras se han ido marcando paulatinamente con los años, tal vez por los retoques de pintura mal ejecutados en un afán por simular estos tejidos.

El ángel

Tal vez no sea un pedestal propiamente dicho, sino adorno. Investigadores del tema difieren en cuanto a su origen. Para algunos pudiera ser San Miguel y para otros San Gabriel.

LAS INCÓGNITAS

Los asombrosos descubrimientos en torno al cuadro de la Virgen de Guadalupe tienen a los científicos en gran asombro. Se ha formado una comisión de científicos para investigar los fenómenos inexplicables de esta tela.

Las estrellas del manto

Sobre la posición de la estrellas dentro del manto de la virgen, se había pensado que éstas estaban colocadas al azar, sin embargo, recientes estudios científicosy sistematizados de la imagen, parecen encontrar nuevos significados. Investigadores en astronomía han afirmado que las 46 estrellas del manto corresponden a la posición de las constelaciones en el cielo de México, del solsticio de invierno de 1531.

La tela

Lo primero que llama la atención de los expertos en textiles es que esta manta se haya podido conservar durante siglos, expuesta al polvo, al calor y a la humedad, sin que se haya deshilachado ni desteñido su bella policromía. Siempre estuvo así expuesta a todo, y sólo desde hace unos años la cubrieron con un vidrio.

La tela está hecha de una fibra de ayate mexicano que, por su naturaleza, se descompone por putrefacción dentro de veinte años. Así ha sucedido con varias reproducciones de la imagen que se han fabricado con este mismo tejido. Sin embargo este lienzo lleva cuatrocientos cincuenta años, desde el tiempo de Hernán Cortés, sin desgarrarse ni descomponerse. Por causas ininteligibles a los expertos, es refractaria a la humedad y al polvo

Los colores

El científico alemán Kuhn, premio Nobel en Química, ha estudiado la pintura, y su respuesta dejó atónitos a los oyentes: *"Estos colorantes no son ni minerales, ni vegetales, ni animales"*. No se ha podido explicar el origen de los pigmentos que dan color a la imagen.

El carácter distintivo del color rosa del vestido es notable por la extraordinaria luminosidad.

El color azul del manto es de un pigmento desconocido, que no se ha decolorado.

El origen de los pigmentos de la cara, las manos, el vestido y el manto es desconocido.

Tampoco se ha descubierto la forma en que fue pintado. Con instrumentos de rayos infrarrojos se encontró que la imagen no tiene esbozos previos—como se ve en los cuadros de Rubens y Tiziano—, sino que fue plasmada directamente, tal cual se la ve, sin tanteos ni rectificaciones. La imagen no tiene pinceladas. La técnica empleada es desconocida en la historia de la pintura.

Los ojos

A partir de 1979 se realizaron estudios por computadora a los ojos de la virgen. En ese año se descubrió en el ojo izquierdo, la figura de un "hombre sentado" que algunas personas afirman se trata de Juan Diego. Tiempo después, en el ojo derecho se hace otro hallazgo, la figura de un hombre barbado. En la actualidad después de varios trabajos de digitalización y "mapeo", en ambos ojos se han logrado determinar hasta 14 figuras.

EL NOMBRE DE LA VIRGEN

El origen del nombre Guadalupe siempre ha sido motivo de controversias, y muchas posibles explicaciones han sido dadas. Se cree sin embargo como la más acertada que el nombre es el resultado de la traducción del náhuatl al español de las palabras usadas por la virgen durante su aparición a Juan Bernardino, el tío enfermo de Juan Diego.

La maravillosa visita de la virgen ocurrió el martes **12 de diciembre de 1531**, apenas diez años después de la conquista de México. La madre de Dios viene para dar a conocer el evangelio a los pobres indios vencidos y para "mostrar y dar" todo su "amor y compasión, auxilio y defensa, pues yo soy vuestra piadosa madre".

Se cree que Nuestra Señora usó el término azteca (náhuatl) de *coatlaxopeuh*, el cual es pronunciado *"quatlasupe"* y suena extremadamente parecido a la palabra en español *Guadalupe*. Coa significando *serpiente*, *tla* el artículo *"la"*, mientras *xopeuh* significa *aplastar*. Así Nuestra Señora se debió haber referido a ella misma como "la que aplasta la serpiente". De todas formas el vocablo náhuatl sonó a los oídos de los frailes españoles como el extremeño "Guadalupe", relacionando el prodigio del Tepeyac con la muy querida advocación que los conquistadores conocían y veneraban en la Basílica construida por Alfonso XI en 1340.

¡La virgen se comunicó de manera que la entendiesen tanto los indios como los españoles!

El Señor del Veneno

El colegio de Santo Domingo de Porta Coeli, fue fundado por la orden de predicadores dominicos en 1603 a un costado de la antigua Plaza del Volador. En este colegio estudió fray Servando Teresa de Mier, personaje destacado en las luchas liberales de la República.

La primera construcción se hizo aprovechando unas casas que les donó doña Isabel de Luján, nieta del último gobernador de la Nueva España, antes de que llegara el primer virrey. Al poco tiempo tuvieron la necesidad de ampliarse por la gran demanda de jóvenes que deseaban ingresar, para lo cual adquirieron unos terrenos adjuntos, en la cantidad de 12 mil 800 pesos. Allí edificaron también un templo en 1711, el cual tras la aplicación de las leyes de exclaustración, fue lo único que se salvó.

Aquí se originó la leyenda del Señor del Veneno, Cristo negro que llegó a este templo procedente de España, el 18 de agosto de 1602, y permaneció ahí hasta que fue trasladado a la Catedral Metropolitana en 1928, actualmente se encuentra en la primera capilla ubicada a la derecha de la nave principal de la catedral, lugar al que acuden sus devotos en busca de consuelo y de que les conceda la gracia en todas sus necesidades.

El Señor del Veneno debe su nombre a un milagro ocurrido del cual existen dos versiones. Una de ellas cuenta que en el colegio de Porta Coeli vivía retirado un obispo que al no haber absuelto de sus pecados a un ladrón y asesino, éste último se volvió su enemigo; y sabedor de que el religioso cotidianamente acostumbraba besar los pies del crucifijo como acto de devoción, les puso subrepticiamente un poderoso veneno, pero sucedió que al acercar los labios el piadoso obispo, el Cristo comenzó a retraer las piernas y poco a poco se fue volviendo negro, al absorber el veneno que estaba destinado al obispo.

Otra versión es la que habla de un rico hombre de negocios llamado don Fermín Andueza, quien diariamente al salir de su casa se dirigía a la iglesia para elevar sus oraciones ante un gran crucifijo de radiante blancura. El fervoroso caballero una vez terminadas sus plegarias, se erguía para depositar un beso en los pies ensangrentados de la imagen.

Otro rico caballero llamado don Ismael Treviño, a quien sólo le importaba su bienestar personal, alegrándose de las desgracias ajenas, estaba celoso de don Fermín quien era bondadoso y ayudaba siempre a los necesitados. Con el paso del tiempo los celos se transformaron en envidia y odio y comenzó a idear la forma de asesinar al bondadoso don Fermín.

Buscó y consiguió un veneno que no daba la muerte inmediatamente, sino que poco a poco se iba distribuyendo por el cuerpo, hasta que pasados unos días acababa sin ocasionar dolores con la existencia de quien lo hubiese tomado. Roció con el veneno un pastel de hojaldre que envió a don Fermín, mandándole decir que era un obsequio de su amigo, el regidor del Ayuntamiento.

Curioso por observar los resultados de su malévolo plan, se puso a seguir a don Fermín cuando éste después de haber desayunado el pastel recibido acompañado de un tazón de chocolate, salió para el templo de Porta Coeli. En la iglesia, don Fermín se acercó al santo Cristo, rezó devotamente sus oraciones y besó con gran reverencia los pies ensangrentados, apenas posó sus labios en ellos, en el acto se oscurecieron y la ola negra empezó a subir rápidamente por todo el cuerpo, hasta parecer totalmente como si hubiese sido tallada en ébano. Varios devotos que rezaban ante el Cristo, estaban admirados por lo sucedido, don Fermín quedó pasmado por lo sucedido y don Ismael, en un impulso se arrojó a los pies del generoso caballero, confesándole a gritos que lo había querido envenenar y que Cristo, milagrosamente había absorbido el veneno, librándolo de una muerte segura. Los ahí presentes enfurecidos por lo que escucharon quisieron aprehender a don Ismael, pero don Fermín les rogó que lo dejasen ir en paz, porque él ya lo había perdonado y sólo pedía que se arrodillaran a dar gracias al Cristo. Don Ismael Treviño salió cabizbajo de la iglesia y ese mismo día abandonó la ciudad y nadie volvió a saber de él.

La noticia se extendió por todo México, los innumerables devotos le llevaban a diario velas al Santo Cristo negro, hasta que una tarde una vela se cayó y la santa imagen se quemó por completo. Tiempo después, se reemplazó con otro Cristo, también negro, que es el que conocemos.

Otra anécdota curiosa de Porta Coeli, es que cuando se fundó el colegio, se puso como condición que quedara un callejón de por medio con el vecino convento de Balvanera, que era de monjas, por aquello del "decoro social".

SANTO DOMINGO SAVIO,
UN SANTO MUY APLICADO

En el templo del exconvento de Santa Inés (Moneda y Academia), hay una imagen a cuya espalda cuelgan cientos de fotografías, medallas y testimonios de agradecimiento por escrito; algo que es muy común en las iglesias. Lo que hace diferente este caso, es la especialidad de este santo, pues sus favores están dirigidos a los estudiantes.

Así que cuando un estudiante está en apuros porque las matemáticas, la física, la química, o cualquier otra materia, de plano no le "entran", se encomienda de rodillas ante la imagen de Santo Domingo Savio para suplicarle le despierte la inteligencia.

¿Preocupado por los exámenes extraordinarios? Santo Domingo Savio interviene para que apruebes. ¿Quieres pasar de año? Santo Domingo Savio te lo resuelve. ¿Examen de admisión próximo? Santo Domingo Savio te ayuda a pasarlo, aunque sea de "panzazo". Por eso, es común ver diplomas, boletas y certificados colgando junto a la imagen de este santo que tan bien se porta con los jóvenes estudiantes.

¿De dónde proviene este santo? Domingo Savio nació en San Giovanni di Riva (Italia), el 2 de abril de 1842. Fue el mayor de entre cinco hijos de Ángel Savio, un hombre muy pobre, y de Brígida, una sencilla mujer que ayudaba a la economía familiar haciendo costuras para sus vecinas.

Desde muy pequeño Domingo gustaba de ayudar a la Santa Misa como acólito, y cuando llegaba al templo muy de mañana y se encontraba cerrada la puerta, se quedaba allí de rodillas adorando a Jesús Eucaristía, mientras llegaba el sacristán a abrir.

El día anterior a su primera confesión fue con su mamá y le pidió perdón por todos los disgustos que le había proporcionado con sus defectos infantiles. El día de su primera comunión redactó un propósito que decía: "Prefiero morir antes que pecar". Era tal su vocación religiosa que, al hacer su primera comunión, a los siete años de edad, se propuso confesar y comulgar cuantas veces le permitiera el cura hacerlo.

A los 12 años se encontró por primera vez con San Juan Bosco y le pidió que lo admitiera de forma gratuita en el colegio que el santo tenía para niños pobres. Don Bosco para probar qué tan buena memoria tenía le dio un libro y le dijo que se aprendiera un capítulo. Poco tiempo después llegó Domingo Savio y le recitó de memoria todo aquel capítulo. Y fue aceptado. Al recibir tan bella noticia le dijo a su gran educador: "Usted será el sastre, yo seré el paño, y haremos un buen traje de santidad para obsequiárselo a Nuestro Señor". Esto se cumplió admirablemente.

La protección que el santo otorga a los estudiantes resulta de que él mismo fue un estudiante modelo que disfrutaba al ayudar a sus compañeros, interviniendo también para acabar con los pleitos y desviviéndose en la atención de los enfermos.

Cierto día dos compañeros se desafiaron a pelear a pedradas. Domingo Savio trató de apaciguarlos pero no le fue posible. Entonces cuando los dos peleadores estaban listos para lanzarse las primeras piedras, Domingo se colocó en medio de los dos con un crucifijo en las manos y les dijo: "Antes de empezar, mirad a Cristo y decid: 'Jesucristo, que era inocente, murió perdonando a sus verdugos; yo soy un pecador y voy a ofender a Cristo tratando de vengarme deliberadamente'. Después podéis empezar arrojando vuestra primera piedra contra mí". Los dos bribonzuelos quedaron avergonzados.

Al corregir a un joven que decía malas palabras, el otro le dio un bofetón. Domingo se enrojeció y le dijo: "Te podría pegar yo también porque tengo más fuerza que tú, pero te perdono, con tal de que no vuelvas a decir lo que no conviene decir". El otro se corrigió y en adelante fue su amigo.

Un día hubo un grave desorden en clase. Domingo no participó en él, pero al llegar el profesor, los alumnos más indisciplinados le echaron la culpa de todo. El profesor lo regañó fuertemente y lo castigó. Domingo no protestó, el profesor le preguntó por qué no se había defendido y él respondió: "Es que Nuestro Señor tampoco se defendió cuando lo acusaron injustamente, y además a los promotores del desorden sí los podían expulsar si sabían que eran ellos, porque ya han cometido faltas anteriormente; en cambio a mí, como era mi primera falta estaba seguro de que no me expulsarían". Muchos años después el profesor y los alumnos recordaban todavía con admiración tanta fortaleza en un niño de salud tan débil.

Cada día domingo iba a visitar al Santísimo Sacramento en el templo, y en la santa Misa después de comulgar se quedaba como en éxtasis hablando con Nuestro Señor. Un día no fue a desayunar ni a almorzar, lo buscaron por toda la casa y lo encontraron en la iglesia, como suspendido en éxtasis. No se había dado cuenta de que ya habían pasado varias horas. Tanto le emocionaba la visita de Jesucristo en la Santa Hostia.

Por tres años se ganó el Premio de Compañerismo, por votación popular entre todos los 800 alumnos. Los compañeros se admiraban de verlo siempre tan alegre, tan amable, y tan servicial con todos. Él repetía: "Nosotros demostramos la santidad, estando siempre alegres".

Con los mejores alumnos del colegio fundó en 1856 una asociación llamada "Compañía de la Inmaculada" para animarse unos a otros a cumplir mejor sus deberes y dedicarse con más fervor al apostolado. Y es notable que de los 18 jóvenes con los cuales dos años después San Juan Bosco fundó la Congregación de los Salecianos, 11 eran de la asociación fundada por Domingo Savio.

Entre los miles de alumnos que tuvo el gran educador San Juan Bosco, el más famoso fue Santo Domingo Savio. La madre de San Juan Bosco, doña Margarita, le decía un día a su hijo: "Entre tus alumnos tienes muchos que son maravillosamente buenos. Pero ninguno iguala en virtud y en santidad a Domingo Savio. Nadie tan alegre y tan piadoso como él, y ninguno tan dispuesto siempre a ayudar a todos y en todo".

San Juan Bosco era el santo de la alegría. Nadie lo veía triste jamás, aunque su salud era muy deficiente y sus problemas enormes. Pero un día los alumnos lo vieron extraordinariamente serio. ¿Qué pasaba? La razón era que se alejaba de su colegio el más amado y santo de todos sus alumnos: Domingo Savio. Los médicos habían dicho que estaba tosiendo demasiado y que se encontraba demasiado débil para seguir estudiando, y que tenía que irse por unas semanas a descansar en su pueblo. Cada mes, en el Retiro Mensual se rezaba un Padrenuestro por aquel que habría de morir primero. Domingo les dijo a sus compañeros: "el Padrenuestro de este mes será por mí". Nadie se imaginaba que iba a ser así, y así fue. Cuando Dominguito se despidió de su santo educador que en sólo tres años de bachillerato lo había llevado a tan grande santidad, los alumnos que lo rodeaban comentaban: "Miren, parece que Don Bosco va a llorar". Casi que se podía repetir aquel día lo que la gente decía de Jesús y un amigo suyo: "¡Mirad, cómo lo amaba!"

Domingo Savio estaba preparado para partir hacia la eternidad. Los médicos y especialistas que San Juan Bosco contrató para que lo examinaran comentaban: "El alma de este muchacho tiene unos deseos tan grandes de irse a donde Dios, que su débil cuerpo ya no es capaz de contenerla más. Este jovencito muere de amor, de amor a Dios". Y así fue.

El 9 de marzo de 1857, cuando estaba por cumplir los 15 años, y cursaba el 8° grado de bachillerato, Domingo, después de confesarse, comulgar y recibir la unción de los enfermos, sintió que se iba hacia la eternidad. Llamó a su papá para que le rezara oraciones del devocionario junto a su cama (su mamá no se sintió con fuerzas de acompañarlo en su agonía y se fue a llorar a una habitación cercana). Y a eso de las nueve de la noche exclamó: "Papá, papá, qué cosas tan hermosas veo" y con una sonrisa angelical expiró dulcemente.

A los ocho días su papá sintió en sueños que Domingo se le aparecía para decirle muy contento que se había salvado. Y unos años después se le apareció a San Juan Bosco, rodeado de muchos jóvenes más que estaban en el cielo. Venía hermosísimo y lleno de alegría. Y le dijo: "Lo que más me consoló a la hora de la muerte fue la presencia de la Santísima Virgen María, recomiéndele a todos que le recen mucho y con gran fervor. Y dígales a los jóvenes que los espero en el Paraíso".

La causa de beatificación de Domingo se introdujo en 1914. Al principio despertó cierta oposición, por razón de la corta edad del santo. Pero el Papa Pío X consideró, por el contrario, que eso constituía un argumento en su favor y su punto de vista se impuso. Sin embargo, la beatificación no se llevó a cabo sino hasta 1950, dieciséis años después de la de Don Bosco. Su canonización tuvo lugar el 12 de junio de 1954.

EL SEÑOR DEL REBOZO

Amediados del Siglo XVI funcionaba ya como convento Dominico, el edificio situado a espaldas del que fuera templo de Santa Catalina de Siena, ubicado en la calle del mismo nombre (hoy República de Argentina). Fundado por ayuda pecuniaria de tres mujeres sumamente religiosas y ricas conocidas por "Las Felipas", este convento recibía la ayuda de casas y encomiendas y rentas producto de una especie de fideicomiso de estas Felipas y así comenzó a recibir monjas que se acogían a la advocación de Santa Catalina de Siena.

En el Templo que, como se dice y se sabe, daba a la hoy calle de la República de Argentina, estaba entrando a la derecha, una imagen de Jesús Nazareno con el rostro sangrante y coronado de espinas. Era un Cristo de mirada triste, de palidez mortal, daba lástima esta triste figura del Señor colocada a la entrada del templo, con su cuerpo llagado, flácido y apenas cubierto con un trozo de túnica morada.

Tal vez este triste aspecto del Cristo cargando la cruz fue lo que motivó a una monja que llegó como novicia bajo el nombre de Severa de Gracida y Álvarez y que más tarde adoptara al profesar, el de Sor Severa de Santo Domingo. Pues bien esta monja, cada vez que iba a misa al templo de Santa Catalina, se detenía para murmurar un par de oraciones al Señor cargado con tan pesada cruz al grado de que cada día lo advertía más agobiado, más triste, más sangrante.

Pasaban los años y a medida que la monja Sor Severa de Santo Domingo solía pasar más tiempo ante el Cristo, mayor era su devoción, mayor su pena y más grande la fe que profesaba al hijo de Dios.

Así pasaron los años, treinta y dos para ser más exactos, la monja se hizo vieja, enferma, cansada, pero no por eso declinó en su adoración por el Señor de la Cruz a cuestas, sino que aumentó a tal grado de que lo llamaba desde su celda en donde había caído de enfermedad y de vejez.

Una noche ululaba el viento, se metía por las rendijas, por el portillo sin vidrio ni madera, calaba hasta los huesos viejos y cansados de la monja. El aire azotaba la lluvia y la noche se hacía insoportable, la monja incapaz de ir al templo por su enfermedad invocó a Jesús de esta forma:

Señor: si pudiera verte, ¡qué feliz fuera!
quiero mirarte un momento,
mirarte ¡y quedarme muerta!

El vendaval arreció, y lo insólito de esta historia ocurrió entonces. Llamaron quedamente a la puerta de la celda de la monja enferma y ésta con muchos trabajos se levantó y abrió, para encontrarse ante la figura triste de un mendigo, casi desnudo, que parecía implorar pan y abrigo.

La monja tomó un mendrugo, un trozo de la hogaza que no había tocado y le ofreció el pan mojado en aceite; se quitó su rebozo para que aquel se cubriera del frío. Terminado de hacer esto, el cuerpo de la monja se estremeció, lanzó un profundo suspiro y falleció.

Al día siguiente hallaron su cuerpo yerto, pero oloroso a santidad, a rosas, con una beatífica sonrisa en su rostro marchitado por los años y la enfermedad. Pero lo que causó más asombro entre las hermanas fue cuando encontraron que los hombros del Señor, en el templo, estaban cubiertos por el rebozo de la monja.

Desde entonces y considerado esto como un milagro, un acto inexplicable, las religiosas y los fieles bautizaron a esta imagen como "El Señor del

Rebozo" y este cristo estuvo muchos años expuesto a la veneración de los feligreses, hasta la exclaustración de las monjas, cuando el gobierno cedió este hermoso y legendario templo, primero para templo protestante y después para biblioteca.

Actualmente, el Nazareno de Santa Catarina de Siena o Señor del Rebozo se encuentra en el templo de Santo Domingo, en una de las capillas laterales del lado del evangelio. Cuando concede algún favor, se le lleva, en agradecimiento, un rebozo.

EL SANTO NIÑO CAUTIVO
DE LA CATEDRAL

Frente a la capilla de Nuestra Señora de la Antigua en la Catedral Metropolitana, ciertos devotos le rezan a una pequeña imagen de madera, se trata de una obra bellísima atribuida al gran escultor sevillano Juan Martínez Montañés que tiene el estilo de la escultura española que floreció en la península entre 1620 y 1630.

Cuando don Francisco Sandoval de Zapata, racionero de la catedral de México, regresaba de España con el Niño, su barco fue atacado por los piratas que asolaban el mar Mediterráneo. Fue hecho prisionero y conducido a Argel, al norte de África, donde permaneció en cautiverio junto con el Niño. Todo esto ocurrió en el año de 1622.

Cuando el Cabildo de México se enteró, de inmediato se avocó a reunir el dinero necesario para pagar el rescate, logrando reunir la cantidad de dos mil pesos. Desafortunadamente cuando el dinero llegó ya era demasiado tarde. Don Francisco había fallecido y sólo pudieron rescatarse sus restos y la imagen del Santo Niño.

En recuerdo de este episodio y del cautiverio que el Niño sufrió, lleva en sus manitas unas esposas de plata, y en la base de la imagen se puede leer una inscripción que dice: *"Este Santo Niño estuvo cautivo en Argel año de 1622 con el Dr. D. Francisco Sandoval Zapata, electo racionero, quien murió allí y lo traía a esta Sta. Iglesia la que dio dos mil pesos por su rescate y se hizo, también de sus huesos, que enterró el cabildo en Sn. Agustín a catorce de febrero de 1629".*

La devoción al Niño cobró mayores dimensiones a partir del 2001, indicó el sacristán mayor de la Catedral, José de Jesús Aguilar.

"En los últimos tres años se incrementó la devoción al Santo Niño Cautivo por este clima de inseguridad. Antes se le pedía mucho por los niños que nacían mudos, para evitar las envidias y otros males, pero ahora la misma población lo tomó como el Santo que ayuda a liberar a los secuestrados y le piden por su liberación física y espiritual", comentó.

De acuerdo con el prelado, la Arquidiócesis Primada de México ha documentado 12 casos de liberaciones por la intercesión del santo. El secretario Ejecutivo de Santuarios de la Conferencia del Episcopado Mexicano, Miguel de Manuel Camil Garnica, narró que después del cautiverio que duró siete años, la imagen llegó a México junto con los restos del señor Sandoval, que en forma póstuma cumplió con su promesa.

Aunque el Niño Cautivo ha estado más de cuatro siglos en la Catedral Metropolitana, fue hasta hace pocos años cuando su fama aumentó, hoy le llevan más flores, juguetes y figuritas color oro llamadas "milagros".

Mientras su fama llega a el Vaticano y se advierte en una publicación de la agencia católica ACI que aumentaron las misas por las personas secuestradas en la capital del país, los creyentes llegan a la capilla y en medio de las lágrimas piden su ayuda.

Según la Arquidiócesis de México, en los últimos años acude un promedio de 12 a 15 personas cada fin de semana a la capilla del Niño Cautivo, la mayoría han sido víctimas de las distintas formas de violencia que se vive en México.

EL SEÑOR DE LOS TRABAJOS

El monasterio de San Lorenzo fue fundado por las religiosas de San Jerónimo y construido en 1598 según el trazo de don Santiago del Riego, aunque la obra fue terminada hasta 1650. En la obra *Tratado de la Ciudad de México* de Fray Agustín de Vetancurt en 1698, se asegura que la iglesia quedó esplendorosa "de oro y azul de tan vistosa, que toda ella es Relicario de Santos de talla por las paredes cada uno en su nicho, y bellas imágenes de pincel, con un Comulgatorio de planchas de plata sobre doradas, y piedras preciosas engastadas", sin embargo, de esas antiguas maravillas no ha quedado nada, aunque sin duda la parroquia sigue atrayendo a mucha gente, ya no por su belleza, sino por la necesidad de consuelo y ayuda.

En San Lorenzo, se encuentra una imagen de Cristo crucificado a la que llaman el Santísimo Señor de los Trabajos y es tan milagroso que le han dedicado los viernes para venerarlo en misa.

Para que el "protector de los trabajadores y personas que carecen de trabajo" realice uno de los más difíciles milagros de estos tiempos, que es encontrar trabajo, se debe rezar durante tres días la siguiente oración:

"Oh Jesús mío Crucificado que habéis dicho 'venid a mí todos los que trabajáis y estáis cargados de miseria y yo os aliviaré'. A ti vengo y con todas las fuerzas de mi alma te digo; creo en ti, Jesús mío, porque sé que eres el único que lo puedes y lo quieres todo para mi bien; te amo Jesús mío porque sé que eres el único verdadero y sumo bien. Concédeme, Señor, lo que te pido (aquí se hace la petición específica), pues tú me has dado lo que tengo y tú eres el único que puede darme lo que me hace falta".

Al terminar esta oración, se rezan tres Padres Nuestros, tres Aves Marías y tres Glorias al Padre. Y a decir de docenas de fieles que regresan agradecidos, el milagro se realiza.

El Santísimo Señor de los Trabajos se encuentra en la parroquia de San Lorenzo (Belisario Domínguez No. 28, esquina con Allende).

SAN PAFNUCIO, EL REFUGIO DE LOS ABANDONADOS

Los que sufren por la ausencia de un ser querido acuden al Templo de Santa Inés para pedir ayuda a San Pafnucio. Se dice que este santo ayuda a apartar a las personas del mal para regresarlas al buen camino, y que las que se perdieron o abandonaron el hogar regresen. También presta ayuda para encontrar objetos perdidos.

En una pared de la iglesia (ubicada en la calle de Moneda esquina con Academia) se encuentra un óleo, pintado a finales del siglo XIX, que representa a San Pafnucio en actitud de oración. Se sabe poco de la vida de este santo. Fue uno de los anacoretas de su época. Vivía de las verduras que daba la tierra, agua, un poco de sal y poco más. Compartía consigo mismo la soledad del desierto. La oración, el estudio y la penitencia eran su principal modo de emplear el tiempo. Así se hizo fama de sabio y santo. A su cueva acudía la gente a recibir consejo, escuchar lo que aprendía del Espíritu con sus rezos y a contrastar la vida con el estilo del Evangelio.

El buen hombre se vio obligado a dejar la soledad contra su gusto porque fue nombrado abad del monasterio de Heraclea en la Tebaida. Por defender a Cristo sufrió persecución, le amputaron una pierna y le vaciaron un ojo cuya órbita desocupada, según cuenta la historia, gustaba besar con respeto y veneración el convertido emperador Constantino.

En una ocasión, al tratarse temas de iglesia, tuvo el obispo Pafnucio la ocasión de dar muestras de profunda humanidad. El hombre que venía del más duro rigor del desierto y podía exhibir en su cuerpo la marca de la persecución se mostró con un talante más amplio, abierto, moderado y transigente que los padres que no conocían la dureza de la Tebaida ni los horrores de la amenaza, ni la vejación.

Numerosos padres conciliares pretendieron imponer que los obispos, presbíteros y diáconos casados dejaran a sus esposas para ejercer el ministerio. El obispo curtido en la dura ascesis anacoreta se opuso a tal determinación haciendo que se fuera respetuoso con la disciplina de la época: autorizar el ejercicio del Orden Sacerdotal a los ya casados y no permitir casarse después de la Ordenación.

Su poder de persuasión era muy grande y las leyendas cuentan de un gran número de personas a las que regresó al camino recto. Entre todas esas conversiones, la más nombrada fue la de Thais, una bellísima mujer que se hizo famosa como la prostituta más deseada, hecho que la llenaba de orgullo. Conmovida por las palabras de Pafnucio, abandonó la vida mundana para vivir en penitencia en un monasterio hasta el día de su muerte.

Cuando lo que uno pidió a esta venerada imagen se le concede, es obligatorio mandar decir seis misas o, a falta de dinero, por lo menos escucharlas para dar gracias. Si se le invocó para encontrar un objeto de poco valor, basta con rezar un Padre Nuestro, un Ave María y un Gloria. Por cierto, cuando se hace la solicitud, hay que rezar la oración que para tal efecto se muestra por escrito al pie de la imagen, la cual contiene una fórmula específica según sea el caso.

Se cree que el abad Pafnucio murió alrededor del año 380.

Capítulo IV

Los pulmones
de la ciudad

Los pulmones de la ciudad

En una ciudad tan activa y estresante como puede llegar a ser la Ciudad de México, se han logrado rescatar bosques y parques que brindan al paseante paz, esparcimiento o convivencia, según sea el caso.

Muchos de estos lugares guardan parte de la historia de la ciudad y el país, dando a sus visitantes, no sólo la oportunidad de gozar de un momento de esparcimiento, sino también de acercamiento con nuestras raíces y tradiciones.

Tal es el caso del Bosque de Chapultpec, el cual ha sido lugar de recreo por generaciones. En este milenario bosque se han paseado desde los monarcas aztecas hasta los actuales mandatarios. Ha dado resguardo en su Castillo a emperadores y gobernantes, y ha sido tanto campo de batalla como lugar de risas y convivio.

EL MILENARIO BOSQUE DE CHAPULTEPEC

"Vuela vuela palomita al Cerro de Chapulines, que viva la Indepen-dencia y mueran los gachupines; debajo de un capulín, triste meditaba un cuervo, nunca podrán los tiranos contra la fuerza del pueblo". De la pintura de Juan O'Gorman en el Castillo de Chapultpec.

El Bosque de Chapultepec, es un parque de la Ciudad de México, cuyo nombre significa en náhuatl "cerro del chapulín". Es el principal centro recrea-tivo y cultural de la urbe y es uno de los parques más grandes, hermosos y concurridos del mundo. El parque o Bosque de Chapultepec como es cono-cido por los habitantes de la ciudad, toma su nombre del cerro que se localiza en él, en cuya cima está el famoso Castillo de Chapultepec.

Desde la parte más alta, el Bosque de Chapultepec ha presenciado los acontecimientos más relevantes que le han dado origen e identidad a nuestra nación. Sus ahuehuetes milenarios aguardan pacientemente ser escuchados. ¿Qué maravillosa energía emana este lugar, que ha sido durante siglos el sitio preferido de tlatoanis, virreyes, emperadores y presidentes? Baluarte deseado por extranjeros y defendido heroicamente, es el Bosque de Chapultepec.

Hoy, es uno de los paseos más populares de la familia mexicana, en donde además de un paisaje maravilloso, cobija museos, lagos, teatros y un zoológico.

De este cerro surgía el agua que dio vida a la gran Tenochtitlán, en sus albercas se bañaron Moctezuma, la Malinche, Maximiliano, y hasta Porfirio Díaz; lugar de fiestas y batallas, de hogares prometedores y cárcel muda, es sin lugar a dudas un símbolo de la historia nacional sin precedente.

BREVE HISTORIA DEL BOSQUE DE CHAPULTEPEC

Códices antiguos y crónicas del periodo colonial, narran de manera relevante cómo nuestros ancestros vivieron en Chapultepec momentos trascendentes, en el año 1280 llegaron los aztecas a Chapultepec. Después de fundar México Tenochtitlán en 1325, los aztecas cobran preponderancia sobre las demás tribus y construyen un adoratorio en la parte superior del cerro.

En 1428 Nezahualcóyotl, rey de Texcoco, construyó una mansión al pie del cerro, por el lado oriental (sitio donde se encuentra ahora el Museo Nacional de Arte Moderno). Cercó el bosque, enriqueció su flora con ahuehuetes y multiplicó su fauna. Han logrado sobrevivir algunos de estos ancianos y sabios ahuehuetes, y del culto a sus divinidades quedan algunos vestigios arqueológicos en los que Tláloc testifica que, desde tiempos precolombinos, Chapultepec abasteció de agua a la ciudad durante más de cuatrocientos años.

Por desgracia, en la actualidad, ya están secos los manantiales que brotan de las faldas del cerro y de la gruta llamada Cincalco, en donde se dice que los mexicas encontraron una de las dos entradas al inframundo de sus muertos (Mictlán).

Netzahualcóyotl fue quien construyó una mansión al pie del cerro y el acueducto que llevó el vital líquido a la ciudad. En este lugar estaban las conocidas "albercas de Moctezuma", que en realidad eran contenedores de agua surtidos de unos manantiales, que con un incipiente sistema hidráulico mandaban por gravedad litros de agua a los habitantes de la ciudad. Esta obra se inició en 1432.

Mención aparte merecen los tres aposentos ubicados al pie del Castillo, uno de los cuales midió 3.20 metros de altura; fueron espacios por donde entraban los primeros rayos del sol — máxima deidad mexica — en los que el gobernante en turno tomaba las decisiones más importantes para su pueblo. Hoy tan sólo quedan piedras talladas de lo que pudieron ser las figuras de Moctezuma y fechas como la de 1519, cuando se esperaba el retorno de Quetzalcóaltl. Según diversas versiones, los ojos de la escultura que representaba a Quetzalcóatl tenían piedras preciosas, también perdidas.

Todo esto acabó con la conquista española en 1521. Una de las primeras acciones de los españoles a fin de someter a los aztecas, fue demoler parte del acueducto de Chapultepec para dejar sin agua potable a Tenochtitlán (26 de mayo), aunque se reinstaló años después por la carencia del agua sobreviviendo 36 arcos. Hernán Cortés le encomendó la zona al capitán Julián Jaramillo, novio de Malitzin, mejor conocida como la "Malinche", quien fuera pareja del mismo Cortés.

Una vez que los españoles sometieron a los tenochcas, el Bosque de Chapultepec fue asignado al conquistador don Hernán Cortés por merced del Emperador Carlos V; sin embargo el 25 de Junio de 1530, el Rey Felipe II mandó, por Real Cédula, que de las posesiones que Carlos V concediera al conquistador, fuese segregado el sitio de Chapultepec y entregado a perpetuidad a la Ciudad de México, para que nadie impidiera en tiempo alguno, el libre uso de aquel lugar de privilegiada belleza ni de sus fuentes y albercas; orden ésta que fue debidamente cumplida por la Audiencia de la Colonia.

Más tarde los virreyes, siguiendo el ejemplo de los antiguos monarcas aztecas, eligieron este lugar como sitio de recreo y de descanso para ellos mismos y construyeron en el mismo lugar que antaño ocupó el Palacio del Rey Netzahualcóyotl, la residencia veraniega virreinal, en tanto que los frailes franciscanos edificaban en el lugar en que se levantó antes el adoratorio azteca, una ermita dedicada a San Francisco Javier.

Así es como el famoso Bosque de Chapultepec, que hoy es el disfrute de muchos mexicanos y extranjeros, fue durante los siglos coloniales un parque privado, exclusivo para el disfrute del virrey y sus amigos. Gracias a un escrito de Juan Suárez de Peralta, sobrino de Catalina Xuárez Marcaida, primera mujer de Hernán Cortés, podemos conocer hoy las fiestas ecuestres y taurinas que organizaba el virrey don Luis de Velasco. La crónica data del año 1589.

Chapultepec es un bosque que está de México media legüechuela, que entiendo, si en España Su Majestad le tuviera, fuera de mucho regalo y contento, porque es un cerro muy fragoso, de mucha piedra y muy alto, redondo que parece que se hizo a mano, con mucho monte, en medio de un llano, que fuera del cerro no hallarán una piedra ni árbol. Tiene dos fuentes lindísimas de agua, y están hechas sus albercas y edificio muy de ver; está cercado como media legua en redondo y hay en él mucha caza de venados, liebres, conejos y volatería la que quisieren. Verdad es que a mano suelen echar muchos venados los virreyes, que tienen gran cuenta con él, y tienen su alcaide, que no es mala plaza. Es muy de ver; encima del cerro, en la punta de él, estaba un cu donde Moctezuma subía y los señores de México, a sacrificar, ahora está una iglesia, que en ella se suele decir misa.

Tenía el virrey —don Luis de Velasco— muy principal caza de volatería de todos vuelos y sus cazadores asalariados, y yo le conocí cazador mayor que tenía más de dos mil ducados de renta y principal hombre, que se llamaba *Alonso de Nava; tenía caza de arcabuz y su cazador, que sólo servía de tenerle limpios los arcabuces, y cuando salía a Chapultepec para otras partes, le daba el arcabuz puesto a punto para que tirase el tiro que le parecía, y éste era un hijodalgo de muy buen talle y habilidísimo, que éste fue el mejor cazador que se conoció haber en aquella tierra y aún creo en España (llamábase Pedro Romero); tenía su buey para los ánsares y grullas y tenía la mejor caballeriza de caballos que ha tenido príncipe, porque los tuvo los mejores del mundo y muchos, y muy liberal en darlos a quien le parecía. Él era muy lindo hombre de a caballo, jugaba a las cañas, con lo que honraba la ciudad, que yo conocí caballeros andar, cuando sabían que el virrey había de jugar las cañas, echando mil terceros para que los metiese en el regocijo; y el que entraba, le parecía tener un hábito en los pechos según quedaba honrada. Mercader ni por pienso había de entrar en tales regocijos, aunque los había de mucho caudal y muy honroso trato, y tenían los mejores o de los buenos caballos que había, y ricos jaeces. Hacían de estas fiestas de ochenta de a caballo, ya digo, de lo mejor de la tierra, diez en cada cuadrilla. Jaeces y bozales de plata no hay en el mundo como allí hay hoy día.*

Toros no se encerraban menos de setenta y ocho toros, que los traían de los chichimecas, escogidos, bravísimos que los son a causa de que debe haber toro que tiene veinte años y no ha visto hombre, que son de los cimarrones, pues costaban mucho estos toros y tenían cuidado de los volver a sus querencias, de donde los traían, si no eran muertos quel día y otros; en el campo ho había más, pues la carne a los perros. Hoy día se hace así, creo yo, porque es tanto el ganado que hay, que no se mira en pagarlo; y yo he visto, los días de fiesta, como son domingos y de guardar, tener muchos oficiales, alanos, que los hay en cantidad, por su pasatiempo salir a los ejidos a perrear toros, y no saber cuyo son ni procurarlo, sino el primero que ven a aquél le echan los perros hasta hacerle pedazos y así le dejan sin pagarle ni aún saber cuyo es, no se lo piden; y esto es muy ordinario en la ciudad de México y aún en toda la tierra.

Volviendo al buen caballero don Luis Velasco, primero, él tenía la más principal casa que señor la tuvo, y gastó mucho en honrar la tierra.

Tenía de costumbre, todos los sábados ir al campo, a Chapultepec, que es un bosque como es como está figurado atrás, y allí tenía de ordinario media docena de toros bravísimos; hizo donde se corriesen (un toril muy lindo); íbase allí acompañado de todos los principales de la ciudad, que irían con él cien hombres de a caballo, y a todos y a criados daba de comer, y el plato que hacía aquel día, era banquete, y esto hizo hasta que murió. Vivían todos tan contentos con él que no se trataba de otra cosa sino de regocijos y fiestas, y las que lo eran de guardar salía él en su caballo a la juneta, a la carreta, y allí la corrían los caballeros; y era de tal manera que el caballo que la corría delante de él aquellos días, solo, y la pasaba, claro, era de gran precio; y así, todos no trataban de otra cosa sino criar sus caballos, y regalarlos para el domingo, que el virrey les viese correr, y tener sus aderezos muy limpios.[1]

Por su parte, Francisco Cervantes de Salazar, uno de los primeros rectores de la Universidad de México, en su obra *México en 1554* dijo de Chapultepec que era un "lugar célebre por la historia de los indios y por su abundancia de aguas".

En 1785, el Virrey don Bernardo Gálvez mandó demoler la vieja Ermita que se alzaba en la cumbre del cerro y en su lugar mandó construir el histórico Alcázar Real que hoy conocemos como Castillo de Chapultepec, que fue terminado algunos años más tarde, después de no pocas dificultades de carácter económico.

Durante la época de la Independencia, Chapultepec fue testigo de la lucha por la soberanía nacional. El primer presidente de la nueva República, Guadalupe Victoria, lo consideró patrimonio nacional y le dedicó a la enseñanza militar en 1841 y ya en 1847 Chapultepec era una de las entradas más importantes de la ciudad.

---

[1] Fragmento de Juan Suárez de Peralta, *Tratado del descubrimiento de las Indias (Noticias históricas de Nueva España)*.

Durante la invasión norteamericana, el Alcázar se convirtió en sitio estratégico y en campo de batalla en donde el 13 de septiembre los cadetes del Colegio Militar defendieron heroicamente el sitio. No obstante, a pesar de haber peleado hasta la muerte, los Niños Héroes, como se les conoce, no pudieron vencer al enemigo y la fortaleza fue tomada, abriendo camino a los norteamericanos en su toma de la ciudad. Los años que le sucedieron a la intervención norteamericana el Alcázar quedó completamente abandonado y fue en 1858, que el entonces Presidente Miguel Miramón, reinstaló el Colegio Militar.

En 1864, al imponerse Maximiliano de Habsburgo como emperador de México gracias al apoyo de Francia, ordenó la reconstrucción del alcázar para residir en él, la obra estuvo a cargo del arquitecto Vicente Manero y el decorado fue realizado por el pintor Santiago Rebull. Se trajo mobiliario europeo y fueron aumentadas la diversidad de plantas existentes con especies traídas del viejo continente. Se adquirieron terrenos circundantes al bosque, con el fin de abrir nuevos caminos, el más importante fue el Paseo de la Reforma.

Maximiliano también gozó de los "Baños de Moctezuma". Cuentan las crónicas de la época que el emperador bajaba del Castillo en un transporte tirado por dos mulas hasta el lugar de donde salían manantiales de más de 15 metros de profundidad. 30 minutos antes de que terminara su baño relajante, era preciso que todo público paseante saliera de la zona, ya que el emperador era muy pudoroso.

El emperador Maximiliano mostró siempre su gusto por todo aquello concerniente a la naturaleza y su gozo por las flores, le hizo concretar el Jardín del Alcázar, en el que el Emperador gustaba de escuchar y dictar la correspondencia. Para dar sus largos paseos por el bosque, la Emperatriz Carlota mandó construir unas escaleras que llevan su nombre, desafortunadamente la mayor parte de éstas ya fue derruida.

Tres años después de iniciado su imperio, Maximiliano fue fusilado en el Cerro de las Campanas. Y nuevamente Chapultepec fue abandonado a causa de la inestabilidad política del país, por lo que se concluyó otra etapa de mejoramiento tanto del alcázar como del bosque, sin embargo, ahora la grandeza del imperio dejaría una profunda huella en el sitio.

En 1880, la Asociación del Colegio Militar erigió, al pie del cerro, un monumento a los Niños Héroes proyectado por Ramón Rodríguez de Arangoiti y, años más tarde, Porfirio Díaz mandó construir la Tribuna Monumental en el lado suroeste del Castillo para conmemorar las batallas de Molino del Rey y Chapultepec. Durante los últimos años del porfiriato se iniciaron importantes obras para el mejoramiento del bosque y su castillo.

Fue entonces que a partir de 1898 se abrieron paseos y calzadas, entre ellas las de Los Poetas y la de Los Filósofos, a cuyas orillas se plantaron fresnos y truenos, además se construyeron calzadillas y banquetas para los peatones.

Sería Porfirio Díaz quien diera al Castillo el mayor brillo, con lujosos acabados y fina decoración que lo engalanaron, el lago y el bosque que lo rodean lo hacen parecer un lugar salido de cuento. Su Secretario de Hacienda y Crédito Público, José Ives Limantour estuvo a cargo de varias modificaciones al inmueble. Durante estas obras lamentablemente fue destuido un adoratorio mexica situado al pie del Castillo para poner en su lugar un elevador.

Se dice que don Porfirio Díaz alcanzó a darse unos cuantos baños antes de que se secaran definitivamente los manantiales. El torreón del Alcázar llamado "El Caballero Alto" (según los términos de la arquitectura militar) por ser la parte más alta, se utilizó como observatorio astronómico y central telefónica y telegráfica en 1878.

En 1880 fue edificada junto al ahuehuete que lleva ahí más de 700 años, la "Tribuna", con varias gradas en la que se efectuaban actos de la milicia (de este lugar hay una foto de Porfirio Díaz con su gabinete y amigos). Terminada la Segunda Guerra Mundial se cambió de nombre al Monumento a las Águilas Caídas, en este lugar reposan los restos de los integrantes del Escuadrón 201.

Se reforestó el área con una enorme cantidad de árboles y arbustos, de los cuales, sólo entre 1903 y 1906, fueron plantados más de 50 mil. A partir de entonces se empezó a adornar el bosque con fuentes y esculturas, se construyeron kioscos y espacios de convivencia, lagos y embarcaderos, también se protegió a Chapultepec con una verja de hierro que hoy podemos admirar.

Limantour abrió el primer zoológico público en la zona, un jardín botánico e incluso un restaurante. Don Porfirio dormía en el Castillo mientras la Guardia Presidencial hacía lo mismo en lo que fuera la oficina del director del Colegio Militar, aproximadamente 100 metros abajo.

Con la finalidad de terminar con la dictadura de Porfirio Díaz se inició la Revolución, durante este tiempo, Francisco I. Madero habitó el Castillo y Venustiano Carranza no pudo hacerlo. Al llegar nuevamente la paz a la capital, Alvaro Obregón se instaló en el Castillo seguido de Plutarco Elías Calles y sucesores hasta el General Abelardo L. Rodríguez. El presidente Lázaro Cárdenas residió por poco tiempo en el Castillo, ya que mandó a construir la residencia oficial de Los Pinos. El Castillo dejó de ser la residencia presidencial el 31 de diciembre de 1938, fecha en que el presidente Lázaro Cárdenas decretó que sus instalaciones albergaran el Museo Nacional de Historia, para deleite de mexicanos y extranjeros.

Mucho tiempo ha pasado desde que Moctezuma tomaba sus baños en este lugar, hoy el agua dejó de circular, pero el milenario bosque es visitado por millones de ciudadanos en busca de recreo y reposo así como de la fuerza de nuestra historia. A lo largo del tiempo, Chapultepec ha acuñado historias, mitos y leyendas. Hay incluso quien dice que en este sitio se siente un ambiente sagrado que lo recorre por entero posesionándose de rocas, ahuehuetes y esculturas.

Distribución actual del Bosque de Chapultepec

• La primera sección pertenece al sector más antiguo del parque. Cuenta con un lago en donde se puede rentar lanchas, un zoológico, el Castillo de Chapultepec (Museo Nacional de Historia) y los museos de Arte Moderno, el de Antropología Nacional, y el Museo Tamayo.

• La segunda sección fue abierta en 1962, en ella se encuentra la Casa Presidencial de los Pinos, el Papalote Museo del Niño, dos lagos y restaurantes.

• La tercera sección, inaugurada en 1974, cuenta con extensas áreas verdes, un centro de convivencia marina, además del Colegio de Arquitectos que tiene ahí su sede.

Dar un paseo por Chapultepec significa no sólo respirar algo de aire puro tan cotizado en esta ciudad, sino su esencia. Es convivir con un gran espíritu, y remontarse a tiempos precolombinos, a épocas de gestas heroicas o tiempos de emperadores.

La Alameda, el paseo
más antiguo de la capital

Durante los años del esplendor de Tenochtitlán, la ciudad tenía tres entradas desde la tierra firme, recordemos que ésta se encontraba rodeada de agua. El lago que la circundaba era extenso y hondo hacia el sur y hacia el este, pero disminuía hacia el norte, por lo que en poco tiempo el barrio de Tlaltelolco se secó. El sitio que hoy ocupa la Alameda era abundante en agua.

Durante la colonia, los terrenos colindantes de la primera traza de la ciudad, actual Primer Cuadro, fueron secándose poco a poco y el predio urbano fue extendido hasta San Diego, lugar donde se encuentra actualmente el Laboratorio de Arte Alameda. A partir de ahí continuaban los ejidos de Chapultepec.

Don Antonio de Mendoza, primer virrey de la Nueva España, temeroso de la vulnerabilidad que representaba una ciudad rodeada de agua, pensaba que en caso de un ataque indígena fácilmente se podrían cortar los suministros a la ciudad por estas vías acuáticas. Por esta razón de inmediato se dio a la tarea de desecar los predios ponientes de la ciudad en donde la profundidad del lago era menor.

En 1592, el virrey don Luis de Velasco ordenó la construcción de una "Alameda delante del tianguis de San Hipólito, en donde estaba la casa y tenería de Morcillo, para que se pusiese en ella una fuente y árboles, que sirviese de ornato a la ciudad, y de recración a sus vecinos". En aquella época no era sino un arrabal insalubre y pantanoso, a pesar de la desecación de que el virrey mandó hacer, para prolongar las calles de San Francisco y Tacuba.

El encargado de trazarla fue Cristóbal Caballo. Originalmente la planta fue cuadrada y se sembraron álamos, de ahí el origen de su nombre, pero el suelo fangoso no permitió el crecimiento adecuado de estos árboles por lo que pronto hubo que sustituirlos por sauces y fresnos. En 1593 se colocó la primera fuente de sencillísimo brocal de piedra y por remate un globo metálico del que tal vez corría agua. Años después le fue robada el globo de metal, se logró recuperar la mitad de ella y se utilizó como tazón de fuente o pula.

Colindaba con la antigua calzada de Tlacopan, importante vía desde tiempos de los aztecas. En medio de ella, corría un doble acueducto compuesto por dos caños; el superior llevaba "agua delgada" desde Santa Fe y el inferior "agua gorda" de Chapultepec. Detrás del acueducto se localizaba la capilla antigua de Santa Veracruz.

Hacia el sur, limitaba con el hermoso templo y convento Christi, convento para indias nobles y caciques.

En el costado poniente, se observaba la plazuela de San Diego que estaba al frente del convento franciscano y del quemadero de la Santa Inquisición.

Al oriente de la Alameda, se encontraba la plazuela de Santa Isabel, que tomaba el nombre del convento del mismo nombre que se localizaba en donde hoy se encuentra el Palacio de Bellas Artes.

El conde de Monterrey sucedió en el virreinato a Velasco, y encontró a la Alameda en completo estado de abandono, caballos, mulas, burros, vacas, bueyes, entraban a diario a pastar, como si fuera campo abierto por lo que se cercó y cerró con llave.

Para el año 1618 se le agregó otra puerta pero muy poca gente decente iba a pasear a la descuidada Alameda.

En 1620 se pusieron tres portadas de piedra, el virrey de Cerralvo continuó con las mejoras además de arreglar los desperfectos que la gran inundación había causado: pérdidas de vidas, casas y haciendas.

Años más tarde se mandó colocar cinco fuentes más y al poco tiempo otras tres y se mandaron ensanchar las puertas para que pasaran las carretas.

En el siglo XVII la Alameda es un sitio popular, un viajero irlandés llamado Tomás Gage escribe en 1625:

"Los grandes de la ciudad se van a divertir todos los días, sobre las cuatro de la tarde, unos a caballo otros en coche, a un paseo delicioso que le llaman la Alameda, donde hay muchas calles de árboles que no penetran los rayos del sol. Veánse ordinariamente dos mil coches llenos de hidalgos, de damas y gente acomodada, del pueblo. Los hidalgos acuden para ver a las damas; unos servidos de una docena de esclavos africanos y otros con séquito menor, pero todos los llevan con libreas muy costosas y van cubiertos de randas, flecos, trenzas y moños de seda, plata y oro, con medias de seda, rosas en los zapatos y con el inseparable espadín al lado.

"Las señoras también van seguidas de sus lindas esclavas que andan al lado de la carroza, tan espléndidamente ataviadas como acabamos de describirlas y cuyas caras en medio de tan ricos vestidos y de sus mantillas blancas, parecen, como dice el adagio español, moscas en leche".

El acompañamiento del virrey que algunas veces va a pasear a La Alameda, no es menos brillante y fastuoso que el de Rey de España, su señor.

En el paseo venden gragea y dulces y hay aguadores que dan de beber en vasos de cristales muy puros y muy limpios.

Pero acontece a menudo que esas juntas sazonadas al principio con dulces y confites, acaban con una salsa harto agria; porque los amantes celosos de sus queridas no puede sufrir que otros las alaben, ni aun que se arrimen a ellas en su presencia, suelen echar mano a la espada o al puñal y se arrojan a los que creen sus rivales. Al instante brillan mil espadas desnudas, unos quieren vengar al muerto o al herido y otros se ponen de parte del que ha dado el golpe y lo llevan, sin envainar la espada, a la primera iglesia, en cuyo sagrado recinto está con tanta seguridad, que el Virrey con todo su poder no podría sacarlo de allí para hacerle causa. Durante mi permanencia en la cercanías de México, se repitieron más de una vez semejantes insultos, en que salía siempre alguno con la señal del furor y celos de su rival.

Durante los siglos XVII y XVIII se hicieron algunas modificaciones y ampliaciones. Durante el mandato del virrey marques de Croix, le fueron integradas las plazuelas de Santa Isabel y la de San Diego, en donde estaba el tétrico quemadero de la inquisición, y así la Alameda tomó el doble de su tamaño y su forma fue rectangular midiendo los laterales norte y sur 513 m. y los laterales 259 m.

Manuel Tolsá, que tenía su casa por el lado norte de La Alameda, presentó al ayuntamiento un extenso proyecto para modificarla por entero, pero nunca se realizó.

En 1825 se quitó de la Plaza Mayor la escultura ecuestre de Carlos IV, el Caballito de Troya, como se le conocía, las cuatro puertas de hierro que daban acceso a la elipse en donde se encontraba dicha escultura, fueron llevadas a La Alameda, después de arrancarles las coronas y las letras que tenían en su parte alta, cinceladas por el famoso artista Luis Rodríguez Alconedo, más tarde estas hermosas puertas fueron llevadas a Chapultepec, no fueron colocadas y ahí se perdieron.

En 1872, se instaló el alumbrado a base de mecheros de gas, en 1892 fue sustituido por luz eléctrica. La Alameda no sólo ha sido un lugar de paseo y esparcimiento, también ha sido testigo de la historia de nuestro país. Durante la consumación de la independencia, el pueblo se volcó a las calles y lleno de júbilo y de deseo de festejar se congregó en la Alameda y se dio una gran fiesta.

Una anécdota del lugar cuenta que en una ocasión el general Santa Anna, entró a la capital triunfante y mandó llenar de ponche las fuentes para que el pueblo bebiera "hasta hartarse".

Durante el imperio de Maximiliano, Carlota al notar el estado de abandono que presentaba el lugar, mandó sembrar césped y rosales para realzar su belleza, al pie de los troncos de los árboles viejos puso yedras que los revistieron con su follaje y adornó el parque por todos lados. Deseaba hacer de este lugar algo parecido a sus queridos jardines de Miramar.

También en este lugar se celebró en honor a Benito Juárez, un gran banquete público donde podía asistir cualquiera que lo deseara. Y aquí mismo, en 1899, el presidente Díaz fue víctima de un atentado en el que estuvo a punto de perder la vida a manos de un militar apellidado Arroyo.

El Hemiciclo de Juárez ocupa el lugar en que antes estuvo el Pabellón Morisco, en donde se efectuaban los sorteos de la Lotería Nacional y que ahora se encuentra colocado en la Alameda de Santa María de la Ribera.

Hoy La Alameda es un hermoso paseo que invita a olvidarse del estrés cotidiano. Caminar entre sus prados cobijados bajo la sombra de sus árboles es una experiencia que no debemos perdernos. Pero además de sus principales características, también la Alameda guarda innumerables obras de arte en sus fuentes. Las esculturas de mármol son copia, las originales de encuentran en el Museo Nacional de Arte, salvas de la intemperie y de la barbarie.

El Parque Nacional Cumbres del Ajusco

El Ajusco (agua que brota) fue por largo tiempo uno de los principales pulmones de la capital, desafortunadamente, la deforestación ha menguado gran parte de la belleza que por años le caracterizó.

El Ajusco o volcán Xitle hace 2,400 años hizo erupción y es anterior al Popocatépetl, tiene una altura de 3,128 metros y su lava cubrió gran parte de las delegaciones de Tlalpan, Coyoacán y Magdalena Contreras. Este volcán tuvo cuatro importantes erupciones. Otras bocas de este volcán son: El Cerro Cuatzontle o Conejo, Cerro Malinale, Cerro Olican, Cerro Mezontepec, Cerro de los Cerritos, Cerro de las Minas, Cerro Malacatepec, Cerro el Vigilante, Cerro Oyameyo, Cerro Mechacatepec, Cerro Pelado, Cerro el Guarda y Cerro Chichinautzin. A la Sierra Chichinautzin también se le llama Sierra de Ajusco o Zilcuayo. El Ajusco tiene tres picos que recibieron el nombre de: Santo Tomás, Pico del Águila y Zempoaltépetl.

Las aguas de la serranía del Ajusco se infiltran en el subsuelo y aparecen al pie de las mismas en manantiales de agua dulce en Xochimilco o sulfurosas al pie de Xico.

Su flora está formada por coníferas, árboles de maderas blandas predominando el pino y el oyamel, el bosque mixto en las zonas bajas compuesto de pinos, oyamel, encino, cedro, madroño, huejote, ahuacatillo, y tepozán entre otras.

La fauna del Ajusco se encuentra muy afectada debido al deterioro del habitat, actividades de caza furtiva, e introducción de especies no nativas, como son perros y gatos.

Entre las especies que se encuentran están los tlacuaches, musarañas, ratones, coyote, comadreja de cola larga, zorrillo, gato montés, conejo de los volcanes, ardillas del Ajusco y del pedregal, víboras, coralillo y cascabel y culebrita de agua, en los hoyancos de las cumbres hay murciélagos. Las zonas aisladas son refugio de aves como el gorrión, calandria, alondra, pájaro carpintero, golondrina, reyezuelo, azulejo, existen aguilillas y cuando hay carroña, aparecen los zopilotes.

Originalmente esta área estuvo habitada por grupos tepanecas de lengua náhuatl, en la época de la conquista pasó a formar parte del Marquesado del Valle.

Aún se conservan algunas tradiciones de los antiguos habitantes y el 3 de mayo se celebra la fiesta de la Santa Cruz, se cuenta que antes se efectuaban misas en la cima del volcán Ajusco para dar gracias por el agua de los manantiales y pedir que nunca se sequen, dicen los pobladores "que de no hacerle su misa al ojo de agua, éste se agusanaría". Otro de los motivos es bendecir las cruces para colocar en los cinco lotes donde guardan el maíz.

El Parque Nacional Cumbres del Ajusco fue decretado el 23 de septiembre de 1936, durante la presidencia de Lázaro Cárdenas. El decreto decía:

"... con el nombre de Cumbres del Ajusco, se declara Parque Nacional, destinado a la conservación perpetua de su flora y fauna, la porción de los terrenos comprendidos en la Serranía del Ajusco..."

Con este decreto se protegían 69,750 hectáreas. El 19 de mayo de 1947 se emite otro decreto que dice:

" Se modifican los linderos del Parque Nacional Cumbres del Ajusco fijados por decreto de 26 de agosto de 1936, publicado el 23 de septiembre del mismo año, los que quedarán en la forma siguiente: cota de 3,500 metros sobre nivel del mar en el Cerro del Ajusco (Pico del Águila), quedando con una superficie de 920 hectáreas con jurisdicción en la delegación de Tlalpan, del Distrito Federal".

Actualmente el gobierno de la Ciudad de México estima que se conservan un total de 515 hectáreas del Parque Nacional Cumbres del Ajusco.

Se han encontrado vestigios arqueológicos, el más sobresaliente fue el de un ídolo, Tláloc, localizado en 1970 por Altamira a 130 m por debajo de la cumbre mayor compuesto de bases coriáceas de 16.5 kg de peso y dimensiones de 50 x 30 cm aproximadamente.

PARQUE NACIONAL
DE LOS DINAMOS

El parque Los Dinamos, es parte de la comunidad La Magdalena Atlitic. Situada en el corazón de la delegación Magdalena Contreras, forma parte de la sierra Chichinautzin y colinda hacia el oriente con el Parque Ecoturístico de San Nicolás Totolapan, enlazándose con éste a través de la nueva red de 26 km de senderos ecoturísticos.

El nombre de "Dinamos" le fue dado debido a que en la época del porfiriato se construyeron cinco generadores de energía eléctrica, para alimentar las fábricas de hilados y teñidos que estaban en la zona.

Sitio de reunión y esparcimiento, Los Dinamos es un excelente marco de acción para la práctica de la escalada en roca. Existe una cañada de paredes verticales ideal para esta actividad, con más de 250 rutas abiertas y equipadas en todos los niveles de dificultad. Los senderos y las paredes son visitados cotidianamente por corredores y escaladores nacionales e internacionales del más alto nivel. Por el eje de la cañada corre el río Magdalena, así como cascadas y manantiales de aguas cristalinas. En este lugar también se llevan a cabo actividades de bicicleta de montaña, caminatas y campamentos, existen asimismo numerosas palapas de venta de comida, una escuela de educación ambiental, así como granjas de trucha arcoiris y albina.

El cuarto dinamo es la parte más alta del parque y hasta allí se puede llegar en transporte público o en coche, siguiendo la carretera que va desde el pueblo de Magdalena Contreras hasta la zona montañosa.

En la cumbre del cuarto dinamo existía un adoratorio a Tláloc, dios del agua, hoy en día hay una capilla. A este sitio se le conoce como Acoconetla, que significa "en el lugar de los niñitos". Se dice que ahí se sacrificaban niños a Tláloc, arrojándolos por el precipicio, para favorecer las lluvias.

Siguiendo el curso del río Magdalena, que se encuentra flanqueado por las paredes de los dinamos, encontramos muy cerca del pueblo al primero de todos ellos. Son cinco en total, y el cuarto es el más alto.

EL BOSQUE DE
SAN JUAN DE ARAGÓN

El Bosque de San Juan de Aragón, es hoy uno de los "pulmones" más importantes de la Ciudad de México, cuenta con una extensión territorial de 162.028 ha, situándose dentro de los límites de la Delegación Política Gustavo A. Madero del Distrito Federal y aun cuando es de relativa juventud (inaugurado el 20 de noviembre de 1964 por el Lic. Adolfo López Mateos), la historia de este bosque va más allá de los tiempos del Virreinato.

Antiguamente el terreno que ocupa hoy el Bosque de Aragón, era parte del Lago de Texcoco, el cual era un cuerpo de agua salada, alimentado por lagos de agua dulce como el de Xochimilco y Chalco, al sur; de Xaltocan y Zumpango, al norte; y el río Acolman, al noreste.

A la caída de Tenochtitlán (1521) y la incursión de los españoles en el Valle de México, dio comienzo la desecación del Lago de Texcoco, favoreciendo con ello los asentamientos y el crecimiento de la población; gracias al origen lacustre del suelo, permitió la realización de actividades humanas de subsistencia, como la agricultura y la ganadería.

Durante los años 1713 a 1754 aproximadamente, los tlaltelolcas rentaron sus terrenos localizados al poniente del Lago de Texcoco al capitán de corazas Blas López de Aragón, sevillano de origen, el cual mandó construir la "Hacienda Santa Ana". El casco principal de la hacienda se encontraba en el actual cruce de la calzada de Guadalupe y Nezahualcóyotl; ésta tenía una producción de tipo mixto (maíz, trigo y arvejón), además de la práctica de la ganadería.

A la muerte de López de Aragón, el Marqués del Jaral de Berrio, Miguel de Berrio y Saldívar, tomó la administración del lugar y le cambió el nombre al de "Hacienda de Aragón", en honor de su fundador.

En el siglo XVIII, al tomar gran importancia la "Villa de Guadalupe", disminuyó la importancia de la Hacienda de Aragón ya que los trabajadores preferían establecerse alrededor de la Villa. De esta manera las rancherías crearon un pequeño pueblo cuyas actividades giraban en torno a la hacienda.

El 13 de septiembre de 1857, el presidente Ignacio Comonfort promulgó decreto por el cual fue reconocido legalmente la existencia del pueblo de Aragón, al cual se le anexó el nombre de San Juan, referido al Santo que se festeja en esa fecha "San Juan Crisóstomo" y se fundó el pueblo llamado San Juan de Aragón.

En ese tiempo, la Hacienda de Aragón tomó nuevamente importancia con la administración de Francisco Anaya, quien era un cacique que tenía a la mayoría de los habitantes del pueblo de Aragón trabajando bajo sus órdenes y cobrándoles impuestos por la extracción de la sal. Años más tarde la administración de la hacienda pasó a manos de Remigio Noriega, quien continuó con las técnicas de su antecesor.

La Revolución Mexicana modificó drásticamente al pueblo de San Juan de Aragón. La hacienda fue fraccionada y las tierras distribuidas entre los campesinos convirtiéndose en ejidos.

El 7 de diciembre de 1922 se le hace la primera dotación de ejidos al pueblo de San Juan de Aragón con una extensión de 1,074 hectáreas (Senties, 1991). Para ese entonces, lo que llegaría a ser el Bosque de San Juan de Aragón, se localizaba en la zona antiguamente utilizada como potrero de la Hacienda de Aragón y al sureste del pueblo que tiene el mismo nombre. El lugar era una zona de terrenos baldíos, con tipo de suelo salitroso que desfavorecía el crecimiento de abundante vegetación y que impidió que fuera una zona de cultivo intenso.

Durante el sexenio de Lázaro Cárdenas (1934-1940), se darían los primeros pasos para la creación del hoy Bosque de Aragón: se creó un campamento de reforestación en la zona desecada del lago para evitar tolvaneras que afectaran a la población aledaña, además de brindarles un espacio ambiental en el que pudieran recrearse.

Durante la administración capitalina del Lic. Uruchurtu, se inició la construcción de unidades habitacionales, un bosque y un lago. Las primeras unidades habitacionales recibieron el nombre de Campamento José L. Fabela en reconocimiento al arduo trabajo del ingeniero por reforestar e inducir la aparición del bosque. Es interesante destacar que el origen del bosque no fue ideado como la creación de un bosque propiamente dicho; más bien, la idea era que las unidades habitacionales que se iban a instalar en esa zona contasen con un parque recreativo.

Años más tarde se le agregaron terrenos al bosque, en donde fue construido un parque de diversiones, así como un zoológico. El 20 de noviembre de 1964 fue inaugurado formalmente el Bosque y el Zoológico de San Juan de Aragón por el Lic. Adolfo López Mateos, con la finalidad de que los habitantes de bajos recursos de la zona y áreas aledañas, contaran con una área verde que tuviera la función de mejorar el ambiente al consagrarse como un "pulmón" y el de fungir como una zona recreativa.

En los siguientes años se fueron haciendo mejoras al parque, como la construcción de cabañas en las cuales se podían realizar días de campo; un teatro al aire libre; un Centro de Convivencia Infantil (C.C.I.); acuario, delfinario, balneario y un lienzo.

BOSQUE DE TLALPAN

Abierto al público desde 1968, conocido antiguamente con el nombre de Parque Nacional del Pedregal, el ahora Bosque de Tlalpan es el mejor paseo familiar dentro de la delegación de Tlalpan, con sus fragantes bosque de pinos, oyameles, cedros, encinos y eucaliptos, es ideal para hacer ejercicio o días de campo. Cuenta con estacionamiento, cabañas-comedores para descansar y tomar los alimentos, áreas de juegos infantiles y actividades muy diversas en la Casa de la Cultura.

El terreno del Bosque de Tlalpan, compuesto de lava volcánica, presenta un paisaje único, hace apenas 30 años todavía se podían admirar en su "zoológico", hermosos búfalos y venados. Hoy su fauna se ha visto diezmada, sin embargo aún se encuentran en las zonas reservadas aguilillas, halcones, ardillas y tlacoaches.

Parque de Los Viveros

Dentro de la delegación de Coyoacán, se encuentra lo que para muchos es un oasis en medio del asfalto de la gran ciudad. Es único en su tipo, en él se resguardan y contemplan variedad de árboles y plantas, sus arbolados caminos invitan a paseantes y deportistas.

Ardillas y palomas dan el toque de calidez, al contemplar a los niños alimentarlos y asombrarse de la conducta de estos desinhibidos pobladores.

Hace varios siglos los Viveros eran parte de un inmenso rancho llamado Panzacola. En 1901, el ingeniero Miguel Ángel de Quevedo, conocido después como el "Apóstol del árbol", donaría la primera hectárea que se destinó para este propósito. Y pese a que los terrenos eran casi desérticos, el ingeniero inmediatamente los pobló de árboles.

La idea principal era crear un área para que se utilizara exclusivamente al ensayo de aclimatación de árboles. Al poco tiempo se anexó al terreno parte de la hacienda de San Pedro Mártir, denominada Potrero del Altillo, así como varios predios adquiridos a particulares.

Los Viveros fueron la primera reserva forestal destinada a propagar especies arbóreas y proveer de especies a los jardines públicos y privados de la capital del país. Ahí, Quevedo fundó la Escuela Forestal en 1920 y en 1934 fungió como Jefe del Departamento Forestal de la Secretaría de Agricultura.

Los Viveros debieron aguardar el fin de la Revolución Mexicana (1917), para que fuera decretada oficialmente su existencia, acto que haría el presidente de la República, Venustiano Carranza.

Debieron pasar años hasta que en la década de los treinta se abriera al público este parque, en donde se podía admirar una gran variedad de árboles, arbustos y plantas que se utilizaban para la repoblación forestal. Obviamente, también era un espacio importante para los días de campo.

Con el transcurso de los años, este sitio ha tomado mayor importancia, en 1973 se hacían largos recorridos para los estudiantes de educación media, quienes observaban documentales acerca del cuidado de la naturaleza y recibían como obsequio pequeños árboles.

Ya en la década de los ochenta, se presentaban exposiciones de floricultura, además de diversas actividades deportivas, las cuales han ido variando dependiendo de la moda del momento. Sin dejar de lado la promoción y propagación de especies vegetales.

De su antiguo origen, quedan restos de algunas partes del rancho de Panzacola, como la fracción de una capilla, una construcción en forma rectangular cuyo acceso está enmarcado con ladrillo en forma dentada, así como un pozo en forma de torreón, que tiene la fecha de 18 de noviembre de 1918.

Hoy este espacio se encuentra bajo el resguardo de la SEMARNAT, y es uno de los principales lugares públicos que tienen lugar para diversas actividades familiares e individuales sanas y culturales.

DESIERTO DE LOS LEONES

Entre las reservas ecológicas con que cuenta el Distrito Federal se encuentra el bosque conocido como el Desierto de los Leones

En 1917 fue declarado parque nacional por el presidente Venustiano Carranza, y desde entonces ha servido como lugar de esparcimiento y recreación para quien desea estar en contacto con la naturaleza.

A tan sólo quince minutos de la Ciudad de México, se encuentra esta maravillosa zona boscosa con sus cerros, barrancas y manantiales que abastecen de agua a la zona poniente de la capital de México. Dentro de su flora se encuentran pinos, oyameles y encinos. Su fauna, que desafortunadamente ha sido menguada, es de mapaches, conejos, ardillas y diversas aves.

Dentro de este hermoso bosque (el cual también ha sufrido la tala inmoderada así como plagas de gusanos), se encuentra un magnífico convento.

El templo y ex convento del Desierto de los Leones, es un inmueble que data del siglo XVI fundado por la Orden de los Carmelitas Descalzos.

Su nombre original fue Santo Desierto de Nuestra Señora del Carmen de los montes de Santa Fe; pero años más tarde fue modificado a simplemente Desierto de los Leones. El origen de este nombre no se conoce con exactitud, pero se piensa que debido a que los frailes no podían ejercer acciones de índole jurídica, contrataron a una familia de abogados con apellido León, lo que hizo pensar que eran los propietarios del lugar.

La historia de este convento se inicia cuando los carmelitas descalzos, quienes llegaron a México en 1600 procedentes de Italia con la misión de evangelizar indios de América, decidieron fundar un convento. La persona que costeó la construcción fue el señor Melchor de Cuéllar, ensayador de la casa de moneda, quien en su juventud pensó en tomar los hábitos pero su vida lo llevó por otro camino. Casado con doña Mariana del Águila y sin procrear herederos, su fortuna fue destinada para obras de la iglesia. Cuéllar aceptó financiarlo a condición de que se erigiera a diez leguas de la ciudad de Puebla.

Pero ocurrió un suceso que le hizo cambiar de opinión: la milagrosa aparición de la imagen de San Juan Bautista en San Mateo Tlaltenango ante fray Juan de la Madre de Dios en los montes llamados de Santa Fe, por tal motivo Cuéllar aceptó cambiar la ubicación del convento, para lo cual se consiguió el permiso del virrey Marqués de Montes Claros y la fundación se llevó a cabo el 16 de diciembre de 1604.

La primera misa que se ofició fue en una precaria choza habilitada para capilla el 25 de enero de 1605, con lo que se estableció formalmente el Santo Desierto.

Un año más tarde el nieto de Hernán Cortés, llamado Pedro del mismo apellido solicitó ante la Real Audiencia le fuera revocado a la Orden de los Carmelitas, la concesión del terreno, alegando que habían actuado en su perjuicio, la propuesta no fue aceptada y sería el propio virrey quien el 23 de enero de 1606 colocara la primera piedra.

Fray Andrés de San Miguel fue el encargado de construir el inmueble, y fue concluido en el año de 1611. También se levantó una barda de 12 mil 570 metros, rodeaba todo el convento formando una muralla que tenía una sola puerta del lado de Cuajimalpa.

Esta construcción fue muy modesta, la nave fue techada con madera y en el convento las celdas fueron pequeñas y pasillos angostos. Las obras comprendieron también diez ermitas dedicadas a San José, Santa Teresa de Jesús, San Juan Bautista, Santa María Magdalena, Santa Soledad, San Alberto, una se advocó a la oración del huerto de Getsemaní, otra al Calvario, a San Juan de la Cruz y a Santa Bibiana; son pequeñas y constan de un oratorio, una celda, una cocinilla y una barda.

La última de estas ermitas fue desaparecida al levantar la segunda iglesia y convento; la correspondiente a San Juan de la Cruz se encuentra en ruinas y las de Santa Teresa y Calvario, se les conoce actualmente como San Elías y de la Trinidad.

El convento del Desierto de los Leones sorteó las inclemencias de un siglo, incendios y temblores, el más fuerte ocurrió el 16 de agosto de 1711, por lo que el arquitecto Miguel de Rivera dictaminó que se debía demoler.

El 8 de febrero del siguiente año el provincial fray Pedro del Espíritu Santo puso la primera piedra del nuevo convento que estaría localizado al sur del antiguo. Sería el propio arquitecto Rivera quien iniciaría la obra que continuara Manuel de Herrera y finalizara José Antonio de Roa.

También fue edificada una capilla llamada San Miguel en la cumbre del mismo cerro, pero el frío y la humedad hicieron que los monjes se trasladaran al Santo Desierto de Tenancingo en 1801.

La majestuosidad del Convento del Desierto de los Leones ha llamado la atención no sólo de visitantes, sino también de directores de películas y televisión. Por ser un tesoro de incalculable valor artístico fue declarado monumento el 16 de mayo de 1937.

Capítulo V

Plazas con historia

Plazas con historia

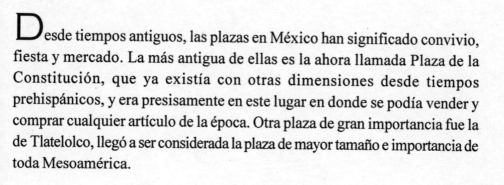

Desde tiempos antiguos, las plazas en México han significado convivio, fiesta y mercado. La más antigua de ellas es la ahora llamada Plaza de la Constitución, que ya existía con otras dimensiones desde tiempos prehispánicos, y era presisamente en este lugar en donde se podía vender y comprar cualquier artículo de la época. Otra plaza de gran importancia fue la de Tlatelolco, llegó a ser considerada la plaza de mayor tamaño e importancia de toda Mesoamérica.

PLAZA DE LA CONSTITUCIÓN, EL ZÓCALO DE LA CAPITAL

Como diría don Artemio del Valle Arizpe: *Ciertas plazas, ciertas calles, ciertos edificios de la Ciudad de México concentran momentos, estados y caracteres de su historia*. Este es el caso del Zócalo de la capital, testigo de grandes cambios sociales del país, sustento fiel de festividades y demandas.

Este espacio simbólico del actual Centro Histórico de la capital, continúa siendo la grandiosa y principal plaza de la ciudad, ha logrado sobrevivir a más de cinco siglos de historia.

Su nombre original fue Plaza Principal, más tarde tomó los nombres de Plaza del Palacio, Plaza Mayor, Plaza de Armas y Plaza de la Constitución, hoy todos la reconocemos como Zócalo. Su origen se remonta a tiempos prehispánicos, cuando los aztecas dispusieron de este espacio para ceremonias religiosas, a su alrededor fueron construidos majestuosos templos, en los que adoraban a sus divinidades, también erigieron palacios que albergaban a sus emperadores.

Fue durante los tiempos del rey Itzcóatl (1428-1440) y con la ayuda de Netzahualcóyotl, cuando se definió el trazo urbano de México-Tenochtitlán y en especial de su centro ceremonial. En el cruce de las dos calzadas Tepeyac-Iztapalapa y Tlacopan y su continuación hacia el lago, se localizó la primera plaza que comprendía dos partes bien definidas: una ceremonial, rodeada por una muralla, y otra profana o de transición.

El recinto ceremonial contaba con 325 m de oriente a poniente y 312 de norte a sur.

Una barda o muralla lo circundaba, llamada *cohuatepantli* (bandera de víboras), era "cuadrada de cantera muy gruesa y alta más de 3 varas (2.62 m), coronada de almenas que tenían forma de caracoles y adornada de varias labores de piedra en figura de serpiente" (Clavijero). Resguardaba los principales templos y adoratorios, que por cierto el número de ellos varía mucho de cronista a cronista, mientras que Sahagún, dice hubo 78; López de Gómora, nombra 40, el conquistador anónimo, 20; Durán cuatro y otros cronistas, 10. Cuatro puertas daban acceso a esta plaza, colocadas hacia los cuatro puntos cardinales y cada cual con su nombre, la principal al poniente Cuauhquiahuac (lluvia de águila); al norte, Acatlyacapan (en la caña delantera); al oriente Huitznahuac (señor de los compradores); al sur Tezcaquiahuac (espejo de lluvia).

Fuera de la muralla pero integrada al resto del conjunto se encontraba la plaza, limitada por un cosatado por el Palacio de Moctezuma, donde residían la familia del *tlatoani* y del *cihuacóatl* (gran administrador), al sur se encontraba la casa de los nobles, al poniente se localizaba el depósito de los granos y las casas de los mayordomos (*calpixcacalli*), de los cantores y danzantes (*mixcoacalli*) y de los cautivos (*malcalli*) y por el palacio de *Axayácatl* o

Casas Viejas, en donde hoy se encuentra el Monte de Piedad, y al norte por la muralla del *Cohuatepantli*.

Tras la conquista, este espacio fue aprovechado por los conquistadores para mostrar el poderío y fuerza de la nueva sociedad. Al diseñar la traza de la ciudad el alarife Alonso García Bravo, junto con Bernardino Vázquez de Tapia, conservaron las calzadas de Tlacopan e Iztapalapa como ejes principales de la ciudad, que daban acceso a la plaza. Su medida original era de 246 m de ancho por 160 de largo, se amplió a 367 por 246 de ancho. Después de haber destruido por completo la ciudad de Tenochtitlán, sobre los escombros se inició la construcción de la nueva metrópoli.

Sería esta plaza el punto de partida para la primer traza de la ciudad y a su alrededor se comenzaron a construir majestuosos edificios. En la parte septentrional se comenzó a edificar la Iglesia Mayor, dejando a su alrededor diez solares. A los lados se repartieron lotes a los conquistadores y Cortés tomaría los palacios de Axayácatl y de Moctezuma. De tal manera que la plaza fue dividida en dos partes por la Iglesia Mayor: la del sur se llamó Plaza Mayor y la del norte Plaza Chica.

Para 1527 se redujo la Plaza Chica por el repartimiento de solares que se hizo al alcalde y a los miembros del cabildo, dos años después se comenzó a construir el Portal de Mercaderes con tres casas: la de Rodrigo de Albornoz (1529), Rodrigo de Castañeda (1539; actual Hotel Majestic), y una que quedaba en medio de las anteriores (1552). Durante los siguientes años se edificaron casas y palacios de gran belleza arquitectónica. Sería el año de 1551 cuando le tocara el turno a la Catedral, para su construcción fueron expropiados los predios dados en el año 1527.

Francisco Cervantes de Salazar, nació en España, se piensa en 1521, llegó a la Ciudad de México por los años 1550, tal vez acudiendo al llamado de Hernán Cortés o quizá traído por un pariente, el doctor Rafael Cervantes, quien era tesorero de la Iglesia Metropolitana. Fue rector de la Universidad en dos ocasiones, se consagró al estado eclesiástico y una vez que recibió todas las órdenes sagradas y después de un tiempo llegó a ser Canónigo de la Catedral.

De sus numerosos escritos, se ha logrado rescatar esta crónica que le hace a la Plaza Mayor, en donde se muestra cómo lucía por aquel año de 1554.

Zuazo: Estamos ya en la plaza. Examina bien si has visto otra que le iguale en grandeza y majestad.

Alfaro: Ciertamente que no recuerdo ninguna, ni creo que en ambos mundos pueda encontrarse una igual. ¡Dios mío! ¡Cuán plana y extensa! ¡Qué alegre! ¡Qué regularidad! ¡Qué belleza!¡Qué disposición y asiento! En verdad que si se quitasen de en medio aquellos portales de enfrente, podría caber un ejército entero.

Zuazo: Hízose así tan amplia para que no sea preciso llevar a vender nada a otra parte... Aquí se celebran las ferias o mercados, se hacen las almonedas y se encuentran toda clase de mercancías; aquí acuden los mercaderes de toda esta tierra con las suyas y en fin, a esta plaza viene cuanto hay de mejor en España.

El Palacio Virreinal, fue comprado a Martín Cortés en 1562, contaba con una sola puerta y ostentaba el escudo real y la inscripción *Philipus Rex Ispanie et Indiarum*.

En 1626, la Iglesia Mayor fue demolida y desapareció el jardín que había en ella, gracias a esto la plaza ganó 240 m de oriente a poniente y 220 de norte a sur. En 1629 la ciudad sufrió la gran inundación, el agua subió hasta dos metros, al retirarse, levantó el empedrado y dejó un sedimento de lodo, esta catástrofe significó la ruina para muchas personas.

La catedral después de que en 1573, se había colocado la primera piedra, tras arduos peros fructíferos esfuerzos, en 1689 fueron terminados los cuerpos altos de las portadas laterales. Sería la Catedral, quien definiera la fisonomía de la Plaza Mayor.

En 1692, un tumulto enfurecido por la escasez de comida incendió el Palacio Virreinal, y la plaza fue despejada de mercaderes, en 1629 se inició la construcción del Parián; abierto en 1703, el edificio contaba con 16 204 m², y quedó situado justo en frente del Portal de Mercaderes y la Casa de Cabildo. Este lugar fue durante mucho tiempo el almacén de moda en donde se podían adquirir productos traídos por los galeones y la nao de Filipinas. Durante aquella época el Palacio Virreinal fue reedificado y su fachada ahora contaba con 197 m.

Hasta entonces el aspecto de la plaza en sí era según Francisco Sedano: " Esta plaza, cuando estaba el mercado era muy fea y de vista muy desagradable. Lo desigual del empedrado, el lodo en tiempo de lluvias, los caños que atravesaban, los montones de basura, los excrementos de la gente ordinaria y los muchachos, cáscaras y otros estorbos la hacían de difícil andadura".

Sería el virrey Juan Vicente Güemes Pacheco, conde de Revillagigedo, quien daría un nuevo aspecto a la Plaza Mayor. Mandó rebajar el piso vara y media, colocó atarjeas con tapas de piedra para las corrientes de agua, instaló una fuente en cada esquina, se empedró todo el área, y se redujo el atrio 14 varas (10.82 m), cegó la acequia que corría frente al portal de las Flores y el cabildo. La estatua de Fernando VI, fue removida, así como la horca, la picota y la fuente que daban a la fachada del Palacio Virreinal.

Un dato interesante es que durante estas obras, quedaron al descubierto algunas piedras arqueológicas: el Calendario Azteca y el Cuauhxicalli de Tízoc.

Revillagigedo ordenó también se colocara una reja que cercara la Catedral, esta obra fue retrasada a causa de la salida del virrey y sería hasta 1797 cuando se pusieron al fin las cadenas. El marqués de Branciforte legó a la ciudad la notable escultura ecuestre de Carlos IV, obra de Manuel Tolsá, en 1796 durante el cumpleaños de la Reina María Luisa, fue colocado provisionalmente en la Plaza Mayor una maqueta de madera y estuco dorada, Bacinforte no vería culminada su obra, que fue terminada en 1803, en ese año el virreinato era ocupado por José de Iturrigaray. El monumento colocado sobre un pedestal, fue cercado con cuatro grandes rejas de hierro, y en los ángulos fuentes construidas por José del Mazo.

Sería durante el mandato del virrey Félix María Calleja cuando el pueblo y las autoridades juraron la Constitución de Cádiz en la Plaza de Armas, y por bando el 22 de mayo de 1813 le fue dado el nuevo nombre de "Plaza de la Constitución". El nombre oficial actual alude a la carta de 1917.

Tras la independencia de México, el emperador Iturbide ordenó se cubriera la estatua de Carlos IV con un globo azul; más tarde el primer presidente de la República, Guadalupe Victoria, mandó colocarla en el patio de la Universidad y la balaustrada del monumento fue enviado a la Alameda Central. De este modo la Plaza de la Constitución, tenía tan sólo el Parián.

En 1828, durante los días 4 y 5 de diciembre, Lorenzo de Zavala y el general José María Lobató, junto con una turba de soldados, artesanos y vándalos, al grito de "mueran los gachupines", "viva Lobato y lo que arrebató", quemaron, y robaron el almacén Parián.

En 1843, el presidente Antonio López de Santa Anna, mandó demoler el Parián, para el 1º de septiembre, la plaza lucía totalmente despejada.

Santa Anna deseaba colocar un monumento que conmemorara la Independencia, para lo cual convocó un concurso y sería el arquitecto Lorenzo de la Hidalga a quien se le otorgaría el premio. Se niveló el piso y se levantó el basamento o zócalo sobre el cual debía erigirse. Fue desde este momento que a la Plaza de la Constitución se le conoció como el Zócal. Pero aun cuando la primera piedra para este propósito fue colocada en 1843, pronto la obra quedó suspendida, hasta 1910, año en que por iniciativa del presidente Porfirio Díaz y con motivo de los festejos del Centenario de la Independencia, se construyó la columna en la cuarta glorieta del Paseo de la Reforma, según proyecto del arquitecto Rivas Mercado.

En 1866 se creó el Paseo del Zócalo, con un jardín central con calzadas, cuatro fuentes, 72 bancas de hierro y alumbrado de gas hidrógeno.

Durante el profiriato, don Antonio Escandón donó a la ciudad un quiosco, se colocó en el centro del Zócalo y se alumbró con cuatro grandes candelabros de hierro. Más tarde la empresa de Ferrocarriles del Distrito Federal convirtió el Zócalo en estación de los tranvías tirados por mulas. En 1875 se edificó un quiosco para atender al público, para 1891 se había asfaltado el piso de la plaza y en 1894 los tranvías ya eran eléctricos. Mientras tanto en el Zócalo y en el Atrio, los árboles habían crecido desmesuradamente, por lo que los paseantes prefirieron la Alameda Central y las calles de San Francisco y Plateros (hoy Madero). Para animar y atraer a la gente al Zócalo, los jueves en la tarde y los domingos en la mañana había concierto de bandas militares en el quiosco central.

Para las fiestas del Centenario de la Independencia se mandó arreglar el jardín y el gran quiosco del Zócalo, éste tenía ocho columnas y barandal de hierro y una techumbre adornada con esferas eléctricas, semejante al que entonces estaba en el Bosque de Boulogne, París. Años más tarde, este magnífico quiosco fue regalado al general Francisco Mariel, cuando entró con las fuerzas carrancistas. Se dice lo llevó a su tierra natal Huejutla, Hidalgo.

Al triunfo del Ejército Constitucionalista (1914), el entonces director de Obras Públicas, ingeniero Alberto J. Pani, mandó quitar los árboles fronteros a la Catedral y los del Zócalo; en la plataforma se construyeron andadores y se adornó con prados. Se mandó colocar las estatuas de *Los Pegasos* del español Agustín Querol y fueron trasladados desde el Teatro Nacional a los ángulos del jardín sobre pedestales de mármol blanco.

Para el año de 1934, se quitaron Los Pegasos y fueron colocados frente al Palacio de Bellas Artes, nuevamente el Zócalo fue arreglado con prados de césped y en sus ángulos se pusieron grupos de tres o cuatro palmeras.

Sería durante los años de jefe del Departamento del Distrito Federal, licenciado Ernesto P. Uruchurtu, que la Plaza de la Constitución o Zócalo, adquirió el aspecto que hasta 1975 conservaba: una explanada desnuda de monumentos, con tan sólo el alumbrado público y al centro una asta bandera. También se niveló el piso de toda la plaza, se ampliaron las banquetas laterales de la Catedral y fueron removidas las vías del tren. Se unificaron las medidas del Zócalo y fue suprimido el jardín, se unificaron las fachadas del lado oeste, con excepción del Centro Mercantil, en el lado sur el Portal de Mercaderes y los puestos que allí se encontraban fueron desalojados, de esta manera después de 400 años, se mostraba este espacio limpio y despejado.

Durante las obras del metro (1969-1970) se abrieron accesos en las aceras del Palacio Nacional, el Departamento del Distrito Federal y de la Catedral, y en la explanada del Zócalo.

Durante el gobierno de licenciado Octavio Sentíes, las aceras laterales de la Catedral Metropolitana fueron adornadas con fuentes y en el lado oeste se volvió a colocar el monumento a fray Bartolomé de las Casas, que había sido removido debido a las construcciones del metro.

A fines de 1975 y durante los primeros meses de 1976, fueron niveladas las aceras del extremo sur, norte y este de la plaza y se colocó adoquines de piedra rosa. También se plantaron arbolillos que fueron protegidos con rejas de metal, en las aceras.

En cuanto al Zócalo, se colocó un montecillo de césped que rodeaba el asta bandera.

De esta manera, el Zócalo ha sido un testigo fiel del transcurrir de gobiernos, luchas y modos de vida de esta gran ciudad.

LA PLAZA DE LAS
TRES CULTURAS

Este lugar mágico, y tal vez único en México, nos muestra las tres grandes culturas por las que nuestra nación ha atravesado, ya que en ella se fusionan la época prehispánica, colonial y moderna, en un impresionante conjunto integrado por grandes pirámides aztecas, un convento y rascacielos.

Esta plaza se encuentra ubicada en el sitio que hace siglos ocupara el importante mercado de Tlaltelolco, esta ciudad proveía de productos provenientes de toda Mesoamérica a la capital azteca.

Tlateloco ha sido sucesivamente a través de la historia eje del comercio, del poder político, de la cultura y de la diplomacia. Hoy alberga varios inmuebles de la Secretaría de Relaciones Exteriores.

Espacio de encuentro, entre comerciantes y productos de toda el área mesoamericana en lo que fuera el mercado más grande del mundo prehispánico; encuentro entre las lenguas y las culturas americanas y europeas en la época colonial en el Imperial Colegio de Santa Cruz de Tlatelolco; hoy nuevamente es sitio de encuentro, esta vez entre México y el mundo entero, a través de la cancillería mexicana, que como se mencionó anteriormente, se encuentra allí.

BREVE HISTORIA DE TLATELOLCO

Tlatelolco se fundó sobre un islote del lago de Texcoco, situado al noroeste de México Tenochtitlán. Es muy probable que hubiera asentamientos humanos desde el siglo X de nuestra era, no obstante, el asentamiento definitivo ocurrió en 1337, cuando un grupo de mexicas descontentos por la distribución de las chinampas de la recién fundada capital de los aztecas, exiliados por voluntad, fundaron un pequeño señorío independiente que recibió el nombre de Tlatelolco (lugar del promontorio de tierra). Para protegerse de los aztecas los tlatelolcas aceptaron la dominación de Azcapotzalco, sin embargo desde 1360 se les permitió efectuar sus propias elecciones para sus señores locales. Los tlatelolcas extendieron su dominio hasta Tepeyac y Tecamachalco, hasta que en el año de 1473, el señor Moquihuix (1460-73), fue derrotado y muerto por las fuerzas aztecas de Axayácatl. Desde entonces Tlatelolco se convertiría en una ciudad satélite de la gran Tenochtitlán, conservando una relativa independencia interna.

Gracias a su integración a los dominios de la Triple Alianza, los tlatelolcas lograron llegar a establecer el mercado más grande e importante de toda Mesoamérica. Dado su carácter de ciudad mercantil, los comerciantes o pochtecas formaron parte de la estructura social, política y religiosa de esta urbe. Los pochtecas recorrían grandes zonas del territorio mexicano a lo largo de rutas determinadas, y gozaban de una reputación especial, que los

protegía de cualquier ataque enemigo; si llegaban a sufrir asaltos, robos, esclavitud o muerte, éstos eran motivo inmediato para declaración de guerra.

En 1520, a la muerte de Cuitláhuac, le sucedió en el trono el señor de Tlatelolco, Cuauhtémoc, último de los tlatoanis, quien encabezaría la resistencia azteca contra los conquistadores ibéricos. En junio de 1521, tras haber sido desalojadas del Templo Mayor, las fuerzas mexicas se retiraron a Tlatelolco y desde este lugar continuaron la lucha hasta que en los primeros días del mes de agosto fuera capturado Cuauhtémoc y con esto cayera México Tenochtitlán.

Pero si en Tlatelolco se consumó la destrucción del mundo azteca, allí mismo habría de iniciarse el rescate y revalorización de su historia, su lengua y su cultura.

Durante la colonia, Tlatelolco sería uno de los primeros sitios en que se establecería un pueblo de indios y fue bautizado con el nombre de Santiago de Tlatelolco, e impusieron a Cuauhtémoc como gobernante (1521-1523).

En 1524, los franciscanos fundaron su primer convento al lado del antiguo local del mercado. En 1536, por intervención de Juan de Zumárraga y de Sebastián Ramírez de Fuenleal, Presidente de la Segunda Audiencia, crearon el Imperial Colegio de Indios de la Santa Cruz de Santiago Tlatelolco, la institución fue inaugurada por el recién llegado Primer Virrey Don Antonio de Mendoza en la fiesta de la Epifanía o Día de Reyes.

Este centro tendría la finalidad de educar a las jóvenes aristócratas mexicas. Es por esta razón que sus discípulos dominarán el náhuatl, español y latín. Sería en este lugar que Fray Bernardino de Sahún recogería gran parte de la información con la que escribió su *Historia general de las cosas de la Nueva España,* también conocido como *Códice Florentino,* por conservarse en esa ciudad.

El Colegio de Santa Cruz, al estar dedicado a la enseñanza de los hijos de la nobleza indígena, recogió la tradición del calmécac azteca, donde se formaba a la élite náhuatl. Fue éste el primer colegio del nuevo mundo y en el que funcionó además la primera Biblioteca académica de las Américas.

Algunos de los mejores incunables e impresos de inestimable valor fueron escritos en ese recinto. Tal es el caso de la *Doctrina Cristiana Breve Traducida en Lengua Castellana,* de Alonso de Molina y el *Vocabulario en Lengua Castellana y Mexicana y Mexicana y Castellana*, del mismo autor. Aquí mismo se recopiló el primer impreso en náhuatl que se conserva, el *Libro de los Huehuetlatolli,* o *Antigua Palabra*, que nos ha permitido mantener un testimonio de la moral y la filosofía azteca. También se editaron allí el *Códice Mendoza,* el mapa de la Ciudad de México de 1550 o Mapa de Santa Cruz y el *Códice Badiano*, donde se recopila la sabiduría médica y herbolaria azteca. En ese lugar escribió el Fraile Andrés de Olmos su *Arte para Aprender la Lengua Mexicana.*

Algunos de los más importantes historiadores y cronistas indígenas de tiempos de la Colonia también frecuentaron el Colegio de Santa Cruz. Tal es el caso del tlaxcalteca Pedro Ponce de León, autor de la *Breve Relación de los Dioses y Ritos de la Gentilidad*; Domingo Chimalpahin, de Amecameca, autor de las *Relaciones Originales*; Hernando de Alva Ixtlixóchiltl y Fernando Alvarado Tezozómoc.

En 1543 se construyó una iglesia de tres naves cubierta de bóveda y se inició la construcción del claustro franciscano, admirables construcciones que aún perduran y a las que gracias al esfuerzo y adelantos tecnológicos en lo que a restauración se refiere, se les ha devuelto su antiguo esplendor.

Tlatelolco también tiene un lugar especial en la historia religiosa de México. Al sitio fue el indio Juan Diego a revelar al Obispo Fraile Juan de Zumárraga las apariciones de la Virgen de Guadalupe y allí mismo fue bautizado. Aún se conserva la misma pila bautismal de piedra. Allí también redactó Antonio Valeriano *La reveladora primerísima relación de los milagros del Tepeyac.*

La institución fue gobernada por los franciscanos hasta 1546, cuando comenzó a ser regida por los propios estudiantes, durante esta época la ciudad sufrió numerosas epidemias, esta situación además de la falta de subsidio, y la construcción de nuevos y mayores centros de estudio en la Ciudad de México fueron menguando la importancia de Santa Cruz, hasta hacerla desaparecer.

En 1810, por ordenes del virrey Venegas, el convento de Tlatelolco fue destinado para albergar una prisión. Sin embargo esta situación mantendría este lugar en un especial protagonismo en la vida de nuestro país. A partir de entonces numerosos personajes de la historia de México sufrieron encierro en ese lugar. Entre los ilustres "huéspedes" de la prisión militar se encuentra Irineo Paz (abuelo de Octavio Paz, Premio Nóbel de Literatura) quien escribió allí en 1871 *Los Héroes del Día Siguiente*. También durante su estancia allí, Vicente Riva Palacio escribió el segundo tomo de su obra *México a Través de los Siglos*.

En los primeros años de nuestro siglo estuvo preso en Tlatelolco el célebre General Francisco Villa. De ese lugar escapó "disfrazado de licenciado", según él mismo lo refiere en sus memorias. Poco después, en 1913, salió de la prisión militar de Santiago el General Bernardo Reyes (padre de Alfonso Reyes), quien encabezó la rebelión contra el presidente Francisco I. Madero y murió frente al Palacio Nacional, durante los acontecimientos de la llamada Decena Trágica.

Durante el Porfiriato, se construyó al oriente del templo y en la acera sur del jardín la principal aduana pulquera de la Ciudad de México y en la acera oeste se construyó una ampliación de la cárcel militar. El ex Colegio, situado en el lado este del jardín, sufrió varias modificaciones, la última de ellas fue durante los años treinta, cuando se le impuso una fachada estilo colonial mexicano. Tiempo más tarde el edificio sirvió para alojar a la secundaria número 16. Durante los años cincuenta, el edificio de la Aduana Pulquera estaba ocupada por el Registro Federal de Automóviles, la secundaria 16 funcionaba en lo que había sido el Colegio y, al sur del templo seguía la Prisión Militar de Tlatelolco.

Durante el movimiento ferrocarrilero (1958-1959), en el jardín y sus alrededores se produjeron enfrentamientos entre obreros ferroviarios y la fuerza pública.

A mediados del siglo XX, la idea de restaurar Tlatelolco y devolverle parte de su antiguo esplendor fue de Manuel Toussaint, el mayor misionero del arte colonial en México, quien luchó y obtuvo la promulgación de un decreto que lo rescataba. Tocó al Presidente Adolfo López Mateos ordenar la rehabilitación de Tlatelolco.

Durante las obras fueron derribadas la ex aduana y la cárcel, para construir la unidad habitacional, con 112 edificaciones de entre 4 y 20 pisos y miles y miles de apartamentos y decenas de centros comerciales, escuelas y espacios deportivos y culturales. El proyecto global estuvo a cargo del renombrado arquitecto Mario Pani.

La secundaria desapareció para dar paso a la ampliación del Paseo de la Reforma y del ex Colegio sólo quedó parte de los muros, ahora en medio de un espejo de agua, ya que la fachada se trasladó piedra por piedra al lado oeste.

También se construyó la monumental Plaza de las Tres Culturas, maravillosa concepción arquitectónica que permite, en un solo golpe de vista, aprehender el esplendor y la magnificencia de las tres etapas de la historia de México.

El 2 de octubre de 1968, en la Plaza de las Tres Culturas, situada sobre el sitio donde estuvo el mercado indígena se suscitó el famoso enfrentamiento entre estudiantes y la fuerza pública. Otro de los infortunios ocurridos en este lugar, fue en 1985 cuando uno de los sismos de mayor intensidad en la Ciudad de México afectaría terriblemente a esta zona.

En Tlatelolco se edificaron las modernas instalaciones de la Secretaría de Relaciones Exteriores, que orgullosamente muestra a los visitantes de todos los confines del orbe la gloria de nuestro pasado y la pujanza de nuestro presente.

En este sitio se suscribió el Tratado para la Proscripción de las Armas Nucleares en América Latina o Tratado de Tlatelolco, que hizo de la América Latina la primera zona desnuclearizada del mundo. Este instrumento jurídico quedó abierto a la firma en la Ciudad de México el 14 de febrero de 1967 y suscrito ese mismo día por México.

En fechas recientes, sucedió que muy cerca del muro del antiguo convento franciscano, que alberga actualmente el archivo de la Secretaría de Relaciones Exteriores, los arqueólogos han descubierto bajo tierra los restos de una pintura mural de los primeros tiempos de la Colonia.

Según explica el jefe del equipo de arqueólogos de Tlatelolco, Salvador Guilliem, el mural representa plantas, animales, así como pescadores con sus redes y arpones. Los arqueólogos creen que el estanque con las pinturas murales en el borde superior era parte del colegio de la Santa Cruz.

Los elementos del mural, según explica Guilliem, guardan una gran similitud con las pictografías del *Códice Florentino*.

Este hallazgo representaría ser la primera pintura mural de Tlatelolco, incluso de la Ciudad de México, hecha por manos indígenas, con sus técnicas, materiales y colores; muestra del sincretismo novohispano y mesoamericano.

PLAZA DE SANTO DOMINGO

Asentada en lo que fuera el palacio del último rey azteca, Cuahtémoc, fue edificada la Plaza de Santo Domingo durante los primeros años del virreinato. Siempre estuvo ocupada por numerosos coches de alquiler y carretas que trasladaban la mercancía a la Real Aduana. En este lugar se llevaba a cabo el cobro de las alcabalas, impuesto a las transacciones de compraventa de mercancías. En 1861 la plaza se amplió al ser derribados los muros del atrio de la iglesia. En 1867 al ser derrocado el segundo imperio y al tomar el poder las fuerzas republicanas, Santiago Vidaurri, fue fusilado en el extremo noroeste de la plaza. De 1885 a 1889 se instaló el circo Hermanos Orín. Después de algunos años, fue edificado un jardín dedicado a la heroína de la independencia, la corregidora Josefa Ortíz de Domínguez.

La Plaza de Santo Domingo se distinguió del resto de las plazas por los servicios de escribanos que ahí se contrataban. Éstos ofrecían sus servicios a aquellos comerciantes que requerían llenar cartas de porte o pagarés en razón de la cercanía de la Aduana. También sus servicios ayudaron durante mucho tiempo a todas aquellas personas que no sabían leer ni escribir y requerían de transmitir algún mensaje. Cientos de cartas de amor, de negocios, buenas y malas noticias circularon por esta plaza.

Los evangelistas colocaban en sus escritorios un letrero que decía: Escribiente, sin tener una cuota fija, el cobro dependía básicamente del cliente. Durante los años del virreinato, los evangelistas utilizaban para sus escritos tinta de huizache, que guardaban cuidadosamente en potes de loza poblana,

de igual modo vendían tinta fabricada por ellos mismos, así como el papel timbrado, requerido para cualquier trámite.

Actualmente ya no se ven aquellos escribanos, ahora son negocios que ofrecen el servicio de imprenta, y ya no son las cartas de amor las que con aquella cuidada letra se escriben, ahora son invitaciones de boda, quince años, bolos y demás impresos.

EL ANTIGUO CONVENTO E IGLESIA DE SANTO DOMINGO

La orden de Santo Domingo llegó a la Nueva España en 1526, siendo la segunda orden en llegar a estas tierras seguida de los frailes franciscanos. Su principal misión fue la de evangelizar el centro y el sur del virreinato. La dedicación de la iglesia se inició en 1575 y en 1590 fue consagrada por el obispo de Michoacán fray Alonso de Guerra. Tras el pasar de los años, la construcción se fue deteriorando y en 1736 fue renovada totalmente. Al igual que todas las iglesias dominicas, contaba con una capilla del Rosario, dedicada en 1690 y destruida en el siglo XIX.

A continuación se presenta un extracto de la obra de fray Hernando de Ojeda, de su *Libro tercero de la historia religiosa de la provincia de México*, en el que este ilustre español, perteneciente a la orden de Santo Domingo, describe según su parecer lo que en aquellos lejanos días de la Colonia sería esta iglesia y convento. Cabe mencionar que esta descripción no es de la actual iglesia de Santo Domingo, sino de la que existió en ese lugar en el siglo XVII.

De la iglesia y convento de Santo Domingo

El convento de Santo Domingo de México ocupa tres cuadras de las que dijimos, con espacios de las dos calles intermedias, y así tiene mauro y mejor sitio que ninguno otro de la ciudad, todo él cercado de altas paredes de cal y canto. Por la parte del norte corre de oriente a poniente, por medio de la calle, arrimado a la cerca de él, una de las acequias que dijimos de las aguas de la laguna, de la cual se hace un portezuelo de hasta veinte o veinticinco varas de largo y otras tantas de ancho, dentro del sitio en un gran corral que está detrás de la capilla mayor de la iglesia y tendrá en largo casi cien varas y poco menos de ancho, por el cual en canoas, y por una gran puerta, por la parte oriental sale a la calle, y corre de norte a sur, entra en el convento por agua y tierra, toda la provisión necesaria para él. A la parte del mediodía y en lo oriental de ella, tiene delante una placeta como la que dijimos del Marqués del Valle, cerrada de casas principales y de buenos edificios cuya parte occidental está llena de portales y tiendas.

Corre la Iglesia arrimada a la calle oriente de él, del sur o mediodía al norte, ante cuya puerta principal está un atrio o patio de hasta 35 o 40 varas en largo y otras tantas en ancho, cercado de altas paredes con dos puertas: una que sale a la placeta de mediodía y otra a la calle oriental que corre de sur al norte. La iglesia es el edificio más oriental del convento, y la portada de ella de la misma manera que la del famoso convento e iglesia de San Lorenzo el Real del Escorial, de la cual sale una gran pared toda de piedra de sillería, casi tan alta como la misma iglesia, y portada, que ocupa todo aquel lienzo del atrio o patio y lo autoriza mucho, en fin del cual está el zaguán o entrada de la portería, y en el espacio que hay entre él y la iglesia está la capilla del Rosario cuya portada y reja que sale a la misma iglesia debajo del coro, y encima de ella la gran sala que llamamos de Domina y de nuestra señora, de que luego trataremos. Y al lado occidental del mismo patio ocupa una gran sala de la Cofradía del entierro de Cristo Nuestro Señor, que está arrimada a la casa de novicios, sobre la cual se han de hacer otros edificios. La iglesia es al modo de la Nuestra Señora de Atocha de Madrid; por la parte de dentro, de piedra de sillería blanca, y por la de fuera de la piedra pómez colocada que dijimos. Es de una sola nave o cañón que tiene de ancho diez y ocho varas menos una tercia, que son cincuenta y tres pies, de alto la proporción que pide la arquitectura y algo más; y de largo ochenta y ocho varas que hace doscientos y sesenta y cuatro pies de a tercia repartidos en esta forma. El cuerpo de la iglesia hasta el primer arco toral de la capilla mayor a donde está la reja principal tiene ciento y setenta y tres pies; el corazón del crucero, que es cuadrado y se levanta sobre cuatro arcos torales que forman el crucero y tiene cada una cuatro pies de grueso.

Tiene también la iglesia ocho capillas de cada parte, todas de igual anchura, que son veinte pies, y las seis del cuerpo de la iglesia casi otros tantos de largo; las colaterales del crucero correspondientes a él, de cincuenta y tres pies, y las colaterales del altar mayor de treinta, correspondientes a la pieza a donde él está; y así las portadas y rejas de ellos salen de la misma pieza del altar mayor. Sírvenle de capilla mayor las cuatro piezas mayores que están de la reja adentro: conviene a saber la cuadrada que se le sigue inmediatamente con las dos colaterales que forman el crucero y le sirven de brazos a la otra en donde está el altar mayor. De modo que el ancho de lo que llamamos capilla mayor o crucero, es de ciento y un pies según las medidas arriba puestas, y ochenta y tres de largo de la reja al retablo mayor.

Todas las cuales capillas, que son de bóveda y arco redondo y perfecto, están ricamente aderezadas con lindísimos retablos, vestidas las paredes de muchos azulejos y éstas y las que no lo tienen de varias y curiosísimas pinturas de historia de santos, hieroglíficos de ellos, y de otros misterios divinos; de los cuales están también pintados y adornados los cimborrios de alguna y los de otras de artesones y lazos dorados y de varias pinturas, y todas con rejas curiosas de cedro coloradas y azules de muy vivos colores, dorados los extremos y todo lo que es molduras.

El cimborrio del cuerpo de la iglesia parece cielo estrellado, es de madera de cedro, de caballete, armadura o de tijera que llaman los arquitectos, y el cóncavo de cazoletas o artesones dorados y azules y de varios colores, de diferentes maneras a tercios unos más ricos que otros, y para su firmeza se traba de una pared a otra con nueve tirantes dobladas, obradas curiosamente de lazos y ellas doradas y pintadas. Y de la misma manera están los cimborrios de las dos capillas grandes colaterales del crucero.

El cimborrio de éste es más alto que todo el cuerpo de la iglesia, ochavado, y en forma de media naranja cuyas traviesas de los ángulos cargan sobre cuatro veneras doradas y pintadas de azul y blanco, la media naranja de lazos más curiosos que los demás cimborrios. Cubierto todo ello de plomo en lugar de teja. El coro ocupa más del tercio del cuerpo de la iglesia, está sobre la puerta principal y arrimado a la pared de ella en tan buena proporción y distancia del altar mayor, que se entienden muy bien de una parte a otra, lo que no fuere si la iglesia fuera más larga. Hay mucha curiosidad; y de la misma manera es la coronación de ellas.

Tiene dos órganos, el uno mayor que el otro, en sus tribunas voladas al cuerpo de la iglesia que salen del mismo coro arrimadas a las paredes a que se entra por sendos arcos. Y lo bajo de este coro y tribunas está también fabricado de otra manera de artesones y talla dorada y pintada con mucha curiosidad. La reja que divide la capilla mayor de la iglesia es muy grande, y tiene tres órdenes de balaustres, uno debajo de hasta vara y media en alto, el segundo de cuatro o cinco varas en alto y hasta aquí alcanza también la puerta, y a los lados dos ventanas cuadradas correspondientes a los púlpitos y que abren cuando se predica; el tercero y más alto es como el primero o poco menos, sobre el cual está la coronación con los escudos de las armas reales y otros cartones curiosos y dorados. Y aunque todo ello es de madera de cedro y ayacahuite es la obra más curiosa de este género que hay en la tierra.

El retablo mayor tiene cinco órdenes de tableros de alto a bajo y por lo ancho nueve: los cuatro de pincel y los demás de talla y toda ella y las guarniciones doradas en que están los principales misterios de nuestro remedio y muchos santos. Y en cada una de las dos capillas colaterales mayores, otro también grande, el de la derecha que es la del evangelio, todo de los misterios de la pasión del Redentor en que hay uno devotísimo Cristo de talla, y el de la izquierda, de Nuestra Señora en que hay también otra devotísima imagen suya de plata.

La iglesia tiene mucha luz, porque además de una gran claraboya que está sobre la portada y otras dos en las paredes colaterales con que se da luz al coro, cada una de las capillas menores tiene otra a cada una de las cuales y encima de ellas corresponde otra muy grande en las paredes de la iglesia con que ella y las capillas quedan muy claras, excepto una debajo del coro que por respecto de la escalera que sube a él no se le pudo dar ventanas. Cada una de las dos capillas colaterales mayores tiene dos y encima de ellas, en lo que corresponde a la media naranja del crucero, otras dos y otra muy grande a cada uno de los lados del altar mayor sobre las capillas que allí hay.

La torre es más alta que el cuerpo de la iglesia y de razonable altura, maciza hasta la mitad y de allí arriba hueca, está de la parte del convento, de la cual se descubre sólo la mitad, y la linterna y capitel de ella es la de mejor arquitectura y más curiosa que hay en México. Tiene solas cuatro campanas de razonable grandeza, como las pide la iglesia conventual; una que sirve de reloj, otra para las fiestas principales y otras dos menores para las que no lo son tanto entre semana.

Capítulo VI

La Ciudad y el agua

La ciudad y el agua

Para quien ha visto la Ciudad de México desde un avión o para quien a diario transita por sus calles, resulta prácticamente imposible imaginar que bajo esta aglomeración de construcciones yacen los restos del complejo sistema lacustre que durante mucho tiempo propició el desarrollo de diversas civilizaciones, las cuales supieron mantener un equilibrio con ese entorno.

En los siglos posteriores a la conquista española la situación ha sido completamente distinta. La mayor parte de los lagos se desecó y la mancha urbana se expandió cubriendo no sólo el antiguo lecho acuático, sino también "devorando" poco a poco las montañas que lo rodean.

La Cuenca de México se formó luego de cincuenta millones de años de intensa actividad volcánica asociada a extensos hundimientos tectónicos. En los últimos 70,000 años, la principal actividad volcánica ocurrió en el sur; las potentes erupciones de lava del Chichinautzin obstruyeron el drenaje que iba al río Balsas y transformaron los valles en una cuenca cerrada.

La Cuenca de México es una unidad hidrológica cerrada (aunque actualmente drenada en forma artificial) de aproximadamente 9,600 km². Su parte más baja, una planicie lacustre, tiene una elevación de 2,240 metros sobre el nivel del mar. La cuenca se encuentra rodeada en tres de sus lados por una magnífica sucesión de sierras volcánicas de más de 3,500 metros de altitud (el Ajusco hacia el sur, la Sierra Nevada hacia el oriente y la Sierra de las Cruces hacia el poniente). Hacia el norte se encuentra, limitada por una sucesión de sierras y cerros de poca elevación (Los Pitos, Tepotzotlán, Patlachique, Santa Catarina, y otros). Los picos más altos (Popocatépetl e Iztaccíhuatl, con una altitud de 5,465 y 5,230 metros sobre el nivel del mar respectivamente) se encuentran al sureste de la cuenca. Varios otros picos alcanzan elevaciones cercanas a los 4,000 metros.

Geológicamente, la cuenca se encuentra dentro del Eje Volcánico Transversal, una formación del Terciario tardío, de 20 a 70 km de ancho, que atraviesa la República Mexicana desde el Pacífico hasta el Atlántico aproximadamente en una dirección este-oeste. Tanto por la cercanía y conexión directa de la cuenca con la fosa del Pacífico como por la existencia de numerosas fallas a lo largo del Eje Volcánico Transversal, los procesos volcánicos, los temblores de tierra y la inestabilidad tectónica en general han sido elementos sobresalientes a lo largo de la historia de la cuenca.

Para el posclásico (750-1519 a. C.) en la cuenca había siete lagos de diferente tipo, altimetría y tamaño: Ápan, Techac, Tecocomulco, Zumpango, Xaltocan, Texcoco y Chalco-Xochimilco. Los primeros tres eran independientes, Texcoco, Zumpango y Xaltocan eran salobres y el de Chalco-Xochimilco era dulce; todos vertían sus excedentes en el lago de Texcoco.

El agua de escorrentía, en su camino desde las laderas de los cerros hacia las partes bajas de las cuencas, va disolviendo sales minerales de las partículas del suelo y de las rocas que encuentra a su paso. En las cuencas abiertas, el destino final de las sales disueltas es el mismo que el del agua que las acarrea: los océanos, en los que se han acumulado sales durante largos periodos geológicos. En la Cuenca de México, como en todas las cuencas cerradas, el destino final de las sales acarreadas por el agua es la parte más baja de la cuenca, donde el agua se evapora y las sales se van acumulando lentamente a lo largo de cientos o miles de años. Las aguas del Lago de Texcoco, en consecuencia, eran salobres; y desde el punto de vista geológico formaban un verdadero "mar interior", como atinadamente llamó Hernán Cortés a este gran cuerpo de agua.

Las precipitaciones en la cuenca están concentradas en el verano, mayormente de junio a septiembre. Hay un pronunciado gradiente de precipitaciones dentro de la cuenca, desde áreas de gran cantidad de lluvias hacia el suroeste (aprox. 1,500 mm anuales), hasta áreas de clima semiárido hacia el noreste (cerca de 600 mm por año). Las temperaturas medias anuales en el fondo de la cuenca son de aproximadamente 15° C, con una amplitud de 8° C entre las medias de verano y de invierno. Las heladas nocturnas durante el invierno ocurren en casi toda la cuenca, y su frecuencia tiende a aumentar considerablemente con la elevación y la aridez.

METIENDO EL AGUA

Lograr el satisfactorio abastecimiento del agua para los habitantes de la Ciudad de México ha constituido históricamente una ardua tarea que ha obligado a sus gobernantes en turno a mandar a ejecutar gigantescas obras hidráulicas cada vez más complejas y costosas, que siempre tendrán que acompañarse de sistemas de potabilización y drenaje también cada vez de mayores proporciones.

Desde la fundación de Tenochtitlán en 1325, el agua era distribuida por medio de canoas que pasaban a todos los calpullis, pero ante el crecimiento de la ciudad, la demanda aumentó y en 1426 el tercer emperador Chimalpopoca mandó construir la primera gran obra hidráulica de la historia de la ciudad y para ello encomendó a Netzahualcóyotl, príncipe de Texcoco, la labor de construir un acueducto que trajera agua fresca de los manantiales de Chapultepec. Y es que, a pesar de la abundancia del recurso en el entorno de la ciudad, no era agua apta para consumo humano debido a las sales disueltas; de ahí que traer agua de otros lugares era parte de las labores cotidianas. Las fuentes de Chapultepec cubrían bastante bien las expectativas para el consumo hídrico de la ciudad.

Ese acueducto fue destruido parcialmente durante la Guerra de Conquista para privar a la ciudad de agua potable y posteriormente sobrevivió a ella hasta 1536, cuando su caudal fue considerado como de "agua gruesa", por su alto contenido de carbonato de sodio.

Esto ocasionó la construcción del acueducto de Santa Fe, pueblo que en aquel entonces estaba rodeado de manantiales. En su traza renacentista coincidía con el de Chapultepec en lo que es ahora el Circuito Interior, después seguía por Puente de Alvarado hasta la actual avenida Hidalgo, hasta llegar a la fuente de Mariscala, detrás del Palacio de Bellas Artes justo en la Alameda, donde en aquel entonces estaba la orilla de la ciudad.

El acueducto de Santa Fe resolvió el abastecimiento de agua, pero momentáneamente, ya que cada vez se tuvo que recurrir a más caudales y en esos primeros 100 años de la Colonia se traía también de los manantiales de Azcapotzalco, Cuajimalpa, Molino del Rey, Chapultepec, San Pablo y San Juan.

Durante los siglos XVII y XVIII los acueductos de arcos fueron la principal fuente de agua potable y además eran una de las características esenciales y ejes de la fisonomía de la entonces Ciudad de México. Son pocos los restos de los acueductos que ahora sobreviven, entre ellos se encuentran el de Arcos de Belén, en la actual Avenida Chapultepec, el cual se comenzó a construir en 1620 para concluirse en 1790 y que se posaba sobre más de 900 arcos y llegaba hasta la actual fuente del Salto del Agua. Otro de los que se pueden apreciar hasta ahora es el de Guadalupe, el cual se nutría de las aguas del Río Tlalnepantla y pasaba por la Villa de Guadalupe, San Bartolo, Ticumán, Tilmolulco, Zacatenco y Santa Isabel Tola. El acueducto de Guadalupe medía 10 kilómetros y contenía 2 mil arcos.

Ante la lejanía de las fuentes, surgió el singular oficio de los "aguadores", quienes realizaban la pesada labor de entregar el agua en las casas en grandes cántaros a cambio de unas cuantas monedas, de esta forma las familias satisfacían sus necesidades para beber, cocinar, regar las plantas y lavar la ropa.

Hacia finales del siglo XIX luego de la demolición del acueducto de Santa Fe, comenzarían la nueva red de distribución y abastecimiento de agua potable en caños de barro cocido, plomo, fierro y piedra. Justo debajo de ese acueducto se construyó el primer abastecedor bajo tierra que comenzaría a operar el 30 de julio de 1879. Fue así como se rompió una parte esencial del paisaje capitalino para darle paso a las nuevas vías subterráneas.

El gobierno de la ciudad, ante los problemas permanentes de abasto de agua potable, decidió en 1899 atacar el problema de manera general, para lo que se nombró una comisión de estudio. Se presentaron dos proyectos, el del ingeniero Manuel Marroquín y Rivera, y el de William Mackensi. Para el 2 de marzo de 1902 la comisión rindió un informe en el que apoyaba la propuesta de Marroquín, la que pretendía el aprovechamiento de las aguas de Xochimilco. El proyecto de Mackensi, desechado, se refería al abastecimiento de la Ciudad de México mediante el agua de los manantiales del río Lerma, al parecer porque "pensar en elevar el agua por encima de las montañas, con la ayuda de máquinas" era una idea demasiado absurda para prestarle atención.

En 1906, don Porfirio Díaz da la orden de traerse el agua de los manantiales de Xochimilco y para ello manda construir un moderno acueducto de concreto con dos metros de diámetro y 26 kilómetros de largo para traer más y mejor agua a la ciudad.

Lógicamente la construcción de esta obra no dejó satisfechos a los agricultores de la región, ya que sin el importante manantial, muchos de los chinamperos xochimilcas tuvieron que cambiar sus arraigadas actividades y tuvieron que emigrar a la Ciudad de México para adquirir empleos como albañiles, sirvientes o cargadores.

Era inevitable, pues históricamente ha sido necesario afectar las regiones externas para beneficiar el abastecimiento de la ciudad. El agua de Xochimilco no ha dejado de surtir a la ciudad y sus respiraderos aún se pueden apreciar en Tepepan y la avenida División del Norte.

Las crecientes necesidades por la acelerada explosión demográfica, provocaban que una vez terminada una obra ya se estuviera pensando en la siguiente que lógicamente conllevaría mayores gastos por su complejidad. Fue así como se comenzó a optar por una de las medidas que si bien, no era fácil, sí se consideraba como la menos difícil.

Esta consistió en cavar en Nativitas el primer pozo profundo de la ciudad con la cifra récord para la época de nueve metros de profundidad, este pozo del cual brotaba el agua con gran presión inauguró una forma de abastecimiento que consistía en extraer el agua de los mantos acuíferos del subsuelo de la ciudad.

En 1910 la Ciudad de México contaba 300 mil habitantes y ocupaba 28 kilómetros cuadrados, ya para 1953 la capital medía 240 kilómetros cuadrados y su población sumaba 3 millones y medio de personas, sin duda para ese tiempo ni todos los manantiales aledaños a la ciudad hubieran alcanzado a satisfacer las necesidades primordiales del vital líquido.

Esta medida fomentó lo que es hasta ahora la principal fuente de abastecimiento de agua en la ciudad, sin embargo la sobreexplotación de esos grandes yacimientos de agua filtrada por la existencia de los antiguos grandes lagos de lo que era la Cuenca de México y las lluvias en todas las estribaciones montañosas han provocado hasta ahora los inevitables hundimientos.

La excavación de pozos a profundidades de 12 a 45 metros fue la práctica más recurrida para saciar las necesidades de agua, casi cada industria o nuevo fraccionamiento cavaba su propio pozo. En 1930 eran 350 y llegaron a 700 para 1950. Ante la gravedad de los hundimientos que comenzó a evidenciarse en los edificios más antiguos (y por ende históricos), se determinó en 1942 el traer agua desde una cuenca no muy lejana.

Después de los estudios correspondientes se decidió por la cuenca del río Lerma, una de las más ricas y amplias cuencas. Su cauce principal nace en Almoloya del Río en el Estado de México y termina 515 kilómetros adelante, después de cruzar los estados de México, Michoacán, Guanajuato, y parte de Jalisco en el Lago de Chapala. Pero el traer el agua a una ciudad ubicada a 2,200 metros sobre el nivel del mar y encerrada por una muralla natural, tampoco resultó algo sencillo.

Sin embargo después de diez años de construcción, en 1951 se inauguró la obra que consiste de un acueducto casi siempre subterráneo con 62 kilómetros de largo y dos metros de diámetro que dota a la ciudad de cinco metros cúbicos de agua por segundo. A pesar de todo, esta gran obra no fue suficiente y la perforación de pozos se intensificó nuevamente.

En 1970 la Ciudad de México era ya una megalópolis de 640 kilómetros cuadrados y en ella vivían 10 millones de personas, para entonces ya se habían consolidado en su alrededor nuevos municipios de inmensas proporciones como Naucalpan, Ecatepec, Tlalnepantla, Huixquilucan, Nezahualcóyotl y Chimalhuacán, lo que trajo como consecuencia menores extensiones naturales para la recarga del acuífero y lógicamente una mayor demanda de agua potable.

Todas las fuentes acuíferas juntas eran ya insuficientes y eso llevó a tomar una vez más la decisión de traer el agua de sitios lejanos y con ello surgió la alternativa de la cuenca del Río Cutzamala, la cual se encuentra entre las sierras de Michoacán y la costa de Guerrero. Esta fue una obra ambiciosa, compleja y muy costosa que consta de un conjunto de presas llamadas: Villa Victoria, Valle de Bravo, Chilesdo y Colorines, que proporcionan una red de 350 kilómetros de acueductos de concreto de tres metros de diámetro que recorren 260 kilómetros de distancia entre la cuenca y la capital

Para bombear esta agua desde su origen se utiliza una gran cantidad de energía eléctrica, suficiente como para iluminar cada día la ciudad de Puebla con sus más de 4 millones y medio de habitantes. En su trayecto existen plantas de bombeo para elevarla en donde es necesario, casi al final el agua llega a la planta potabilizadora de Berros a 2,700 metros sobre el nivel del mar en donde se recibe y purifica el caudal y se manda por gravedad a Huixquilucan a través de dos tubos de concreto y un gran túnel, para posteriormente llegar a los tanques de almacenamiento.

El sistema Cutzamala constituyó uno de los más grandes avances para el suministro de agua a la capital, sin embargo, resultaron afectadas extensas zonas agrícolas en donde se desarrollaba la actividad de miles de campesinos y ganaderos.

Actualmente para poder subsistir, la Ciudad de México necesita diariamente un promedio de 35 a 37 metros cúbicos de agua por segundo. El sistema Cutzamala, aporta poco más de nueve metros cúbicos, el sistema Lerma arriba de cuatro, excepto en temporada de estiaje en donde se cancela el suministro a la capital; lo demás es aportado por las antiguas fuentes ya mencionadas basadas en manantiales y pozos particulares ubicados en puntos estratégicos de la ciudad, los cuales alcanzan ya una profundidad de hasta 450 metros.

Toda esta agua proveniente de fuentes subterráneas y externas al valle, se transporta dentro del Distrito Federal por medio de 514 kilómetros de acueductos y líneas de conducción hacia 297 tanques de almacenamiento, para posteriormente hacerla llegar a las tomas de los usuarios a través de 910 kilómetros de red primaria y 11,900 kilómetros de redes de distribución. Cabe destacar que del total de las tomas el 98 por ciento son domiciliarias y sólo el dos por ciento es distribuida por medio de carros cisterna.

En virtud de ello se inició la construcción y operación de las primeras tres etapas del Acueducto Perimetral, que está localizado al poniente de la ciudad y consta de un túnel de cuatro metros de diámetro y 20, 906 kilómetros de longitud en operación, comprendidos entre el Portal San José en la Delegación Cuajimalpa, y el tanque La Primavera en la Delegación Tlalpan, por medio del cual se distribuye el caudal a las comunidades lejanas y a un bajo costo, puesto que funciona por medio de la gravedad.

El objetivo de esta obra es distribuir de manera más eficiente los caudales provenientes del sistema Cutzamala y de las futuras fuentes de abastecimiento externas al Valle de México, entre los habitantes del Distrito Federal, especialmente a aquellos ubicados en las zonas sur y oriente

Como se sabe no sólo es necesario el suministrar a los habitantes de esta ciudad los poco más de 35,000 litros de agua potable por segundo que se requieren en promedio, sino que también se debe vigilar la calidad del recurso y se cuenta para garantizarlo con 27 plantas potabilizadoras y 377 dispositivos de cloración que son monitoreados por el Laboratorio Central de la Calidad del Agua, en donde se realizan anualmente hasta 70 mil muestras.

Para el año 2010, es probable que la Ciudad de México tenga que utilizar hasta 43 metros cúbicos por segundo de este preciado líquido y con ello aumentarán las funciones para potabilizarla, tratarla y desalojarla; esa tarea no se vislumbra sencilla, para ello los trabajadores de la Dirección General de

Construcción y Operación Hidráulica del Gobierno del Distrito Federal se encuentran trabajando no solamente en la construcción y mantenimiento de más y mejores sistemas hidráulicos para mantener satisfactoriamente el ciclo del agua que utilizamos en la Ciudad de México, como el Acueducto Perimetral, el Drenaje Profundo, o los Sistemas de Potabilización, sino que también trabajan en programas de aprovechamiento del agua, en donde se instruye a la población en general, principalmente a los niños, de una nueva cultura del agua, que consiste primordialmente en saber utilizarla.

Sacando el agua

El "mar" que vieron los primeros españoles al llegar al Valle de México era el lago de Texcoco, cuyas aguas eran saladas por el salitre de su lecho y el lago de Chalco.

En aquella época, estos lagos formaban parte de montañas cubiertas de pinos, encinos, robles y numerosos ríos pequeños. Como los lagos estaban a diferente altura, el agua de Chalco se desbordaba con frecuencia sobre el de Texcoco.

Desde entonces comenzó la lucha de los habitantes de la cuenca contra el agua, ya que aunque no ocurrieran tormentas extraordinarias, bastaba con que durante varios años se presentaran veranos lluviosos para que el nivel de los lagos se elevara peligrosamente, ya que no existían desagües.

Los primeros asentamientos indígenas se localizaron en los islotes y riberas de los lagos, pero conforme se acentuó el predominio de los aztecas, Tenochtitlán se extendió hacia las superficies que ganaba al agua. Entonces el aumento en los niveles de los lagos comenzó a ocasionar daños cuantiosos.

Ante este problema se construyeron bordos y diques de contención. En 1450 Netzahualcóyotl, rey de Texcoco, por encargo del rey azteca Moctezuma, diseñó y dirigió la construcción de un albarradón de más de doce kilómetros de longitud y cuatro metros de ancho para proteger a la gran Tenochtitlán del azote de las inundaciones. El dique dividió desde entonces el lago de Texcoco y a la parte occidental se le dio el nombre de Laguna de México. Esta obra también contribuyó beneficiando a los cultivos.

Tenochtitlán era una ciudad lacustre cuyos habitantes aceptaban esas circunstancias naturales, por lo que sólo pensaban en contener las aguas, sin crear ningún sistema para desalojarlas.

Para poder invadir Tenochtitlán después de sitiarla, Cortés mandó construir 13 bergantines y para darles paso por el Lago de Texcoco fue necesario destruir parte de la albarrada de Netzahualcóyotl, por otra parte en otra desafortunada decisión, mandó tapar todas las acequias, con lo que definitivamente cambió el equilibrio hidráulico del Valle de México, iniciándose la desecación paulatina de los lagos.

Recordemos lo que Bernal Díaz escribió de sus recuerdos alrededor de 30 años después de haber entrado a Tenochtitlán con Cortés, para esa época, cuando lo escribió, ya la civilización azteca había sido totalmente destruida:

"...Y diré que en aquella sazón era muy gran pueblo y que estaba poblada la mitad de las casas en tierra y la otra mitad en el agua, y ahora en esta sazón está todo seco y siembran donde solía ser laguna. Está de otra manera mudado que si no lo hubiere de antes visto dijera que no era posible que aquello que estaba lleno de agua, que esté ahora sembrado de maizales..."

Gradualmente, el sistema hidráulico de la cuenca se fue afectando, lo que provocó que en el siglo XVII la ciudad sufriera continuas inundaciones; la mayor de todas las inundaciones fue en 1629. Antes de eso, habían sucedido cinco consecutivas: 1604, 1607, 1615, 1623 y 1627, lo que tenía alarmada a la ciudadanía.

Poco sirvieron las obras de desagüe que se iniciaron el 29 de noviembre de 1607 por órdenes del Virrey Don Luis de Velasco; quien seleccionó a Enrico Martínez para llevar a cabo su propuesta de abrir un socavón de Huehuetoca a Nochistongo, este último lugar ya fuera de la cuenca, para conducir después el agua hasta el río Tula y de ahí hasta el Golfo de México.

La obra se realizó con la urgencia que el caso reclamaba, en un plazo de diez meses; pero la obra calificada como una de las más importantes del mundo preindustrial, resultó afectada por múltiples factores, desde los defectos de construcción hasta las rencillas políticas y las decisiones improvisadas. Esta obra fue la primera salida artificial de agua, con lo cual dejó de ser una cuenca cerrada.

En la década de 1620, el socavón fue clausurado por órdenes del virrey. En esas circunstancias, la capital estuvo a punto de desaparecer por la inundación de 1629. Se decidió mantener la ciudad en su sitio y reanudar el desagüe de Nochistongo, para convertir la galería en un tajo a cielo abierto, éste inició en 1637 y terminó hasta 1788, es decir 150 años después. Tampoco resultó una solución definitiva.

En 1803 y 1804, Humboldt, luego de inspeccionar las obras hidráulicas llego a la conclusión de que había que complementar el plan de Enrico Martínez para drenar el valle con un gran canal de desagüe. Pero la lucha por la independencia retrasó este ambicioso proyecto casi un siglo.

En 1819, una severa inundación cubrió una buena parte del Valle de México, sobre todo al norte; al grado de que el cerro del Tepeyac se convirtió en una isla. Hubo necesidad de abrir "cortaduras" en las calzadas y adoptar otras medidas para dar salida al agua.

A lo largo del siglo XIX prosiguió el debate acerca de qué hacer con los lagos. Si para algunos era necesario aprovechar el exceso de agua para el transporte, la canalización y la irrigación, para otros era mejor lograr la plena desecación de los lagos. Hacia 1856 las inundaciones eran cada vez más alarmantes: en algunas zonas su nivel alcanzaba hasta tres metros de altura. A principios de ese año se abrió un concurso para el proyecto de las obras del desagüe, ofreciéndose un premio de doce mil pesos oro al vencedor.

El proyecto ganador fue el de Francisco de Garay premiado por el gobierno federal en 1857. El proyecto propuso construir un canal de 50 km que saliera desde San Lázaro, al este de la ciudad, para atravesar los lagos de Texcoco, San Cristóbal y Zumpango y canalizar sus aguas y las de los ríos que cruzaran su paso. Un túnel de 9 km, al final del canal, llevaría las aguas hacia el río Tequixquiac. Por otra parte, se abrirían tres sistemas de canales secundarios para desaguar, en caso de ser necesario, los lagos de Chalco y Xochimilco y para establecer comunicación entre Chalco y Zumpango. Otros 200 canales menores abiertos en los lechos de los lagos desecados complementarían la obra, la canalización serviría para el drenaje, el riego y la transportación. Se iniciaron los trabajos, pero a la caída del imperio, en 1867, fueron suspendidas.

En 1884 el presidente Porfirio Díaz optó por crear una Junta Directiva del Desagüe del Valle de México y por concesionar los trabajos a empresas capacitadas para realizarlos. Gracias a ello, se construyó el Gran Canal, un túnel con una longitud de diez kilómetros que se terminó en 1889, el canal de 47.5 km se concluyó en 1895 y la conexión con la red de alcantarillado en 1902, con lo cual la obra quedó totalmente concluida.

A pesar de la magnitud de la obra realizada durante el porfiriato, no se logró erradicar del todo el problema de las inundaciones. A mediados de la década de 1920 volvió a anegarse la ciudad. Posteriormente en la década de los cincuenta se presentaron también grandes inundaciones, debido en gran parte a que por el hundimiento de la ciudad (por su peso y por la extracción de agua del subsuelo mediante pozos), el Gran Canal que al ser inaugurado tenía una pendiente que permitía que el agua escurriera, fue perdiendo su declive. Si en 1910 era de 19 cm/km, en 1950 había disminuido a 12 cm/km y para 1980 no existía declive alguno (cero cm/km). En consecuencia fue necesario bombear las aguas para hacerlas correr por su cauce. Actualmente 11 estaciones de bombeo realizan esta importante labor, sin la cual la Ciudad de México sería incapaz de desalojar sus aguas residuales y estaría en riesgo de sucumbir nuevamente ante una inundación.

En 1960 se construyeron el interceptor y el emisor del poniente, con objeto de recibir y desalojar las aguas del oeste de la cuenca, descargándose a través del Tajo de Nochistongo. No obstante, el desmesurado crecimiento de la ciudad volvió insuficientes las capacidades del drenaje del Gran Canal y del emisor del poniente; en 1970, ya el hundimiento había sido tal que el nivel del lago de Texcoco, que en 1910 se hallaba 1.90 metros por debajo del centro de la ciudad, se encontraba 5.50 metros más arriba

Ante la magnitud del problema, el desagüe porfiriano fue reforzado por una obra de ingeniería gigantesca puesta en funcionamiento a partir de 1975: el drenaje profundo.

El drenaje profundo es una red de 153 kilómetros de túneles de un diámetro que va de los 3.1 a los 6.5 metros, instalados a una profundidad que fluctúa entre los 15 y los 220 metros, con el fin de asegurar un lecho que no se hunda. Entra en funcionamiento en la temporada de lluvias para desalojar los enormes volúmenes de agua que pueden caer en corto tiempo durante un aguacero. El proyecto general del sistema aún no ha concluido, sin embargo, hay indicios de que ha comenzado a ser afectado por hundimientos.

De esta manera el sistema global de desalojo de las aguas pluviales, negras o residuales se realiza mediante un sistema de drenaje combinado por medio de 2,033 kilómetros de red primaria y 10,237 kilómetros de red secundaria, en donde se conecta con el drenaje domiciliario, comercios, industrias y las coladeras.

Esa agua posteriormente es desalojada fuera de la ciudad a través de diversos canales a cielo abierto como el río de los Remedios, Tlalnepantla, Canal de Chalco y Canal Nacional, así como diversos cauces entubados como el río Churubusco, río Piedad, río Consulado y parte del Gran Canal de desagüe.

Posteriormente, parte de esas aguas residuales generadas por los habitantes y las de lluvia son enviadas a plantas de tratamiento para que puedan ser reusadas en diferentes actividades que no requieren de la calidad potable.

Para satisfacer lo anterior se cuenta con 24 plantas de tratamiento, con una capacidad instalada de 6,800 litros por segundo, que en promedio producen 3,000 litros por segundo de agua destinados principalmente al riego de parques, jardines, camellones y el llenado de lagos recreativos como el de Chapultepec, Aragón y los canales de Xochimilco, así como en algunos procesos industriales de enfriamiento y de limpieza, lavado de automóviles, autobuses de transporte público, los trenes del Metro y la recarga artificial de los mantos acuíferos. Los porcentajes son los siguientes:

67% Riego de áreas verdes
16% Recarga artificial del acuífero
10% Sector industrial
5% Riego agrícola
2% Sector Comercial (aquí se incluyen el lavado de los autotransportes)

Esta agua tratada se redistribuye por una red de tuberías de casi 783 kilómetros y se surte mediante 37 tomas llamadas garzas, donde se surten las pipas que riegan parques y camellones.

Una y otra vez la historia parece repetirse pero en dimensiones cada vez mayores. En términos simples el lago se niega a desaparecer. Por ello hay proyectos que proponen la recuperación parcial y controlada del sistema de lagos, en combinación con usos más racionales del agua. Un retorno a la ciudad lacustre no parece viable, pero valdría la pena tomarlo en cuenta para romper con la paradójica historia de desaguar un valle que corre el riesgo de morir de sed.

EL MONUMENTO HIPSOGRÁFICO

En la esquina suroeste de la Catedral y frente a la avenida 5 de Mayo, se encuentra el *monumento hipsográfico*, (se le llama así en atención a la hipsometría, o sea, la determinación de la altura de un punto sobre el nivel del mar) el cual está dedicado a Heinrich Martín, un cosmógrafo alemán que residió en la Nueva España y quien realizó el primer proyecto de desagüe para la Ciudad de México en 1580. Su propuesta no fue tomada en cuenta hasta la inundación de 1604, cuando las autoridades recordaron que desde varios años atrás existían planes encaminados a evitar ese tipo de desastres. Desempolvaron los papeles y después de un concienzudo análisis, llegaron a la conclusión de que el proyecto no era viable. Trescientos años más tarde, el proyecto fue realizado en parte por la administración porfiriana.

En 1878, a principios del gobierno de Porfirio Díaz, se iniciaron los trabajos de un nuevo sistema de drenaje para la Cuenca de México (el Gran Canal del Desagüe y el Túnel de Tequixquiac). En ese momento no podía dejar de hacerse una consideración sobre el desagüe colonial que aún estaba en servicio (el Tajo de Nochistongo).

El monumento se erigió bajo el diseño del escultor Miguel Noreña para la Plaza del Seminario, con referencias a los indicadores de los niveles de los lagos de Texcoco, Xochimilco, San Cristóbal, Zumpango y Xaltocan y era también lugar de validación de las cintas de medición para yardas, varas y metros de comerciantes y oficiales especializados.

La base del monumento es de mármol gris de Yautepec, cantera y mármol blanco de Tepeaca y contiene datos que nos permiten conocer la localización geográfica, altitud, latitud y longitud de la Ciudad de México.

La estatua representa a la Patria como una mujer que deposita laureles sobre una piedra con plantas. Fue fundida en París y colocada, en 1881, en la esquina sureste, cerca del Sagrario Metropolitano, en la calle de Seminario. En 1925, fue trasladado el monumento al sitio en el que actualmente se encuentra.

Como se sabe, la Cuenca de México contaba a fines del siglo XIX con cinco lagos principales, los de Texcoco, Xochimilco (con el de Chalco), San Cristóbal, Xaltocan y Zumpango. El lago de México había desaparecido ya. Cada lago tenía una altura diferente sobre el nivel del mar. La ciudad se había hundido un poco, pero el nivel del atrio de la catedral correspondía, más o menos, al de su antiguo lago. El de los otros se podía situar un poco más arriba. Bastaba con que el monumento tuviera unos seis metros de alto para que alcanzara esos niveles superiores.

El monumento fue diseñado para acomodar cuatro estrías que señalaran el nivel medio (en esos años) de los lagos de Xochimilco, San Cristóbal, Xaltocan y Zumpango. Las estrías rodean al monumento por los cuatro lados. Exactamente sobre cada una de ellas, con letras metálicas, se acomodaron leyendas similares que se desarrollaban a lo largo de los cuatro costados: "*Lago X – Nivel medio verdadero —determinado en 1862 — por la Comisión del Valle*". Pero no se quiso que las leyendas empezaran todas del mismo lado del monumento, sino en cada uno de sus cuatro costados, de manera que se fueran leyendo en espiral. En consecuencia si se intentaba leer las leyendas observando un solo lado no se entendía nada claro. Desafortunadamente al restaurar hace unos años el monumento, no se respetó el objetivo de las estrías y leyendas, por lo cual ahora los textos que leemos resultan fuera de contexto.

Respecto del lago de Texcoco, el más cercano e importante para la ciudad, así como el principal responsable de las inundaciones de la época, el monumento incorporaba en su parte frontal una aguja que se desplazaba por una ranura. Una regla a lo largo de ella indicaba los niveles mínimo y máximo del lago conocidos y permitía compararlos con un plano de referencia fijado en 2,268 metros sobre el nivel del mar, equivalente a un poco más de dos metros sobre la acera de Palacio Nacional. La aguja se ajustaba semanalmente para hacer pública la lectura, no del nivel medio como en el caso de los otros lagos, sino del nivel real.

El monumento señalaba de manera constante la realidad de la cuenca del Valle de México: *los lagos estaban a un nivel mayor que el de la ciudad.* Lo anterior dejaba ver a sus habitantes la importancia de las magnas obras del desagüe que se estaban ejecutando. Y la aguja servía además para dar aviso de posibles desbordamientos.

No podríamos recuperar la función informativa del monumento, pues la ciudad se ha hundido aún más, los lagos casi han desaparecido, las hendiduras no corresponden ya al nivel de los lagos, y la aguja es casi seguro que esté imposibilitada para volver a funcionar.

Es importante que el monumento se restaure de manera correcta y se le acompañe de las explicaciones necesarias para que todos podamos comprender y valorar su verdadera importancia histórica.

EL PASEO DE LA VIGA

En 1840 el coronel Mariano Tagle obtuvo el permiso para fletar un buque de vapor que navegaría por un nuevo canal que abriría por cuenta propia, desde México hasta la población de Chalco, y no fue sino hasta el 21 de julio de 1850 que el vapor de nombre *Esperanza* realizó su primer viaje, esta vez concesionado a don Mariano Ayllón, hombre emprendedor y entusiasta que invirtió toda su fortuna en el proyecto para construir un cauce fluvial a través del ya existente Canal de la Viga, que iniciaba en la Garita de la Viga, aproximadamente en donde hoy está el Cuartel de Bomberos sobre Fray Servando Teresa de Mier y terminaba en lo que era entonces el grandioso Lago de Xochimilco.

Se tuvo que dragar el canal y darle el ancho necesario en algunas partes y claro, también fue necesario aumentar la altura de los puentes que lo cruzaban, todo esto permitió que el primer "vapor" denominado *La Esperanza*, surcara el Canal de la Viga, mediante un poderoso motor de 20 caballos de fuerza y un cupo para 20 pasajeros, el 21 de julio de 1850, en un primer viaje desde el embarcadero de La Viga hasta el poblado de Chalco.

Por su parte, Carlos Mancilla Castañeda, historiador local, nos da la siguiente versión:

El primer barco de vapor *Esperanza*, fue botado al agua en marzo de 1849 y un año después inició el viaje de prueba a Chalco. Aparentemente las perspectivas de éxito eran favorables, lo que movió a Ayllón a buscar nuevos socios. Adquirieron en Europa un buque de vapor, el *General Santa Anna* que estuvo al servicio del público desde el sábado 10 de octubre de 1853, comenzando sus viajes desde el embarcadero que entonces servía a las canoas, donde empieza el canal de La Viga, hasta el pueblo de Mexicaltzingo, haciendo dos viajes en los días de trabajo y tres los domingos y días festivos [...]

El "moderno vapor" que surcaba las aguas del canal tardaba casi 2 horas en el trayecto de ida y 2 horas en el de vuelta, para un recorrido que incluía cinco destinos: salía de La Viga y su primera parada era en Santa Anita, después Iztacalco, San Juanico y finalmente Mexicaltzingo, un trayecto de aproximadamente siete kilómetros en un solo sentido. Con el tiempo se hicieron recorridos más largos que iban hasta Xochimilco y Chalco.

El recorrido desde el embarcadero de La Viga hasta el poblado de Chalco representaba aproximadamente 32 kilómetros de distancia. El espectáculo a las orillas del canal era excepcionalmente bello, pues tomemos en cuenta que los puntos intermedios eran pequeños poblados, fuera del límite de la ciudad y que por esos años todavía conservaba su aspecto lacustre.

Para poder tener una idea actualizada de lo que hablamos, como se mencionó anteriormente, el embarcadero estaba a la altura de Fray Servando, en ese punto desembocaba también un canal más angosto que se llamaba de Roldán (todavía la calle así se llama) y venía prácticamente desde los linderos de la Merced, muy cerca del Zócalo y por el cual navegaban canoas, con todo tipo de alimentos y flores para abastecer el famoso mercado de El Parián en pleno centro.

Los otros puntos intermedios eran, Santa Anita que todavía existe y cuyo cruce actual con la Calzada de La Viga es la Avenida Plutarco Elías Calles; Ixtacalco o Iztacalco, que existe y da nombre a una delegación del D. F., cuyo cruce con La Viga es a la altura de la calle de Tezontle; San Juanico, también existe aún como nombre de colonia o barrio y el cruce actual es más o menos a la altura de río Churubusco, y Mexicaltzingo que parece que existe aún como nombre de calle y cuyo cruce con La Viga es la avenida Ermita Iztapalapa.

El 11 de agosto de 1853, el presidente Santa Ana efectuó con su familia un viaje del embarcadero de La Viga a Mexicaltzingo. En 1869 se puso en servicio el vapor *Cuauthémoc* entre la capital y las poblaciones ribereñas. Después de seis viajes de prueba, se invitó a bordo al señor presidente Juárez y a otros funcionarios, pero con tan mala suerte que la caldera explotó estando atracado el buque, afortunadamente sin causar víctimas. Sin embargo, todavía en 1890 tres vapores fueron puestos en servicio entre México y Chalco. Se invitó al señor presidente don Profirio Díaz a la inauguración, quien ocupó el primero de los buques, de nombre *México*; el señor gobernador del estado de México, el segundo, y el tercero fue abordado por periodistas y otras personas. Los tres vapores zarparon de La Viga a las siete de la mañana, arribando el presidencial a Chalco a la una y media de la tarde; el segundo llegó una hora después, y el último a las siete y cuarto de la noche.

No cabe duda que era toda una excursión y un gran paseo... Viejos tiempos... que no volverán.

Los "vapores" que surcaban dicho cauce, eran en realidad grandes barcazas, movidas por motores de vapor, al estilo de los que navegaban en los ríos europeos en aquellas épocas. Recordemos que el México de entonces tenía una muy marcada influencia francesa. El Paseo de La Viga era de los preferidos de aquel entonces y concurrir allí en Viernes de Dolores era muy tradicional. El costo del pasaje a Santa Anita o Ixtacalco en 1853 era de 2 reales y hasta San Juanico y Mexicaltzingo era de 3 reales. Estas tarifas correspondían al servicio dentro del salón cubierto del navío, pero si alguien deseaba viajar en el lanchón de remolque y al descubierto entonces le costaba la mitad.

Es interesante observar el increíble paisaje campirano que se podía disfrutar en ambos lados del canal y la enorme cantidad de "pinillos" (clásicos de Xochimilco, denominados "ahuejotes") que había entonces.

Considerando que a mediados del siglo XIX todos los medios de transporte dentro de la ciudad eran a base de tracción animal, el barco de vapor resultaba ser una alternativa de transporte bastante atractiva y viable.

El servicio de vapores que se inició en 1850, perduró casi hasta el final del siglo XIX, pero poco a poco fue perdiendo impulso y de manera fundamental por dos razones. La primera que los ferrocarriles de la época, impulsados por locomotoras de vapor aumentaron su presencia en la fisonomía de la ciudad y eran además mas rápidos y eficientes y la segunda que las obras del desagüe que se terminaron también a fin de siglo (el Gran Canal del Desagüe) para dar solución al gravísimo problema de las inundaciones en la ciudad, contemplaban la desaparición paulatina del canal de La Viga.

Años más tarde, a principios del siglo XX, el Paseo de La Viga dejó de ser surcado por los pequeños barcos de vapor, pero conservó por un buen tiempo su atractivo como lugar de paseo en lanchas y trajineras sobre todo en Semana Santa, con la siempre tradicional conmemoración del Viernes de Dolores y también con la elección anual de la "Flor más Bella del Ejido" en el barrio de Santa Anita.

Finalmente para el año de 1921, las autoridades decidieron desaparecer totalmente el cauce del canal y darle paso a la selva de cemento y asfalto característica de la gran ciudad capital. Un dato curioso es que por esas fechas, al inaugurarse la nueva Avenida de La Viga, los famosos Indios Verdes permanecieron en el mismo sitio que ocupaban al inicio del paseo de la Viga desde 1901, después de que fueron desplazados del sitio de honor que ocupaban al inicio del Paseo de la Reforma.

Las obras de pavimentación y de electrificación para la línea de tranvías, acabarían sustituyendo aquellos nostálgicos barquitos de vapor que alguna vez surcaron nuestra ciudad capital.

Francisco Calderón de la Barca, en 1840, describió el Canal de la Viga de la siguiente manera:

"Le bordea un canal con árboles que le dan sombra, y que conduce a las chinampas, y se ve siempre lleno de indios con sus embarcaciones, en las que traen frutas, flores y legumbres al mercado de México. Muy temprano en la mañana, es un agradable espectáculo verlos cómo se deslizan en sus canoas, cubiertas con toldos de verdes ramas y de flores. Es el de la Viga uno de los más bellos paseos que imaginarse pueden, y aún podría mejorarse; pero así como está, con la agradable sombra de sus árboles y el canal por donde desfilan las canoas, en un constante y perezoso ir y venir, sería difícil, a la hora del apacible atardecer, momentos antes de transponerse el sol, de preferencia en una hermosa tarde de un día de fiesta, encontrar en cualquier otra parte un espectáculo tan placentero o más inconfundible. Cual sea la clase social que muestre mayor gusto por el modo de gozar, es cosa que debe dejarse al juicio de los sabios: si los indios, con sus guirnaldas de flores y sus guitarras, sus bailes y canciones, y aleando las fragantes brisas, mientras sus canoas se deslizan al filo del agua, o a las señoras luciendo sus mejores vestidos y encerradas en sus coches, que se pasean en silencio, devolviendo con un amable movimiento de abanico los saludos de sus bellas amigas desde el fondo de sus carruajes, temerosas, al parecer, de que la leve caricia del céfiro pudiera ofenderlas; y sin embargo, una brisa suave, cargada de aromas, corre sobre las aguas adormecidas, y los últimos rayos del sol doran las ramas de los árboles con una luz quebrada y ya fugaz..."

Capítulo VII

Símbolos de la ciudad

SÍMBOLOS DE LA CIUDAD

Difícilmente se podría representar esta capital con un sólo símbolo, tal vez cada época tendrá los propios, y éstos serán diferentes para cada sector social.

La Catedral de México y el Ángel de la Independencia, son definitivamente dos de los símbolos que caracterizan esta ciudad. La Catedral con sus dos siglos de constante construcción ha sido parte viva de la historia de la ciudad y de la nación.

El Ángel de la Independencia, por su parte, ha engalanado una de las avenidas más bellas del mundo, El Paseo de la Reforma. Y ha sido punto de reunión para derroche de alegría o reclamo social.

CATEDRAL METROPOLITANA

Magna obra de la época Colonial, es considerada el Primer Monumento Religioso de América. La Catedral Metropolitana de México fue edificada a lo largo de 218 años por 16 arquitectos sobre una plancha de cemento cimentada por 22 mil estacas de madera, que ha logrado resistir más de 400 años.

Antes de que fuera construida la actual catedral de México, existió una más pequeña dispuesta por Hernán Cortés. El conquistador de regreso de su viaje a las Hibueras (Honduras), ordenó construir, sobre las ruinas del centro ceremonial azteca, la primera iglesia mayor de México. El maestro de obras y alarife de la Ciudad de México, Martín Sepúlveda, dirigió la obra entre 1524 y 1533, como material de obra, se utilizaron algunos monolitos del antiguo teocalli indígena. Años más tarde sería fray Juan de Zumárraga, en la época de la primera audiencia, quien pugnaría por su terminación. El edificio, ubicado en el ángulo noroeste del atrio de la actual catedral, constaba de tres naves separadas por columnas toscanas, techo central de dos aguas y los laterales de vigas.

Sería Manuel Toussaint autor de un magnífico y enorme tomo en gran folio, bellamente ilustrado, quien recopilara la historia completa de la magnífica Catedral Metropolitana, desde la colocación de la primera piedra hasta que Tolsá le diera fin, colocando los últimos adornos a la actual Catedral.

Toussaint nos cuenta sobre la primitiva Catedral de México diciendo:

Las investigaciones del sabio don Joaquín García Izcabalceta nos enseñan que dicha iglesia fue edificada en 1525; que no fue la primera pues la de San Francisco es anterior, y hasta el sitio que ocupa, entre las plaza mayor y la placeta del Marqués, así llamada por estar frente a las casas de Hernán Cortés, hoy Monte de Piedad.

Estaba orientada de este a oeste, con la puerta principal, llamada del Perdón como en la catedral nueva, hacia el occidente. Venía pues a dividir la gran plaza, que hoy es una sola con el recodo del Empedradillo. Se sabía además, que dicho templo había servido de cimientos a la iglesia católica y hasta de pedestales sus columnas....

Esta iglesia pequeña, pobre, vilipendiada por todos los cronistas que la juzgan indigna de una tan grande y famoso ciudad, prestó bien que mal sus servicios durante largos años. Bien pronto se ordenó que se levantase nuevo templo, de proporcionada suntuosidad a la grandeza de la Colonia, mas esta fábrica tropezó con tantos obstáculos para su comienzo, con tantas dificultades para su prosecución, que el templo viejo vio pasar en sus naves estrechas suntuosas ceremonias del virreinato; y sólo cuando el hecho que las motivara revestía gran importancia otra iglesia, como la de San Francisco, para levantar en su enorme capilla de San José de los indios el túmulo para las honras fúnebres de Carlos V.

Viendo que la conclusión de la iglesia nueva iba para largo, ya comenzada su frabricación, el año de 1584, se decidió reparar totalmente la catedral vieja, que sin duda estaría poco menos que ruinosa. El libro de cuentas de dicha reparación, que duró más de un año, se guarda en el Archivo General, nos permite saber ahora cómo era el templo en esa fecha, y nos enseña curiosas noticias acerca del arte de la época.

La iglesia tenía de largo poco más que el ancho de la catedral nueva; sus tres naves no alcanzaban 30 metros de ancho... Además de la puerta del Perdón, había otra llamada de los Canónigos y quizá una tercera que daba a la placeta del Marqués.

Un velo de tragedia ciñó esta reparación de 1584: el arquitecto que dirigía la obra, que también lo era de la catedral nueva, cayó de un andamio perdiendo así la vida. Llamábase el capitán Melchor de Ávila y su sobrino Rodrigo le sucedió en sus puestos. Esta noticia consignada por D. Eugenio Llaguno y Amírola con datos de los archivos españoles, se halla confirmada en los anales indígenas; véase cómo reseña la noticia el llamado *Códice Aubin*: "1584 (1 Pedernal)... cuando cayó el mayordomo de la iglesia mayor, Melchor Dávila, era martes, a las 7, del 12 de diciembre de 1584..."

En 1626, fue demolida la primera catedral. La nueva catedral se construyó literalmente sobre el fango. Para salvar este obstáculo, se copió el modelo de los mexicas y se llevó a cabo una plancha de cascajo y piedra sobre estacas de madera a una distancia de 60 centímetros cada una.

Pero aún con las técnicas aztecas de construcción, la catedral se hundió 75 centímetros durante los primeros 100 años de la obra. Actualmente hay una diferencia de 1.40 metros de diferencia en el desnivel si uno camina desde la esquina de la calle de Guatemala al lado oeste del Zócalo.

Los arquitectos en turno guardaron de llevar a cabo el diseño original, lo único que no se concretó de éste fueron dos torres que deberían estar del lado de la calle de Guatemala. El Altar de Reyes fue la primer parte de la catedral que se terminó por el arquitecto Gerónimo de Balvés, hecho totalmente de madera tallada, con imágenes de santas y santos que fueron reyes y reinas; dicho Retablo está cubierto con hojas de oro y tiene 27.5 metros de altura y fue la primer muestra del estilo churrigueresco combinado con barroco.

El techo fue completado en 1667, y le seguiría la sacristía en la que se pueden admirar cajoneras de madera que datan del siglo XVIII, aquí se guardan los ornamentos sagrados que utilizan los sacerdotes al oficiar misa. La cúpula estuvo a cargo de Manuel Tolsá.

En este sitio hay cuatro murales en los que se representan episodios bíblicos como la Creación y la lucha entre Dios y Satán, estas obras fueron creaciones de artistas del Virreinato como Villalpando e Ibarra.

En 1740, fue edificado al Sagrario con la finalidad de contar con una iglesia que cumpliera con las funciones y obligaciones de una iglesia común.

Con gran habilidad fueron colocados en cada uno de los costados del templo, siete capillas y cada una de éstas se encuentra separada por muros de 2.80 metros de espesor, lo que ha servido como contrapeso en contra de las constantes inundaciones y temblores. Esta construcción tiene un peso de 127 mil toneladas.

En 1790, la Catedral devolvería algo de lo que había quedado enterrado en ella, el Calendario Azteca, hallado en 1790, estuvo pegado por muchos años en una pared del sector oeste del inmueble. Posteriormente fue removida de ahí y colocada una placa conmemorativa. Cerca de este lugar, se encuentra un busto del último emperador azteca, Cuauhtémoc, que data del siglo XIX.

La catedral guarda muchos tesoros que se encuentran a la vista de todo el mundo: uno de los dos órganos del templo procede de España, y fue enviado por el Rey Felipe IV.

40 años más tarde fue estrenado oficialmente el órgano mexicano realizado por José Nazarte. En 1813 se restauran ambos aparatos. En los accesos a este lado poniente hay dos pinturas al óleo sobre tabla: San Pedro y San Pablo, anónimas de los siglos XVII y XVIII, respectivamente.

La reja que da al Coro fue fabricada en 1722 en Macao, China, con el diseño del pintor mexicano Nicolás Rodríguez Juárez, y fue colocada el 10 de marzo de 1730. También se puede admirar el Facistol, que es una especie de atril gigantesco. Utilizado antiguamente para colocar libros de gran tamaño para que los cantos pudieran ser vistos por los integrantes del coro.

El 17 de enero de 1967, se registró un incendio que lamentable destruyó parte del Retablo del Perdón, las sillas del Coro, los órganos, así como las pinturas de la cúpula y la parte superior del Retablo de los Reyes. Sería hasta 1972 que el área se restauró y la maquinaria de los órganos se reparó en unos talleres en Holanda.

El Coro guarda la forma de las iglesias ibéricas. De 1696 a 1697, se le colocó una doble fila de tribunas con 59 relieves de santos. Y exactamente debajo del Retablo de los Reyes se ubican las criptas de los 39 Arzobispos que ha tenido la Ciudad de México, que fue inaugurada por Fray Juan de Zumárraga.

La tumba de este ilustre hombre se encuentra a la entrada de esta cripta y encima de ella se eleva la escultura labrada en mármol del propio Zumárraga. Se dice que en la base de su tumba está una calavera en piedra que fue encontrada en las excavaciones del Templo Mayor.

LAS CAMPANAS DE LA CATEDRAL DE MÉXICO

La historia de las campanas de la Catedral de México, es sumamente interesante. Cada una tiene su nombre y su historia. La torre oriental de Catedral tiene 18 campanas y la occidental siete. Algunas están desde tiempos lejanos, otras no han sobrevivido a las inclemencias del tiempo.

Algunas de ellas tienen mayor importancia e historia, de algunas se sabe quién fue su creador y otras son anónimas.

La primer campana que se colocó en esta Catedral, proviene de la fundición de un cañón que Hernán Cortés donaría para este hecho.

Al paso del tiempo se fundieron otras campanas y al ser finalizado el primer cuerpo de la torre que se encontraba del lado oriente de la primera catedral, el virrey Albuquere mandó colocarlas antes de que fuera cerrada la bóveda que la cubriría. De esta manera él sería quien colocara por primera vez las campanas de la actual catedral.

Campana Mayor de la Catedral de México

La campana mayor de la Catedral Metropolitana, es conocida como la Santa María de Guadalupe. Como la actual es la segunda catedral y está orientada antilitúrgicamente de norte a sur, las torres tomaron más tiempo del que se había pensado para construirlas, el templo debió tener siete naves, pero se quedó en cinco. Figuran sus dimensiones en una tabla comparada en el piso de San Pedro de Roma de los Seis templos mayores de la cristiandad y es la mayor del continente, tuvo varios arquitectos entre otros Tolsá, Pérez de Castañeda, y Martínez López y también Agüero, entre otros; esta campana grande, pesa 280 kintales o sea 14 toneladas, y fue fundida en Tacubaya por don Salvador de la Vega, español, mismo que fundió la estatua ecuestre de Carlos IV, bajo la dirección de Tolsá. El arquitecto que terminó las torres se encargó de los trabajos de subir la campana que con un sistema de grúas y cabrestantes provocó la admiración de todos los que observaron las maniobras por la facilidad. Pero el traslado desde Tacubaya: imaginémoslo lo que fue en carretas tiradas por mulas si cuando en 1957 se trasladó el Tláloc de Cuahutinchan hubo que trasladarlo en un vehículo especial por 50 ruedas, como se ve en las fotos de los diarios de la época, imaginemos lo que fue.

Este mismo arquitecto cerró las torres —por cierto que en la torre oriente pasa el meridiano que da la hora central— y remató con una elegante forma acampanada hecha de tezontle revestida de piedra para aligerar el peso y colocó la esfera con la cruz encima sin varillas interiores. Terremotos van y terremotos vienen, pidió y diseñó y construyó su propio sepulcro en la capilla correspondiente bajo la torre, conocida como de los arcángeles. Pero él está sepultado en la parroquia de Tacuba. Esto es algo que se le debe.

La columna de
la Independencia

Lorenzo de la Hidalga (1810-1872) fue el primer arquitecto que proyectó un monumento a la Independencia en la Ciudad de México. Éste se empezó a erigir en el centro de la Plaza Mayor por el año 1843, pero sólo se edificó el zócalo.

La idea de levantar el monumento siguió en la mente de los gobernantes durante la segunda mitad del siglo XIX. Sólo Porfirio Díaz tuvo los recursos para emprender la obra que celebraría el inicio del movimiento independentista.

El famoso arquitecto Antonio Rivas Mercado fue el autor del proyecto, mientras que el ingeniero Roberto Gayol realizó y dirigió la obra y el artista italiano Enrique Alciati se encargó de los grupos escultóricos.

La difícil cimentación de esta obra requirió del hincado de pilotes de madera a 25 metros de profundidad hasta encontrar un estrato compacto de suelo granular y estuvo a cargo de un grupo de técnicos mexicanos encabezados por los ingenieros Gonzalo Garita y Miguel Gorozpe.

Originalmente el proyecto constaba de nueve escalones para ascender a la base del monumento, pero debido al hundimiento permanente del entorno que le rodea y al sistema de pilotes de punta que lo sostienen, a la fecha sobresale más de 3 metros del nivel actual del suelo y ha sido necesario agregarle 14 escalones más.

La primera piedra de la construcción de esta obra se puso el 2 de enero de 1902, hace ya más de 100 años y el monumento terminado fue inaugurado por Porfirio Díaz el 16 de septiembre de 1910, con motivo del Centenario de la Independencia de México.

El monumento se encuentra localizado en una de las grandes glorietas del hermoso Paseo de la Reforma de la Ciudad de México y su cara principal está orientada hacia el centro de la ciudad.

La columna de la Independencia se levanta sobre un doble pedestal, que a su vez descansa en una plataforma coronada por cuatro pináculos. El pedestal inferior presenta el almohadillado rústico distintivo de la arquitectura porfiriana. En cada ángulo hay enormes esculturas femeninas de bronce, fundidas en Florencia, Italia, que personifican la Ley, la Justicia, la Guerra y la Paz. Una sostiene un libro; otra porta la espada; la siguiente viste coraza, morrión y empuña una espada, y la última lleva la palma y la corona de laurel.

En la fachada norte, donde se lee: "la Nación a los Héroes de la Independencia" y delante de esta inscripción un león gigante en bronce conducido por un niño que simboliza fuerte en la guerra y dócil en la paz. Debajo de éste hay un vano adintelado por el que se ingresa al recinto. En contraposición, en la fachada sur está la lámpara votiva para homenajear los restos de los mártires de la Independencia.

Sobre el segundo pedestal, en la fachada norte, se hallan las esculturas de mármol de Hidalgo, Morelos y Guerrero. A los pies de aquél y entre estos últimos figuran dos mujeres. Una, la que ofrece laureles, es la Patria; otra, la que escribe en un libro, es la Historia. Mina y Bravo se localizan en las esquinas de la fachada sur.

La columna en sí mide 2.80 metros de diámetro y 36 metros de altura y una vez sumada la altura del grupo escultórico que la corona, alcanza en total 45 metros, que es equivalente a la de un edificio de 15 pisos. La columna tritóstila está estructurada en acero y recubierta con piezas labradas de cantera de Chiluca decoradas con palmas, guirnaldas y anillos con los nombres de los héroes de la Independencia.

En su capitel se alojan cuatro águilas del escudo mexicano de aquel entonces con las alas desplegadas en cada uno de los lados, en su interior existe una escalinata en forma de caracol que consta de 200 escalones y que conduce al mirador que queda debajo de la base del ángel.

La escultura que se encuentra en la cúspide de la columna y que conocemos como el Ángel de la Independencia, representa la Victoria Alada y es obra del escultor italiano Enrique Alciati, es de bronce con recubrimiento de oro y mide 6.7 metros de altura y pesa 7 toneladas, en una mano sostiene la corona de laurel, símbolo de la victoria, y en la otra una cadena con eslabones rotos, símbolo de la terminación de la esclavitud impuesta durante tres siglos de dominio español.

Esta escultura cayó a tierra durante el sismo de la madrugada del 28 de julio de1957 y fue reconstruida y reestructurada por un grupo de técnicos encabezados por el escultor José Fernández Urbina. Este trabajo tardó más de un año en concluirse, por lo que la columna permaneció sin su colosal complemento, hasta el 16 de septiembre de 1958 en que fue reinaugurada.

La Lámpara Votiva que permanece encendida de manera permanente en honor eterno a nuestros héroes de la Independencia, se instaló por decreto del entonces presidente de la República, Lic. Emilio Portes Gil, el 6 de abril de 1929. Durante cierta época de nuestra historia, fue costumbre sacar las urnas con los restos de los héroes patrios, para honrar su memoria durante los actos cívicos.

Los héroes de la Independencia cuyos restos se encuentran resguardados desde 1925 dentro del mausoleo de este recinto patrio son los siguientes:

Miguel Hidalgo y Costilla
Ignacio Allende y Uzanga
Juan Ignacio Aldama
José Mariano Jiménez
José María Morelos y Pavón
Mariano Matamoros y Orive
Nicolás Bravo
Vicente Guerrero
Guadalupe Victoria
Leona Vicario
Andrés Quintana Roo
Francisco Javier Mina

Monumento a la Revolución

En sus últimos años de gobierno, el general Porfirio Díaz planeó la construcción de un nuevo y monumental Palacio Legislativo, el cual comenzó a construirse en la avenida Ejido, actual prolongación de la avenida Juárez.

La fastuosa obra debía adornase con varias esculturas, pero el estallido de la Revolución canceló ese proyecto.

Años más tarde, las esculturas fueron colocadas en diversos sitios: el águila que coronaría la cúpula quedó sobre la pirámide del monumento a La Raza y dos de los leones fueron puestos como guardianes de una de las entradas al Bosque de Chapultepec.

El arquitecto Carlos Obregón Santacilia (1896-1961), era bien conocido pues había realizado varias obras como el Edificio Guardiola, sede del

Banco de México y la Secretaría de Salud. Y sería este arquitecto quien en 1932, al pasar por aquel terreno y ver cómo un grupo de obreros empezaba a derribar la estructura metálica de la obra inconclusa del Porfiriato, tuvo la genial idea de construir el Monumento a la Revolución.

De inmediato Obregón habló con el ministro de hacienda, la realización de su idea no fue tarea fácil, tuvo que vencer muchas opiniones contrarias, así como problemas técnicos ya que la obra debía realizase sobre una estructura originalmente creada para ser el centro de un gran edificio.

Poco a poco fue sorteando los obstáculos, primero convocó a un concurso para escoger a quién realizaría los cuatro conjuntos de esculturas: la Independencia, las leyes de Reforma, las leyes obreras y las leyes agrarias. El escultor Oliverio Martínez fue el ganador.

Por cuestiones económicas, el arquitecto Obregón se vio forzado a suspender la obra en varias ocasiones, sin embargo en otras llegó a tener hasta tres mil obreros trabajando al mismo tiempo.

Tras cinco años de gran esfuerzo, el monumento fue concluido. No tuvo inauguración oficial y comenzó a ser visitado y utilizado para concentraciones masivas.

En 1986, en los sótanos del edificio, se creó un pequeño museo que expone cincuenta años de la historia de México: desde 1867 en que Benito Juárez reafirmó la soberanía nacional, hasta el año de 1917 en que se firma la nueva Constitución mexicana.

LA DIANA CAZADORA

La fuente original de la Diana Cazadora fue construida en 1942, durante el mandato del presidente Manuel Ávila Camacho y siendo Regente de la Ciudad de México el Lic. Javier Rojo Gómez. El proyecto estuvo a cargo del Arquitecto Vicente Mendiola y la escultura fue obra de Juan Fernando Olaguíbel.

La obra fue inaugurada el 10 de octubre de 1942 y originalmente fue colocada en la glorieta del Paseo de la Reforma que se formaba en la confluencia con la avenida Río Ródano y la puerta de los leones del Bosque de Chapultepec.

Desde un inicio el escultor Olaguíbel le llamó "La Flechadora de la Estrella del Norte", sin embargo una vez colocada en el pedestal de la fuente, el pueblo la llamó La Diana Cazadora al identificarla con la diosa mitológica de la caza.

Desde su revelación, la desnudez de la bella Diana Cazadora fue motivo de polémica dentro de la conservadora sociedad de México de aquellos años, y finalmente la Liga de la Decencia, encabezada por la esposa del presidente de la República Doña Soledad Orozco de Ávila Camacho, en 1944 solicitó le fuera cubierta a la escultura sus partes pudendas, al poco tiempo se procedió a cubrirla con un delgado faldón del mismo bronce, mismo que ostentó por varios años.

Pronto, la Diana Cazadora se convirtió en símbolo de la gran Ciudad de México. En 1974, con la finalidad de agilizar el tránsito vehicular de esta zona y por la construcción del Circuito Interior y el paso a desnivel, la fuente fue desmontada y almacenada en lugar seguro por cerca de dos años.

Una vez terminadas las obras del Circuito Interior, la Diana Cazadora fue colocada nuevamente, y en este sitio permaneció desde septiembre de 1976 hasta agosto de 1992, fecha en que fue trasladada a su sitio actual.

En 1987, fue realizada una consulta popular con el fin de determinar si la fuente era trasladada del jardín de Ródano a la glorieta de Niza, mejor conocida como de la palmera, pero las conclusiones dadas a conocer el 3 de febrero de 1988, señalaban que "por la estética del monumento", debía estar situado en un jardín para poder ser observado peatonalmente además de que la situación económica del país era apremiante y no se justificaba un gasto de esa naturaleza, por lo que no sería removida.

En los años ochenta se construyó una gran fuente monumental conocida como "Las Regaderas", diseñadas por el Arq. Sergio Zaldívar Guerra, si bien esta fuente lucía muy bonita, sobre todo por la noche, manejaba un caudal de agua bastante considerable, que aún cuando se recirculaba debía impulsarse con un sistema de potentes bombas eléctricas.

Tras largo tiempo de controversias de que si la fuente de la Diana Cazadora debía retornar a una de las glorietas del Paseo de la Reforma y la oposición de otros a que la palmera de la glorieta de Niza fuera trasladada al Jardín Botánico de Chapultepec, se concluyó en trasladar la Diana a la glorieta que ocupaba la fuente de "Las Regaderas". Y desde el mes de agosto de 1992, la Diana retornó al Paseo de la Reforma, luciendo su majestuosa figura.

Como nota curiosa, la modelo que inspiró a Olaguíbel para esculpir la Flechadora de la Estrella del Norte en 1942, fue por largo tiempo un misterio, la identidad de la bella mujer tan sólo fue revelada a unos cuantos. Fue después de casi 50 años, cuando la Sra. Elvia Martínez de Díaz Serrano reconoció que en su juventud, a los 16 años, posó para el famoso escultor. La escultura original no tiene la cara de Elvia, su modelo. No obstante, en fechas recientes se develó una nueva escultura de menor tamaño en la Zona Rosa, que ostenta las facciones de la modelo.

TORRE LATINOAMERICANA

La Torre Latinoamericana es desde hace muchos años uno de los símbolos de la ciudad. Ubicada en la esquina de Madero y Lázaro Cárdenas (antes San Juan de Letrán), fue por largo tiempo el edificio más alto de América Latina.

Este edificio estuvo basado en un proyecto del arquitecto Manuel de la Colina, modificado sustancialmente hasta su forma definitiva por el arquitecto Augusto H. Alvarez. Fue construida entre 1948 y 1956 bajo la dirección del ingeniero Adolfo Zeevaert, con el diseño de la estructura y la cimentación del doctor Leonardo Zeevaert.

Esta torre ha resistido los sismos y terremotos sin que tenga serios daños gracias a que posee a un sistema de rieles y amortiguadores o pilotes. Los 361 pilotes con que cuenta soportan 12,000 toneladas, casi el 50% de su peso total, a lo que se suma la subpresión del agua del subsuelo, la cual sostiene las 13,000 toneladas restantes; todo esto le permitieron resistir los temblores como el de septiembre de 1985.

En la actualidad dentro de la torre existen varias oficinas y estaciones radiodifusoras, también cuenta con restaurantes, bar y un magnífico mirador.

La Torre Latinoamericana en números:

- 43 pisos y 3 sótanos
- Antena de radio-televisión de 44 metros
- Tiene una altura de 140 metros a la azotea y de 180 al extremo superior de la antena
- 28,000 m² de área construida
- 23,000 m² de área rentable
- 25,000 toneladas de peso total
- Estructura de acero de 3,200 toneladas
- Mirador a una altura de 139 m, piso 44
- 8 elevadores con velocidad de 3m/seg

Cuenta además con un reloj monumental de carillón que toca diferentes melodías cada hora.

En el lugar donde hoy se erige la Torre Latinoamericana estuvo antiguamente la casa de las Sierpes y de las Aves de la Gran Tenochtitlán, y más tarde lo ocupó el área noroeste del convento de San Francisco.

La Torre Latinoamericana fue el edificio más alto de la ciudad hasta que en 1984 la Torre de Petróleos le quitara el primer lugar. Hoy la Torre Mayor con sus 225 metros de altura distribuidos en 55 pisos a partir del nivel de banqueta, se consolida como el edificio más alto y moderno de esta ciudad, del país entero y por si fuera poco, de toda América Latina. Incluso, entra en la categoría de los 100 edificios más prominentes del mundo entero.

LA BASÍLICA DE GUADALUPE

La Basílica de Guadalupe dedicada a Nuestra Señora de Guadalupe, Patrona de América, está ubicada en "la Villa" al norte de las avenidas de Los Misterios y Guadalupe en la parte norte de la Ciudad de México. En sus terrenos, se encuentran varias construcciones entre ellas la Vieja Basílica, la Nueva Basílica, El Museo de Artes Religiosos, La Iglesia de las Capuchinas, La Vieja Parroquia, la Capilla del Pocito, La Capilla de la Montaña y un cementerio.

La Basílica actual fue construida en el sitio de una anterior iglesia del siglo XVI, cuando esta antigua Basílica se volvió riesgosa debido al hundimiento de sus cimientos, una moderna estructura llamada la nueva Basílica fue construida en su cercanía.

Construida entre 1974 y 1976, la nueva Basílica fue consagrada el 12 de octubre de 1976.

La imagen original de la Virgen de Guadalupe se encuentra ahora alojada en esta nueva Basílica. El diseño estuvo a cargo del famoso arquitecto Pedro Ramírez Vázquez, arquitecto mexicano conocido por obras como la del Museo Nacional de Antropología (ubicado en el bosque de Chapultepec en la Ciudad de México).

Tiene un diseño circular de forma que la imagen puede ser vista desde cualquier punto de la iglesia, además de permitir acoger a los miles y miles de peregrinos que vienen desde todas partes del mundo a visitar a la Morenita del Tepeyac. Por esta razón se hizo de base circular, con 100 metros de diámetro, para que el mayor número de visitantes pudiera participar de las celebraciones litúrgicas y, admirar la belleza del ayate de Juan Diego aun si se encuentran en el exterior; por otro lado, la forma circular también remite a la idea de universalidad de Dios.

Un crucifijo vacío representa la resurrección de Cristo. El coro está ubicado entre el altar, a los costados se encuentran las capillas del Santísimo y de San José. Sus siete puertas en el frente son una referencia a las siete puertas de Jerusalén a las que se refirió Cristo.

La cubierta, por su parte, se muestra como una gran carpa, haciendo referencia a la tienda que usaban los judíos en su peregrinar por el desierto y es, a la vez, símbolo del manto de la virgen, que protege a quien la visita.

La gran columna que le sirve de eje tiene 42 metros de altura, y en su interior se encuentran las oficinas administrativas de la Basílica.

La Basílica, en su interior tiene un cupo de hasta 10,000 personas, ubicadas en la parte central y en las nueve capillas del piso superior, que en caso necesario, pueden prestarse para ceremonias distintas a la del altar mayor. Desde la capilla abierta del segundo piso, que se dirige hacia el atrio recordando a las que utilizaran los primeros frailes durante el siglo XVI, el número de asistentes se aumenta a un total de 50,000.

El impresionante carillón de la Basílica de Guadalupe está compuesto por un conjunto de campanas que pueden ser tocadas simultáneamente para obtener una melodía, pero además es un reloj múltiple. Al igual que la Basílica es obra del arquitecto Pedro Ramírez Vázquez. Fue inaugurado en 1991 y se propone mostrar una diversidad de maneras de medir el tiempo: tiene en la parte frontal un reloj civil y un astrolabio o reloj astronómico, como el que usaban los marinos para guiarse en el mar; en el costado derecho tiene un reloj solar y en el costado izquierdo hay un reloj azteca, que a partir de observaciones lunares, permitía establecer los tiempos de cosecha y siembra.

Tiene 23 metros de alto y se completa con una torre de 38 y una rueda de 10 campanas, con las que es posible ejecutar 23 melodías distintas

Esta construcción se completa en la parte frontal por un escenario circular o ciclorama donde se presenta la historia de las apariciones de la virgen con figuras robóticas de Juan Diego, Fray Juan de Zumárraga y Juan Bernardino.

WORLD TRADE CENTER,
ANTIGUO HOTEL DE MÉXICO

En los terrenos del antiguo Parque de la Lama de la Colonia Nápoles, se levanta el imponente edificio del *World Trade Center*. Es un conjunto compuesto por el enorme edificio de oficinas que se eleva a más de 230 metros, con 52 pisos, un remate circular y una torre de telecomunicaciones, así como de un enorme centro de exposiciones, una tienda departamental, y el conjunto cultural denominado Poliforum Cultural Siqueiros, en donde se pueden admirar los murales pintados bajo la dirección del maestro David Alfaro Siqueiros en 1971.

El ahora *World Trade Center*, nació en la década de los sesenta bajo el nombre de Hotel de México. Fue el sueño del multimillonario Manuel Suárez, quien deseaba construir el hotel más grande y lujoso de la Ciudad de México.

El español don Manuel Suárez, llegó a México en 1910 y al poco tiempo se unió a las filas revolucionarias de la División del Norte. Creó diversos negocios en torno a la hotelería, restaurantes y turismo en general. Dueño del Casino de la Selva en Cuernavaca, Morelos, fue también protector y patrocinador de algunos pintores mexicanos.

Siendo presidente del consejo ejecutivo de administración, don Manuel inició el proyecto México 2000, un complejo hotelero, comercial, cultural y turístico, en el cual se encontraba el Hotel de México.

Las obras de esta ambiciosa obra se iniciaron entre diciembre de 1966 y enero de 1967, sobre 54,000 metros cuadrados. Se proyectaba alzar una torre de 219 metros con 51 pisos para alojar a 3,100 personas, 1,508 habitaciones hexagonales, además de restaurantes, bares, cafeterías, un elevador panorámico y diecinueve más para cargar y descargar. Debía contar además con un mirador cubierto y dos al descubierto, salones de fiesta y de convenciones y un helipuerto.

Las obras eran constantemente interrumpidas por falta de dinero, y durante la crisis económica de 1982, la familia Suárez había agotado su capital y el proyecto seguía con algunas partes en obra negra. No fue sino hasta finales de los 80 cuando Francisco de Paula León replantea un nuevo concepto de lo que debió ser El Hotel de México para convertirlo en un Centro Internacional de Negocios, idea que Don Manual Suárez aceptó.

Desgraciadamente Manuel Suárez no pudo concluir la obra y, sin ver realizar su sueño, falleció en 1987. Para ese entonces el Hotel de México era el armazón más alto del continente.

El Hotel México fue terminado en 1994 a costa de su nombre. Hoy se llama *World Trade Center.*

MONUMENTO A COLÓN

El monumento a Colón fue colocado en el Paseo de la Reforma en 1877, obra precedida del escultor Manuel Vilar, permaneció sin fundir en la Academia y que Maximiliano pretendía que se situara en la segunda glorieta, cuando en la primera estaba la de Carlos IV. La escultura de Vilar, sin embargo, se colocó en la Plaza de Buenavista el 12 de octubre de 1892.

La escultura de Colón, que hoy vemos en esta avenida, es del escultor francés Carlos Cordier, patrocinada por Antonio Escandón. Llegó a Veracruz en cajas en 1875 y dos años después se puso donde está.

El monumento es una escultura neoclásica. Se encuentra sobre un basamento cuadrado, en cada una de sus esquinas se observan los relieves de los frailes Juan Pérez de Marchena, Diego de Deza, Toribio de Benavente y Bartolomé de las Casas. En los recuadros están, también en relieve, la llegada de Cristóbal Colón a tierras americanas y la construcción de la Iglesia en el Nuevo Mundo.

Monumento a Cuauhtémoc

En 1877 el ingeniero Francisco M. Jiménez y el escultor Miguel Noreña ganaron el concurso para realizar el monumento al último de los monarcas aztecas.

Éste posee dos inscripciones. Una dice: "A la memoria de Cuauhtémoc y de los guerreros que combatieron heroicamente en defensa de su patria. Año de 1521". La otra explica: "Ordenaron la erección de este monumento Porfirio Díaz, presidente de la República, y Vicente Riva Palacio, secretario de Fomento. Año de 1878".

Francisco Sosa lo describe de la siguiente manera: "El cuerpo medio que se levanta sobre este gran basamento se compone de un zócalo en forma ligeramente piramidal con un tablero en cada cara, llevando en cada uno de ellos inscrito uno de los nombres de los reyes aliados que tan esforzadamente combatieron contra la conquista: Cuitláhuac, Coanacoch, Cacama y Tetepanquetzal… El cornisamiento… está compuesto según los modelos… de los palacios de Uxmal y el de Palenque… y su friso con los escudos, trajes de guerra y armas de combate, que usaron los guerreros del Anáhuac… El tablero del frente lleva en el bajorrelieve el jeroglífico de Cuauhtémoc tal como representaban los aztecas al 'águila que descendió'".

En los tableros norte y sur del pedestal son representados los momentos de la *Aprehensión de Cuauhtémoc*, de Noreña, y *El tormento de Cuauhtémoc*, de Gabriel Guerra. La fundición estuvo a cargo de Jesús F. Contreras.

CIUDAD UNIVERSITARIA

La Ciudad Universitaria (CU) es una de las grandes joyas arquitectónicas y culturales de la Ciudad de México debido a la gran cantidad de investigaciones y actividades académicas que en ella se realizan, así como por su destacada arquitectura considerada como el máximo exponente del funcionalismo en Latinoamerica.

El presidente Miguel Alemán ordenó la construcción de CU; y el ambicioso proyecto fue desarrollado por los arquitectos Mario Pani y Enrique del Moral, con la colaboración de más de cien arquitectos.

El 20 de noviembre de 1952, el conjunto entraba en su fase final de construcción y el presidente entregó la obra a la comunidad universitaria.

La Ciudad Universitaria incluye dentro de sus instalaciones varias reconocidas facultades, importantes bibliotecas así como destacados centros culturales y museos. La parte central de Ciudad Universitaria está integrada por los primeros edificios construidos durante los años 50 y 60, mismos que son el resultado del trabajo en equipo de varios de los arquitectos mexicanos más destacados de la época que estaban en busca de un arquitectura nacional con identidad propia. De ahí que Ciudad Universitaria se encuentre distribuida alrededor de grandes áreas verdes y plazas al aire libre de la misma forma que las ciudades de las civilizaciones prehispánicas. En esta parte es maravillosa la amplitud y el sentido de inmensidad que se siente en la explanada de la Torre de Rectoría, misma en cuya fachada se pueden apreciar varios murales de David Alfaro Siquieros, así como la Biblioteca Central —ubicada enfrente— que en sí misma constituye un mural, obra de Juan O'Gorman.

En esta sección también se encuentran la Facultad de Filosofía y la Facultad de Arquitectura, una de las más destacadas del continente, misma que alberga el MUCA, Museo Universitario de Ciencias y Artes. Cruzando la Avenida de los Insurgentes se localiza el fantástico Estadio Universitario, mismo que fue sede de las Olimpiadas de México 1968. El estadio es obra de los arquitectos Raúl Salinas, Jorge Bravo y Augusto Pérez Palacios. La fachada principal tiene un extenso mural realizado por Diego Rivera a base de mosaicos, titulado "La universidad, la familia mexicana, la paz y la jueventud deportista", dispuesto en torno del escudo universitario.

Más hacia el sur, en medio de la reserva ecológica de CU, se encuentra el Jardín Botánico con sus hermosos e importantes jardines así como el Centro Cultural Universitario que alberga la Sala Nezahualcóyotl, considerada como la de mejor acústica en América Latina, el Museo de las Ciencias Universum y el Espacio Escultórico, construido por artistas plásticos en medio de los pedregales de la zona.

Capítulo VIII

Calles y leyendas de la Ciudad de México

CALLES Y LEYENDAS DE LA CIUDAD DE MÉXICO

Basta recorrer cualquier calle del Centro Histórico de la Ciudad de México (como de cualquier otra población de este noble país), para sentir el espíritu de cualquiera de los personajes referidos en las leyendas, se puede imaginar aquella mujer que con sus largos y terribles lamentos, caminaba por las calles en busca de sus hijos, para finalmente perderse en el lago. O a Don Juan Manuel, que pregunta la hora a su víctima antes de arrebatarle la vida.

Éstas y muchas otras leyendas han sido recogidas por la memoria del pueblo, que generación tras generación ha sido el terror y entretenimiento durante las noches lluviosas en las que se invita a la conversación.

LA SERPIENTE EMPLUMADA

Quetzalcóatl, el dios serpiente, el rey de la ciudad de los dioses, era totalmente puro, inocente y bondadoso. No había tarea que no realizara con gusto sin importar de lo que se tratara, incluso barría el camino de los dioses de la lluvia para que pudieran venir y lloviera.

Su hermano Tezcatlipoca, era el dios de los guerreros, del cielo nocturno y tenía un espejo mágico con el que podía ver todo, a la vez que podía leer los pensamientos de la gente. Espejo ahumado o Tezcatlipoca no soportaba la perfecta bondad de Quetzalcóatl y con algunos de sus compañeros decidieron engañarlo y convertirlo en un bribón amante del placer.

Le dieron un cuerpo y un rostro humano y se los mostraron en el espejo ahumado, tan pronto como éste vio su cara, se sintió poseído por todos los deseos mundanos que afligen a la humanidad y gritó aterrorizado, ya que ese no era el aspecto adecuado de un rey y ya nunca lo tendría por lo que ya no podía presentarse ante su pueblo.

Y llamó al coyote, el que estaba tan unido a él. Y éste le construyó una capa con plumas de quetzal verdes, rojas y blancas; le hizo una máscara de turquesas, una peluca y barba con plumas azules y rojas. Enrojeció los labios del rey, le pintó la frente de amarillo y le jaló los dientes para que se parecieran a los de la serpiente. Así Quetzalcóatl quedó disfrazado de serpiente emplumada.

Sin embargo, su hermano no contento ideó una nueva travesura, le dio vino diciéndole que era una pócima para curar su enfermedad. Como el rey nunca había probado el alcohol, se emborrachó. Y mientras estaba bajo los efectos del alcohol su hermano lo convenció para que hiciera el amor con su propia hermana, la hermosa Quetzalpetatl. Cuando el rey se despertó, se sintió muy avergonzado y triste por lo que había hecho.

Quetzalcóatl ordenó a sus criados que le construyeran una caja de piedra en la que permaneció acostado durante cuatro días. Luego se levantó y dijo a sus criados que llenaran la caja con todos sus tesoros y la sellaran, se dirigió al mar, ahí se puso la capa de plumas de quetzal y la máscara de turquesas, para finalmente prenderse fuego, ardió hasta que quedaron las cenizas en la arena. Y de estas cenizas surgieron unos pájaros extraños que volaron hacia el cielo.

Al morir Quetzalcóatl, el amanecer no apareció durante cuatro días, pues Quetzalcóatl había bajado a la tierra de los muertos con su doble el coyote para ver a su padre Mictlantecuhtli, el dios de los muertos; al llegar le dijo que había ido a llevarse los huesos que guarda ahí, para poblar la Tierra, y su padre accedió.

Quetzalcóatl y el coyote tomaron los preciosos huesos y regresaron a la tierra de los vivos y así el amanecer apareció de nuevo y Quetzalcóatl roció a los huesos con su sangre dándoles vida, de modo que se convirtieron en los primeros habitantes de la tierra.

Quetzalcóatl enseñó muchas cosas importantes a la humanidad; les enseñó a cultivar, a pulir el jade, a tejer ropa, a hacer mosaicos, y también a medir el tiempo y a entender a las estrellas. Pero llegó el momento en que dejó a los humanos para que se valieran por sí mismos y ese día en el cielo surgió la estrella Quetzalcóatl (Venus). Zarpó hacia el este y un día volverá.

La Piedra De Acolco

Moctezuma Xocoyotzin un día ordenó llamar a todos los canteros y albañiles de los barrios de Teopan, Moyotlán, Atzacualco y Cuepopan, a quienes mandó a Acolco a buscar una piedra de grandes dimensiones para labrarla y ponerla en el templo del dios Huitzilopochtli, como tributo al dios de la guerra.

Una vez que la gran piedra fue desprendida del monte, más de ocho mil indios la rodaron a la llanura, donde los canteros se pusieron a tallarla con sus instrumentos de pedernal.

Cuando se terminó de esculpir la comenzaron a trasladar a Tenochtitlán, moviéndola con cuerdas y empujando hasta que llegaron a Iztapalapan. Ahí la piedra se resistió a seguir rodando, vinieron en auxilio otros indígenas y entre todos rodearon la enorme piedra y trataron de moverla, pero entonces, para sorpresa de todos, la piedra habló y dijo que por más que hicieran no iba a rodar.

Continuaron su labor y la piedra dijo que la llevaran, pues que allá les hablaría también, sin embargo la llevaron hasta Tlapitzahuayan y decidieron informar al rey. Para lo que se asignó a un principal y un cantero, cuando le dijeron a Moctezuma lo que había sucedido, éste creyendo que se trataba de una mentira los mandó presos.

Mientras tanto ya estaban los preparativos en Tenochtitlán para recibir a la piedra solemnemente y consagrarla. Ya estaban listos los sacerdotes con sahumerios y abanderados de la corte de Moctezuma, músicos y danzantes para ir al camino a esperarla, cuando la noticia de que la piedra se resistía a rodar enfrió los ánimos y alarmó a los habitantes.

Entonces el emperador mandó a seis principales a investigar lo que sucedía, y volvieron con la confirmación de que efectivamente la piedra no se podía rodar, el rey inmediatamente mandó poner en libertad a los presos y les mandó a que llamaran a los vecinos de Aculhuacán y a los Chinampanecas para que fueran a ayudar a empujar la piedra.

Con ayuda del nuevo refuerzo lograron llegar con la piedra a Techichco y comenzaron a cantarle y a jalar las cuerdas que primero se rompieron antes de poder moverla de nuevo. Entonces la piedra volvió a hablar y dijo: "¿Por qué no acaban de entender?, que no he de llegar a México, díganle a Moctezuma, ¿que para qué me quiere? Que qué tengo que hacer allá, que vaya a donde tengo que estar arrojada. Que ya no es tiempo de hacer lo que ahora acuerda, que eso lo hubiera hecho antes porque ya había llegado su término, porque ya está dicho y determinado, porque parece que quiere aventajar a nuestro Señor que hizo el cielo y la tierra, más con todo, llévenme que ahí será mi llegada".

Condujeron la piedra hasta Tezititlan en donde se durmió, por órdenes de Moctezuma le sacrificaron codornices, le cantaron y bailaron. Y al llegar al puente que estaba en Xoloco, la piedra habló por última vez, diciendo que hasta ahí había de ser y no más. Diciendo esto el puente se rompió y la piedra se cayó dentro del agua llevándose con ella a los que la jalaban, muriendo muchos de ellos.

El emperador fue al lugar de los hechos y mandó a buzos a que localizaran la piedra, pero no se encontró ni piedra ni cadáveres. La piedra apareció al otro día en el lugar de donde la habían arrancado los canteros.

Resignado ante el insólito hecho, el rey dispuso que los canteros fueran a México en donde los indemnizó pagándoles el trabajo de un retrato. En las faldas del cerro de Chapultepec existen los restos de un retrato del emperador Moctezuma tallado en piedra.

CUAUHTÉMOC
EL ÁGUILA QUE CAE

Tenochtitlán fue gobernada por once Huei tlatoanis (grandes señores que tienen la voz y son guías). Cuauhtémoc fue el último de ellos.

Su padre fue el emperador Ahuízotl, el cual se distinguió por haber sido uno de los mejores gobernantes de la gran Tenochtitlán; su madre fue la princesa tlatelolca Tiyacapantzin. Fue educado en el Calmécac (la escuela de los nobles, donde los sacerdotes educaban a los hijos de los dignatarios para que ocuparan, llegado el momento, los puestos más altos de la organización civil y religiosa) donde estudió la carrera militar hasta alcanzar el grado de Caballero Águila; con tal distinción se lanzó a la conquista de pueblos avanzando hasta la actual Chiapas.

Durante la conquista y a la muerte de Moctezuma, su hermano Cuitláhuac recibió la corona pero su desempeño como monarca azteca fue muy breve pues le atacó la viruela, enfermedad traída por los españoles. A su muerte Cuauhtémoc fue elegido como Huei tlatoani.

La primera reacción de Moctezuma a la llegada de Cortés fue recordar la profecía que anunciaba el regreso del dios Quetzalcóatl, pensó que el español era el dios que volvía a recuperar su trono. Moctezuma envió una gran cantidad de regalos a Cortés como oro, piedras preciosas y plumas; quería saber si eran hombres o dioses y la razón por la que venían a estas tierras, pero los espléndidos regalos lo único que lograron fue despertar la codicia de los españoles.

La defensa heroica de Tenochtitlán tuvo en él a su más aguerrido combatiente; sin embargo en 1521 cae la ciudad y es apresado cuando fue descubierta su canoa en la laguna, iba acompañado de su mujer, la emperatriz, que era hija de Moctezuma. Fue llevado a la presencia de Hernán Cortés.

Cuando se hizo el reparto del oro recogido entre los soldados, éstos quedaron inconformes con lo que les tocó. Presionaron a Cortés para que obligara a los indios a darles más oro y sobre todo para que obligara a Cuauhtémoc a decirles en donde estaba el tesoro de Moctezuma, ya que él era el heredero natural y se decía que dicho tesoro estaba en el fondo del lago.

Entonces decidieron someter a Cuauhtémoc y al rey de Tacuba al tormento del fuego, para que confesaran. Cortés tuvo que dar su autorización, porque lo culpaban a él de haberse quedado con el tesoro y de estar de acuerdo con Cuauhtémoc.

En presencia del tesorero, acomodaron unos bancos bajos y unos braseros, amarraron a los dos monarcas en los bancos y les colocaron los pies untados con aceite en los braseros que estaban ardiendo.

Pasaron unos minutos y el rey de Tacuba se quejaba, mientras Cuauhtémoc permanecía imperturbable y callado ante las preguntas que le hacían sus atormentadores. El rey de Tacuba volteó y vio al emperador como diciendo que sufría, implorando permiso para hablar, entonces irónicamente Cuauhtémoc le respondió: "¿estoy yo acaso en algún baño o deleite?" Y continuó impasible, resistiendo el tormento. Como no dijeron nada, los dejaron en paz.

Más de dos años estuvo preso Cuauhtémoc, hasta que Cortés en un arrebato de coraje, al enterarse de que supuestamente Cuauhtémoc y otros indígenas estaban conspirando en contra de los españoles, mandó que lo ahorcaran el 28 de febrero de 1525, en la provincia de Acallán.

Los indios rescataron el cadáver de su señor, el cortejo fúnebre de Cuauhtémoc partió hacia Ixcateopan tratando de eludir al enemigo. El padre Motolinía dejó un importante documento en el que se establece el sitio donde fue sepultado Cuauhtémoc, levantando un templo en ese lugar, dedicado a Santa María de la Asunción

Cuauhtémoc es símbolo de la lucha del pueblo mexicano por la defensa de su identidad, sus creencias y su honor.

La Novicia del Convento de la Concepción

El Convento de la Concepción fue el primero que se construyó en la capital de la Nueva España, y por lo tanto el primero en recibir como novicias a hijas, familiares y conocidas de los conquistadores españoles.

En ese entonces vivían en la esquina que hoy serían las calles de Argentina y Guatemala, los hermanos Gil, Alfonso y doña María de Ávila.

Doña María era bonita y de gran elegancia, se enamoró de un mestizo de familia humilde, de nombre Arrutia, quien aprovechándose del amor de doña María trató de convertirla en su esposa para así ganar mujer, fortuna y alcurnia.

Los hermanos Ávila, por obvias razones se opusieron a que el mestizo pretendiera a su hermana, sobre todo el llamado Alonso de Ávila, quien un día le prohibió que anduviera pretendiendo a su hermana.

Arrutia, cínicamente, le respondió diciendo que nada podía hacer si ella lo amaba, que no importaba si él se oponía ya que el corazón de doña María le pertenecía.

Molesto don Alonso de Ávila se fue a contarle a su hermano Gil lo que había pasado. Gil pensó en matar en un duelo al oportunista que se enfrentaba a ellos, pero don Alonso pensando mejor las cosas, dijo que no valía la pena el duelo, ya que se trataba de un mestizo despreciable, que sería mejor darle un escarmiento. Así que decidieron reunir mucho dinero y ofrecérselo para que se fuera para siempre de la capital de la Nueva España.

El mestizo aceptó y sin decir adiós a doña María, quien lo amaba intensamente, se fue a Veracruz y de ahí a otros lugares, pasaron dos años y medio, tiempo durante el cual la desdichada doña María sufría y lloraba sin consuelo.

Finalmente, viendo tanto sufrir y llorar a su querida hermana, Gil y Alonso decidieron convencer a doña María para que entrara de novicia a un convento. Escogieron el de la Concepción y después de reunir otra fuerte suma como dote, la fueron a enclaustrar diciéndole que el mestizo, la razón de su amor y de sus tristezas, jamás regresaría a su lado, pues sabían de buena fuente que había muerto.

Sin mucha voluntad doña María entró como novicia al convento, en donde comenzó a llevar vida claustral, aunque sin dejar de llorar su pena de amor, recordando al mestizo Arrutia entre rezos, ángelus y maitines. Por las noches, en la soledad de su celda se olvidaba de su amor a Dios, de su fe y de todo y sólo pensaba en aquel mestizo que le había robado el corazón.

Estando ella en el convento llegó a saber que su amado había vuelto, ya que regresó a pedir más dinero a los hermanos Ávila. Al fin, una noche, no pudiendo resistir más esa pasión que era mucho más fuerte que su fe, decidió matarse ante el silencio del amado.

Tomó una cuerda, se hincó ante Jesucristo, a quien pidió perdón y se fue a la fuente que está en la huerta del convento. Ató la cuerda a una de las ramas del durazno; volvió a rezar pidiendo perdón a Dios por lo que iba a hacer y al amado mestizo por abandonarlo en este mundo. Se lanzó hacia abajo y sus pies golpearon el borde de la fuente.

A la mañana siguiente la madre portera del convento la vio colgando: muerta, balanceándose como un péndulo blanco, frágil, movido por el viento.

El cuerpo ya tieso de María de Ávila fue bajado y sepultado esa misma tarde en el cementerio interior del convento y ahí pareció terminar aquel drama amoroso.

Sin embargo, un mes después, una de las novicias vio una aparición reflejada en el agua de la fuente. A esta aparición siguieron otras, hasta que las superiores prohibieron la salida de las monjas a la huerta, después de que se metiera el sol.

Durante muchos años en el antiguo convento de la Concepción, que hoy se localizaría en la esquina de Santa María la Redonda y Belisario Domínguez, las monjas enclaustradas veían en la huerta la figura blanca y espantosa de doña María en su hábito, colgada del árbol de durazno, que en ese entonces existía.

Así, noche tras noche y monja tras monja, la novicia colgando del durazno fue motivo de espanto durante muchos años y de nada sirvieron rezos ni misas ni duras penitencias para que la visión se alejara del convento.

La Mano Negra

Una mañana de marzo de 1660, llegaba a la catedral el virrey y duque de Alburquerque, evitando a un ciego que le pedía limosna, entró en el templo y se dirigió a la capilla de las Angustias, acomodó su cojín para arrodillarse y cuando estaba rezando, sintió que le pegaban con una espada. Cayó al suelo y sin poder decir palabra, ya que tenía la punta de la espada en la cara, distinguió que el agresor estaba vestido con un uniforme que era de un soldado de la compañía del conde Santiago de Calimaya.

Después de grandes esfuerzos logró preguntar el porqué intentaba matarlo. "¡No es mi afán mataros duque, sino mostraros que yo soy un valiente hidalgo!" contestó el guardia. "Pero un hidalgo no se atreve a atacar a un representante del rey en estas tierras", exclamó el virrey.

Por fortuna se encontraban cerca algunos hombres que al escuchar gritos acudieron y ayudaron a inmovilizar al agresor. Desarmado y fuertemente resguardado por los caballeros que protegieron al virrey, el hombre fue sacado del templo.

Mientras los guardias atravesaban la plaza, los curiosos querían saber el motivo de tanto escándalo. Pocos se pudieron enterar en ese momento del porqué llevaban al soldado a la cárcel de Corte del Palacio Virreinal.

En un momento el presunto homicida ya estaba en la cárcel, en donde de inmediato los alcaldes le abrieron proceso y lo desnudaron, aplicándole un fuerte tormento. Le pidieron que confesara el motivo de semejante atentado y el procesado sólo dijo que él era un hidalgo bien nacido, que había sido soldado del rey Felipe IV, que tenía 25 años de edad y que su nombre era Juan Ledesma originario de Madrid.

De nada le valieron sus servicios al rey, ya que aquí había atentado contra la vida del duque de Alburquerque. Los alcaldes sabían que toda la Ciudad de México y sus alrededores, se iban a enterar del agravio contra el virrey. Y aunque aumentaron el tormento para obtener más información, nada le sacaron. Entonces el cuerpo del reo, ya hecho una piltrafa, sufrió de nueva cuenta cuando le estiraron las extremidades en el potro. Después, le arrancaron una a una las uñas de la mano derecha, con una gran pinza de hierro forjado. Le preguntaron si era judío, si alguien de su familia había sido llevado a la hoguera por hereje; y la respuesta era: no, no, no. Ante la negativa, el fiscal del Santo Oficio ordenaba más torturas, ahora con hierro ardiendo que pasaba por todo el pecho, los brazos y las piernas; el terrible ardor del fuego sobre su cuerpo hizo que se desmayara.

Lo despertaron echándole agua helada. Con el hierro al rojo vivo sobre su pecho, el olor a carne quemada llenó de nuevo la sala de tortura; el fiscal se cubrió la nariz con una paño de seda bordado con hilos de plata con su nombre, los olores de carne quemada, sudores, sangre tibia y seca, mugre y el humo de las teas que humeaban, hacían irrespirable el ambiente de la sala de tormentos.

El reo siguió afirmando que sólo había querido demostrarle al virrey que era un hidalgo y que el rey sabía de sus servicios. En la madrugada el juez dictó sentencia de muerte en la horca. Por la mañana a Manuel Ledesma le ataron las muñecas con una cuerda y lo arrastraron durante varias calles jalado por un caballo. Ya en la Plaza Mayor, mucha gente esperaba para ver la sentencia.

El verdugo, en medio de la expectación general, de un hachazo le cortó la mano. El reo guardó silencio y los religioso franciscanos, que hicieron todas las diligencias cristianas para que Manuel Ledesma se arrepintiera por su delito, nunca escucharon palabras en solicitud de perdón. Ni siquiera pudieron arrancarle su confesión, y mucho menos persuadirlo a que invocase el nombre de Jesús. Ni siquiera cuando lo acercaron a la horca lograron que se arrepintiera.

Altivo ante el verdugo y ante la muerte, nunca se había visto en la Nueva España a un hombre con ese comportamiento. Todo esto causó temor en la población, que murmuraba diciendo que seguramente traía al demonio adentro.

Ahí, sobre la plaza, corría la sangre de la mano cortada del madrileño. Un padre insistía que pidiera perdón por sus pecados, ahora que estaba con los vivos. Pero nada lograron, ni una frase de arrepentimiento. De pronto, la expectación aumentó y el verdugo alzó el hacha y después de un golpe, la cabeza cayó.

La cabeza quedó durante un rato en un canasto, mientras preparaban la soga para colgarla. Por fin la subieron y la mano fue clavada con la espada de modo de pica.

La ciudad volvió a su vida normal, hasta un sábado del mismo mes, cuando bajaron la cabeza de Manuel Ledesma; su suerte y sepultura fue la misma de todos los que cometían agravio: un hoyo cualquiera, que no merecía ni cementerio ni lápida.

La mano tardó más días en exhibición como escarmiento; expuesta al sol, se fue encogiendo hasta ponerse negra. En esos días las uñas le empezaron a crecer donde antes estuvieron las que le fueron arrancadas. Un día la mano desapareció. Nadie supo qué pasó con la mano negra.

El Callejón del Muerto

En el año de 1600 llegaban a la capital de la Nueva España mercaderes y aventureros con el fin de enriquecerse como lo habían hecho los conquistadores. Uno de esos hombres fue don Tristán de Alzúcer que tenía un negocio de víveres y géneros en las Islas Filipinas, pero un día decidió mudarse a la Nueva España con el fin de dedicarse al comercio

Después de recorrer algunos barrios de la antigua Tenochtitlán, don Tristán se estableció en una casa por el rumbo de Tlaltelolco y ahí mismo instaló su comercio que atendía con la ayuda de su hijo, un muchachote de buena forma y de alegre carácter.

Don Tristán tenía un buen amigo y consejero; el arzobispo don Fray García de Santa María Mendoza, quien solía visitarlo en su comercio para conversar de las cosas de las Filipinas y la tierra hispana, pues eran nacidos en el mismo pueblo. Ahí platicaban mientras tomaban un buen vino.

Todo marchaba muy bien en el comercio por lo que don Tristán decidió ampliarlo y darle variedad, para lo cual envió a su joven hijo a la Villa Rica de la Vera Cruz y a las costas del sureste.

Una tarde llegaron a casa de don Tristán unos mensajeros quienes le dieron la noticia de que su hijo había enfermado y que era imposible trasladarlo, ya que se encontraba en grave peligro de muerte.

Lleno de dolor por la enfermedad de su hijo y temiendo que muriera, don Tristán se arrodilló ante la imagen de la Virgen y le prometió ir caminando hasta el santuario del cerrito si su hijo se aliviaba y podía regresar a su lado.

Semanas más tarde el muchacho regresó a la casa de su padre, pálido y convaleciente, pero vivo. Su padre feliz lo estrechó entre sus brazos.

Pasaron buenos tiempos y el comercio caminaba con la atención esmerada de padre e hijo y con esto, don Tristán se olvidó de la promesa. De vez en cuando por las noches al contar y recontar sus ganancias, una especie de remordimiento le invadía el alma al recordar la promesa hecha a la Virgen.

Un día se fue a visitar a su amigo y consejero el arzobispo García de Santa María Mendoza, para hablarle de sus remordimientos por la falta de cumplimiento a la promesa hecha a la Virgen y preguntarle qué sería conveniente hacer, ya que de todos modos le había dado las gracias a la Virgen rezando por el alivio de su hijo.

El arzobispo le dijo que bastaba con que hubiera rezado para darle las gracias a la Virgen y que no había necesidad de cumplir lo prometido.

Don Tristán salió de la casa arzobispal muy complacido, volvió a su casa, al trabajo y al olvido de aquella promesa de la cual lo había liberado el arzobispo.

Un día, el arzobispo Fray García de Santa María Mendoza iba caminando por la calle, cuando se encontró a su viejo amigo don Tristán de Alzúcer, caminaba rezando con una vela encendida en la mano derecha y con una túnica blanca que lo envolvía, se veía pálido y ojeroso.

El arzobispo lo reconoció enseguida, a pesar de que estaba más pálido y delgado que la última vez que se habían visto, se acercó y le preguntó a dónde se dirigía a esas horas.

El comerciante le respondió, con voz cascada, hueca y tenebrosa, que iba a cumplir con la promesa de ir a darle gracias a la Virgen.

Sin decir más siguió su camino y el arzobispo lo miró extrañado de que fuera a pagar la manda, aun cuando él lo había relevado de tal obligación.

Esa noche el arzobispo decidió ir a visitar a su amigo, para pedirle que le explicara el motivo por el cual había decidido ir a pagar la manda hasta el santuario de la Virgen en el lejano cerrito y lo encontró tendido, muerto, acostado entre cuatro cirios, mientras su joven hijo lloraba ante el cadáver con gran pena.

Con mucho asombro el arzobispo vio que el sudario con que habían envuelto al muerto, era idéntico al que le viera vestir esa mañana y que la vela que sostenían sus dedos, también era la misma.

El joven comentó que su padre había muerto al amanecer, pero que antes había dicho que debía pagar una promesa a la Virgen.

Esto acabó de comprobar al arzobispo, que don Tristán estaba muerto ya cuando lo encontró por la calle de la Misericordia.

Pasaron los años y el hijo de aquel muerto se casó y se marchó de la Nueva España hacia la Nueva Galicia. Pero el alma de su padre continuó deambulando con una vela encendida, cubierto con el sudario amarillento y carcomido.

Desde entonces, la gente llamó a la calle El Callejón del Muerto, actualmente calle República Dominicana.

LA ADUANA DE SANTO DOMINGO

A principios del siglo XVIII, vivía en la corte de la Nueva España don Juan Gutiérrez Rubín de Celis, rico y noble caballero, coronel, perteneciente a la Orden Militar de Santiago y poseedor de varios nombramientos; por lo que era respetado y gozaba de distinciones en las altas esferas sociales y nobles del Virreinato. Vivía en medio del lujo más grande y la suntuosidad más refinada.

En el noble caballero, que ya era un señor mayor de edad, se despertó una loca y profunda pasión amorosa por la linda doncella doña Sara de García Somera y Acuña, parienta del virrey Marqués de Casafuerte, la cual dudaba en corresponder a aquel amor, porque el caballero tenía fama de tener un carácter especial.

Pero eran tantas las promesas y tantos los juramentos del apasionado pretendiente que por fin doña Sara le correspondió pero, con una sola condición indispensable para conseguir la mano de la dama, y probablemente aconsejada por el Virrey. Dicha condición fue que si don Juan terminaba las obras del edificio de la Aduana, cuya construcción se había empezado años antes y estaba completamente abandonada, en un plazo improrrogable de seis meses; entonces ella se casaría con el enamorado.

Como cuando el amor se adueña de la voluntad, la razón no cuenta, don Juan aceptó el requisito que se le imponía, a pesar de que él estaba acostumbrado a no mover ni un dedo y puso manos a la obra sin escatimar gasto alguno ni esfuerzo de ninguna clase, para salir airoso de la empresa.

No encontró ningún arquitecto que se comprometiera a terminar la obra en ese plazo tan corto, por lo que él en persona se convirtió en director de la obra. Mandó traer negros para que trabajaran día y noche; distribuyó las piedras que se tenían que labrar entre todos los canteros de la capital; mandó construir balcones y barandales de hierro; al mismo tiempo hizo que cientos de carpinteros construyeran armazones, fachada, puertas, y ventanas, siempre todo bajo su supervisión, realizando una actividad extraordinaria, descansando apenas unas cuantas horas para dormir.

De esta manera, con empeño y tesón, tres días antes de expirar el plazo fijado por la dama, se puso de gala y en su mejor coche, se dirigió a la casa de la amada a la que, en un cojín de terciopelo, le entregó las llaves del edificio ya terminado. Doña Sara cumplió su palabra y se casó con el obstinado enamorado. Don Juan para dejar un recuerdo de su amada a las generaciones futuras, mandó esculpir sobre un arco la inscripción siguiente: "Siendo Prior del Consulado don Juan Gutiérrez Rubín de Celis, Caballero de la Orden de Santiago, y Cónsules don Gaspar de Alvarado, de la misma Orden y don Lucas Serafín Chacón, se acabó la fábrica de esta Aduana, a 28 de junio de 1742".

TRATO CON EL DIABLO

A finales del siglo XVII, vivió un hombre muy avaro y cruel, de nombre Rodrigo Hurtado de Alanís, fue conocido por perverso y por sus crueles y criminales actos. Tenía un criado de nombre Pedro Almaraz, quien lo obedecía en todo, incluso cuando le ordenaba matar a los esclavos que intentaban huir de su yugo.

Pedro mostraba una lealtad y fidelidad inquebrantable, pero en realidad era únicamente conveniencia, ya que desde el fondo de su alma sentía un profundo odio por don Rodrigo.

Don Rodrigo no solamente era cruel con sus esclavos, sino también era implacable y voraz al cobrar las rentas de sus tierras y un día, acompañado por su criado, llegó al predio que le rentaba a Bernardo de Molina para cobrarle la renta.

Bernardo al salir de la casa se encontró con don Rodrigo quien déspotamente le reclamó el dinero que le debía, preocupado, el pobre Bernardo le pidió que lo esperara hasta el día siguiente, ya que pediría prestado a su vecino para pagarle. Don Rodrigo le advirtió que sólo le daba un día más de plazo, de lo contrario lo echaría de sus tierras.

Al día siguiente, en cuanto Bernardo consiguió el dinero, de inmediato le pagó a don Rodrigo, pero cuando le pidió el recibo que avalaba dicho pago, le dijo que regresara al día siguiente para recogerlo. El incauto Bernardo creyó en sus palabras y salió de la casa sin imaginar que aquel cruel avaro jamás le entregaría el recibo.

Bernardo regresó al día siguiente, pero don Rodrigo le dijo que nunca había recibido ningún dinero. En vano fueron sus súplicas y lamentaciones. Aquel hombre sin alma, se negó rotundamente a entregarle el recibo, alegando que, como siempre, Bernardo estaba ebrio y confundido.

Bernardo regresó a su casa y se puso a beber, su esposa inútilmente trató de alentarlo, rogándole para que dejara de beber y buscara la forma de conseguir el recibo, pero el hombre seguía bebiendo sin tomar en cuenta las palabras de su esposa. En ese momento don Rodrigo y Pedro llegaron a darle un ultimátum.

Bernardo aún con la botella de vino en la mano, se asomó por la ventana y gritó desesperadamente, que él bien sabía que le había pagado, que le entregara el recibo, que tenía testigos de que le había dado el oro.

Don Rodrigo hizo caso omiso de sus palabras y le contestó que estaba ebrio, que no le había dado ningún dinero y que quién podría ser su testigo.

"Tengo por testigo a su criado Pedro Almaraz, él vio cuando le pagué" gritó Bernardo. Pero don Rodrigo lo ignoró y repitió nuevamente que esa noche quería recibir su dinero.

Entonces, en su desesperación, Bernardo pronunció una horrible blasfemia: "¡Maldito seas avaro!, ¡que el diablo te lleve hasta el fondo del infierno, que las brujas te saquen los ojos y que Satanás devore tus cochinas entrañas!" Su esposa intentó calmarlo, pero Bernardo siguió gritando: "¡Que me oigan todos! ¡Maldigo a ese perverso avaro a quien el diablo habrá de llevarse!"

Después se calmó, tomó una siesta y se dirigió a casa de don Rodrigo a exigir su recibo. Cruzó el monte y llegó a las cercanías, pero no se atrevió a entrar ya que los efectos del alcohol, que por la mañana le habían dado el valor suficiente para enfrentar a aquel hombre, se habían ido, y entonces regresó a su casa sin haber logrado nada.

Al día siguiente, Pedro, el criado de don Rodrigo, encontró muerto a su amo en la estancia de su casa ahorcado con la cuerda de una bota de vino. Entonces llamó a la justicia.

Cuando el alguacil le preguntó si tenía idea de quién podría haber cometido el asesinato, Pedro respondió que posiblemente había sido Bernardo de Molina, ya que el día anterior había amenazado de muerte a don Rodrigo en un completo estado de ebriedad.

Ciertamente, era sabido por todos que Bernardo casi siempre estaba borracho, así que la autoridad ordenó su inmediata aprehensión, pero antes de que los alguaciles pudieran llegar a aprehenderlo, un vecino de Bernardo, que se enteró de la muerte del avaro y de la orden de aprehensión dictada en contra de éste, se adelantó a los alguaciles para prevenirlo. Cuando le informó acerca del asesinato, Bernardo se alegró por su muerte; pero en cuanto le dijo que la autoridad lo señalaba a él como culpable, su semblante cambió y explicó a su vecino que él jamás se hubiera atrevido a realizar un acto semejante.

Su vecino le dijo que había testigos que lo vieron rondando la casa del avaro la noche anterior, que era mejor que huyera hasta que encontraran al verdadero asesino.

Sin más pérdida de tiempo Bernardo preparó su caballo, tomó algunas provisiones y muchas botellas de vino; se despidió de su esposa y se dirigió al monte.

Durante varios días, Bernardo de Molina se mantuvo escondido dentro de una cueva en el monte y ahí se dedicó a la bebida como único camino para dominar su temor y la duda que lo atormentaba. Todo el tiempo se preguntaba quién podría haber matado al viejo avaro, pero a medida que pasaron los días y las noches, este pensamiento lo sumió en una gran desesperación.

Una noche, estando totalmente ebrio no pudo soportar más el martirio, y nuevamente comenzó a maldecir; y a gritos llamó a Lucifer pidiéndole que le dijera quién había matado a don Rodrigo, que si lo que quería era un juramento, pues que en ese mismo momento le daba su alma si entregaba a la justicia al asesino.

En cuanto terminó de maldecir, se escucharon truenos y de repente cayó sobre la hoguera un rayo, que alzó una llamarada. Entonces apareció el demonio y le preguntó si lo había llamado. Con el valor que le daba el alcohol Bernardo le dijo que efectivamente él lo había invocado, que le dijera quién era el asesino y que le consiguiera el recibo de pago por las tierras, para que no lo sacaran de ahí los herederos de don Rodrigo.

El demonio le dijo que tendría ambas cosas a cambio de que hiciera lo siguiente: debía matar a un hombre bueno, cortarle la mano izquierda y elaborar cinco velas con grasa humana y colocarlas en cada dedo de la mano cortada; entonces la mano le indicaría al asesino. Y una vez señalado el asesino él haría que se le entregara el recibo.

Bernardo le preguntó cuál era el precio por sus servicios y el demonio le respondió que no se preocupara, que no tenía prisa por cobrarle. Finalmente desapareció entre un humo negro y un olor penetrante a azufre.

Al día siguiente Bernardo encontró a un humilde leñador, pensando que éste sería un hombre bueno, se acercó y lo estranguló y con su hacha le cortó la mano izquierda. Después fabricó las cinco velas. Poseído por el alcohol y el diablo, encendió las velas que colocó entre los dedos de la mano y dijo un conjuro. La mano se levantó del suelo señalando una dirección.

Aquel hombre tímido, ahora convertido en un ser audaz y decidido, ensilló su caballo y cabalgó por el camino que la mano cortada le iba indicando en la oscuridad de aquella tenebrosa noche hasta llegar a la propia casa del avaro.

La mano se detuvo frente a aquella casa, donde se encontraba Pedro Almaraz. De un golpe la mano abrió la puerta y Bernardo entró en el cuarto donde Pedro miraba aterrado a aquella mano flotante encendida con las cinco velas y que lo señalaba como el asesino de su amo don Rodrigo.

Bernardo le exigió que confesara su crimen antes de que aquella mano lo ahorcara. Pedro temblando y lleno de pánico confesó que él había sido el asesino. Bernardo, triunfante le dijo que al día siguiente debería ir al Santo Oficio para confesar su crimen y que de no hacerlo, regresaría por la noche con la mano para que lo ejecutara.

Bernardo en el camino de regreso a su casa pensaba cómo obtendría el recibo prometido, y súbitamente el demonio apareció y le dijo que lo siguiera. Así lo hizo hasta que llegaron al cementerio y se detuvieron en la tumba del viejo avaro, poco antes de que dieran las doce de la noche. El demonio hizo una siniestra invocación y el cuerpo descarnado de don Rodrigo se levantó del ataúd. El demonio le ordenó que entregara a Bernardo el recibo por el oro que le dio. El esqueleto obedeció y le entregó el documento, en un momento brotaron llamas y humo negro, quedándose solo Bernardo en el panteón, mirando aquel recibo, papel por el cual había entregado su alma a Lucifer.

Al día siguiente, Bernardo y Pedro se presentaron ante el santo tribunal. Pedro confesó haber estrangulado a su amo cuando éste se negó a darle la parte del oro que le entregó Bernardo, entonces los miembros del Santo Oficio redimieron a Bernardo del cargo, pero le pidieron el recibo que comprobaba el pago de la deuda; cuando Bernardo se los entregó, ellos se quedaron atónitos ya que el recibo tenía fecha del día anterior y aún la tinta estaba fresca. Entonces le preguntaron cómo lo había obtenido.

Él contestó que el avaro lo había firmado y entregado la noche anterior, no pudo terminar de hablar ya que en ese preciso momento se dio cuenta que había caído en la trampa del diablo que le soltó la lengua y le hizo revelar el pacto celebrado en el monte. Entonces el Santo Oficio lo tomó preso acusado de prácticas demoníacas. Tres días más tarde el santo tribunal dictó su fallo.

Bernardo de Molina y Pedro Almaraz serían ahorcados, después quemados públicamente y sus cenizas se esparcirían en el aire.

LOS POLVOS DEL VIRREY

En el siglo XVII en la Secretaría de Cámara del Virreinato de Nueva España, había un oficial escribiente, de aquellos que se momifican en su empleo con un sueldo que apenas le alcanzaba para vivir en una casa de vecindad, mantener a una esposa e hijos.

Sentado en un gigantesco banco, inclinado sobre la papelera de la oficina, garabateando hojas se pasaba todo el día Juan Chávez, siempre de mal humor, aburrido y esperando con ansia la hora de comer y sobre todo la hora de la salida.

Siempre construyendo castillos en el aire, no había sorteo de la Real Lotería en que no jugara, pero nada, la suerte no le sonreía.

Desesperado de esta situación, ya que varias veces había pedido aumento, y con el reproche de su mujer, su único consuelo, y sus hijos, sus futuras esperanzas, que se habían enojado con él porque no los había llevado a la feria de San Agustín de las Cuevas.

Al entrar en la oficina, apenas si saludó a sus colegas, se sentó, y fijó la mirada en la ventana, de repente, sus ojos brillaron y en su mente apareció una idea. Tomó pluma y papel y por espacio de veinte minutos escribió. Al terminar tomó su sombrero, su bastón y se dirigió hacia la sala en que se encontraba el Secretario de Su Excelencia, con la carta en la mano.

Y una tarde, Juan se detuvo en la esquina del Portal de Mercaderes y, de pie, sin desviar su vista del Real Palacio. Transcurrieron unos instantes, cuando los pífanos de la guardia de alabarderos anunciaron que el Excelentísimo Señor Virrey salía a pasear.

Un sudor frío recorrió todo su cuerpo; sintió como un hueco en el estómago y su corazón latía a toda velocidad; pero esperó con ansia, mientras cruzaron por su mente los desengaños de otros días, y una próxima esperanza le hacía ver color de rosa el lejano horizonte.

El Virrey, seguido de un lujoso acompañamiento, montado en un magnífico caballo prieto, al llegar a la esquina del Portal, con una amable sonrisa, saludó a nuestro hombre, sacó con pausa del bolsillo una caja y ofreciéndosela, le preguntó:

—¿Gusta vuestra señoría?

—Gracias, Excelentísimo Señor que me place— contestó el interrogado, acercándose hasta el estribo y aceptando con actitud digna, como de quien recibe una distinción que merece.

Se despidió el Virrey con galantes cumplidos que fueron debidamente correspondidos.

Esta misma escena se repitió durante muchas tardes, en la misma esquina.

La fortuna de nuestro hombre cambió desde entonces. Por toda la ciudad se corrió la voz de que Juan Chávez gozaba de gran influencia con el Virrey, y que éste tenía la única, la excepcional condescendencia de ofrecerle todas las tardes una caja que contenía polvo, en plena esquina del Portal de Mercaderes y la calle de Plateros.

Muchos acudieron a su casa en busca de recomendaciones, y muchos otros lo llenaron de regalos. Su fama iba aumentado hasta llegar a oídos del Virrey quien lo llamó y le dijo: " He comprendido todo. Merece vuestra merced un premio por su ingenio".

El Virrey afirmó que hubiera sido un mezquino si no accedía a esa sencilla solicitud: detenerse en la esquina, ofrecer un polvo y marcharse.

Nuestro hombre aseguró de esta ingeniosa manera el porvenir de su familia.

EL ARMADO

A principios del Siglo XVI los habitantes de la capital de la Nueva España veían salir a un hombre misterioso del rumbo del Callejón de Illescas, que hoy es calle de Pedro Ascencio. Callado caminaba y se perdía entre las sombras del callejón de Los Gallos, cruzaba los llanos y llegaba a Corpus Christi. De ahí siempre con su paso lento, llegaba al convento de San Francisco, donde en la capilla se ponía de rodillas ante el altar del Señor de Burgos.

Entre gemidos y llanto besaba el suelo siete veces y ahí permanecía orando, gimiendo y pidiendo perdón sin que nadie osara acercarse. Después, se levantaba y continuaba su camino hasta hallar otra iglesia en donde entraba para repetir sus lloros y sus oraciones.

Al principio la gente lo veía con miedo, y después con respeto y lástima, pues se decía que era un penitente que arrepentido de sus graves culpas, iba de la Capilla del Señor de Burgos hasta cuantos altares le era posible visitar hasta que llegaba la medianoche.

Sin duda alguna se trataba de un caballero, por la ropa que vestía: todo de negro, de seda y piel, cubierto con una pesada armadura y llevaba una espada y un puñal.

Y así, año tras año y noche tras noche, se veía a este misterioso caballero, cruzar callejones y plazas, entrar al templo y sollozar a los pies del Señor de Burgos. Con el tiempo la gente lo llegó a conocer como "El Armado".

Tenía una mujer que lo ayudaba con las labores domésticos, que sólo salía para comprar lo indispensable para el alimento diario y para escuchar misa en la iglesia de la Concepción, pero jamás se le interrogó ni se supo el nombre ni la alcurnia de su amo "El Armado".

La gente decía que se trataba de un conocido caballero que había sido malo en su juventud y que había violado damas y engañado esposos, que había maltratado indios y engañado a encomenderos y en fin, que llevó una vida sinvergüenza de la cual estaba arrepentido y purgaba sus culpas pidiendo perdón en capillas y conventos.

Al fin, un día, cuando la mujer salió a comprar hogaza de pan y vino, descubrió que su amo pendía colgado de uno de los balcones de la casa.

En la empuñadura de su espada estaba enlazada sólo una palabra: "paz" y dos estrellas. En el interior de su casa, llena de todo lujo, se hallaron grandes y pesadas bolsas llenas de oro y plata, cofres con joyas y objetos de arte y cuanto puede tener para ostentación y lujo un gran señor, cuyo nombre nunca se supo.

Años después algunas personas que pasaban a deshoras de la noche podían ver a "El Armado", colgado de los hierros de aquella casa ya en ruinas y quienes con valor se acercaban, escuchaban sus gemidos y veían como resbalaban lágrimas de pena.

La mujer que fue
enterrada viva

Inés de Jauregui, una heredera rica, conoció a Pedro Solares en una de las muchas fiestas que la dama ofrecía a la alta sociedad. Se enamoró de aquel hombre galante y oportunista, quien era un jugador y mujeriego. Se casó con él sin saber mucho acerca de su vida. Solares en pocos años logró gastarse la enorme fortuna de los Jauregui.

Doña Inés cansada del maltrato y las parrandas de su esposo, una noche en la que Solares quería quitarle su última joya, que había logrado rescatar para mantener a su hijo, se armó de valor y no se la entregó.

Solares furioso ante la fuerte oposición de doña Inés que no soltó ni a su hijo ni a la joya, la amarró y la arrastró a uno de los últimos cuartos de la casa, y empezó a cubrir a la madre y al hijo con piedras, una tras otra. Quería ver si una vez asustada, soltaba la joya. Pero no fue así y murieron asfixiados.

Sin remordimientos, Solares cubrió con yeso el siniestro acto para poder vender la casa. Algún tiempo después, él mismo encontró su muerte en una pelea en un prostíbulo.

Tiempo después en la Mansión Jauregui, que estaba ubicada en el desaparecido callejón de Mecaperos, una dama de luto solía asustar a los que la moraban, en una ocasión a un grupo de monjas que se habían estado quedando ahí durante la Reforma Religiosa se les mostró la gimiente aparición, envuelta en una bata bajo la cual escondía un bebé y un medallón de rubíes.

Posteriormente vendieron la casa y la compró un contador, José Herrera; los gemidos de la noche, las apariciones y las luces misteriosas, convencieron a Herrera de que había un tesoro enterrado. Una noche, mientras estaba excavando con la ayuda de unas varas de San Ignacio que apuntaban hacia donde está el oro, claramente oyó una voz del más allá que le advertía: "Aquí no hay ningún tesoro, y lo que está escondido no debes encontrar, no excaves más". Por supuesto que Herrera hizo caso a quien sea que le haya hablado con tanta certeza y dejo atrás el tesoro y a la casa.

En 1881, el consejo municipal mandó derrumbar las casas del mencionado callejón para ampliar la calle de 5 de Mayo, cuando estaban demoliendo la casa abandonada de los Jauregui, al tumbar una pared, encontraron una momia de una mujer atrapada entre las paredes, entre sus brazos estaba cargando un bebé y en su pecho tenía un medallón de rubíes que estaba manchado de sangre. Una investigación descubrió el secreto de la mujer emparedada viva, se trataba de Inés de Jauregui.

El Callejón del Suspiro

Doña Anunciación Avelar estaba muy enamorada y ansiosa por casarse con don Alonso García de Quevedo, sin embargo temía que éste no llegara en la fecha fijada para la boda, ya que se encontraba en España. Desafortunadamente los temores de doña Anunciación se hicieron realidad y el caballero que tan ansiosamente esperaba, nunca llegó y jamás se supo si murió o si cambió de idea.

Doña Anunciación se encerró, no comía y apenas dormía, no paraba de llorar y suspirar, por lo que tiempo después enfermó y finalmente murió entre gemidos y suspiros.

Cien años más tarde, en las noches silenciosas y oscuras un ser espantoso se aparecía en un callejón, actualmente calle 5 de mayo, cuando la gente pasaba se escuchaba un suspiro, que estremecía a cualquiera. Mucha gente fue testigo de la aparición de aquella imagen fantasmal que suspiraba con un quejido angustioso como el de un agonizante. Mucha gente al verla salía corriendo presa del pánico y otra moría del susto.

Varias veces la ronda cuando pasaba por aquel callejón, que la gente ya había denominado el Callejón del Suspiro, se encontró cadáveres, se dio parte a las autoridades, tomando cartas en el asunto el Santo Oficio y a juzgar por las investigaciones de este santo tribunal ya eran once las muertes que había causado la aparición fantasmal. Por lo que se ordenó buscar y apresar al alma de la mujer desconocida para ser juzgada ante el santo tribunal, por los actos criminales.

Los miembros de la santa hermandad llegaron al callejón e invocaron al fantasma llamándolo tres veces, pero no respondió, mucha gente estaba escondida esperando a que el fantasma apareciera, pero éste nunca se presentó. Entonces decidieron regresar al día siguiente.

A la medianoche del siguiente día, regresaron, lo llamaron nuevamente tres veces, y el fantasma no respondió, ni se apareció, ni tampoco las siguientes noches.

Semanas más tarde fray Matías de Tolentino regresaba a su monasterio y decidió acortar el camino, ya que se encontraba muy cansado, iba caminando por el callejón oscuro, cuando escuchó aquel tenebroso suspiro, entonces fray Matías, controlando el pánico, le preguntó qué deseaba y le ordenó que hablara inmediatamente ya que su alma no resistiría más. Y entonces por primera vez, se escuchó una voz hueca que dijo: " me llamo Anunciación y estuve comprometida en matrimonio con don Alonso".

De pronto dentro de la confusión de su mente el viejo fraile vio la imagen encarnada de aquel fantasma, quien le relató su pena de amor y le pidió que la casara. El fraile le dijo que no era posible casar a una muerta. Pero la fantasmal figura le pidió angustiada que la ayudara por favor porque ya estaba cansada de penar desde hace tantos años. El fraile mostrándole una cruz le ordenó que regresara al lugar de donde venía en nombre de Dios, entonces el fantasma desapareció en la penumbra de la noche y el fraile regresó a su convento.

Transcurrieron unos años y la santa hermandad no logró atrapar al fantasma, por lo que decidieron cerrar el callejón. Quedando así en el olvido el Callejón del Suspiro.

Pasaron cincuenta años y un día un caballero vestido muy elegantemente estuvo recorriendo las calles cercanas a la Plaza Mayor. Aquel caballero misterioso, angustiado preguntaba a cuanto peatón se topaba con él por una Anunciación Avelar, pero nadie le sabía dar razón de la dama.

Y así pasaron varios meses, hasta que una noche después de tanto caminar, el caballero llegó al Callejón del Suspiro, el cual para ese entonces ya no estaba cerrado, y se encaminó hacia una casa al fondo del callejón; sus ojos brillaron de alegría y al llegar a la casa, tocó la puerta varias veces hasta que el mozo le abrió; preguntó por la dama y el mozo le dijo que ella lo estaba esperando.

El caballero entró y se quedó contemplando aquella antigua y espaciosa sala. De pronto sintió que alguien se acercaba, que le atraía poderosamente y, al voltear su vista hacia la escalera, descubrió una figura fantasmal vestida de novia. A diferencia de toda la gente, él no sufrió impresión alguna al ver a la muerta. Con gran emoción dijo: "¡Doña Anunciación!" Y ella le contestó: "¡Don Alonso!" Al tiempo que extendieron sus manos descarnadas y se besaron con amor.

Después, tomados del brazo como dos enamorados, salieron de la casa y se encaminaron por el callejón hasta llegar a la capilla de San Francisco. Ahí los recibió un fraile quien, en ese momento, no pudo mirarles el rostro ya que ambos lo llevaban cubierto.

El caballero misterioso pidió hablar con fray Matías Tolentino. El fraile contestó que fray Matías había muerto hacía ya cincuenta años, pero que él era su sobrino y que estaba en la mejor disposición de ayudarlo; entonces el caballero le solicitó que los casara en ese preciso momento, pero el fraile contestó que sería más prudente esperar al día siguiente para realizar la ceremonia de acuerdo a las normas cristianas.

El caballero insistió diciendo que los designios de Dios eran inaplazables y que por fin había llegado el día para que el alma de una mujer lograra encontrar la paz y el descanso eterno ya que había estado sufriendo durante ciento cincuenta años por no haberse podido desposar en su tiempo, que por favor lo hiciera tal como debió haberlo hecho su tío hacía tantos años.

La boda se celebró casi en tinieblas, y como si el sobrino del viejo fray Matías Tolentino obedeciera antiguos mandatos, procedió al casamiento y pronunció estas palabras: "En nombre de Dios, han quedado unidos en matrimonio hasta que la muerte los separe".

Y el caballero respondió: "no, esta vez será al contrario, la muerte nos unirá". Y con pasos silenciosos que no resonaban en la quietud de la bóveda de la capilla, los recién casados se alejaron, pero antes de alcanzar la puerta, el fraile los detuvo para preguntarles sus nombres.

"Mi nombre es Alonso García de Quevedo", respondió el caballero, y a la luz de un cirio, la dama dijo: "Yo me llamo Anunciación Avelar". El fraile quien hasta ese preciso momento pudo ver el rostro descarnado de la mujer vestida de novia, sintió que la sangre se le congelaba y lleno de pánico gritó; "¡Dios mío!, ¡he casado a una muerta!"

Al día siguiente, los madrugadores de la capital de la Nueva España descubrieron fuera de la iglesia el cadáver del misterioso caballero y dieron parte a la justicia. Se encontró entre su ropa un documento que lo acreditaba ser don Alonso García de Quevedo.

LA MACHINCUEPA

Allá por el año de 1714, llegó a la capital de la Nueva España un noble caballero, cargado de enorme fortuna y de grandes recomendaciones reales, de nombre don Mendo de Quiroga y Suárez, marqués de Valle Salado. A su llegada el mismo virrey Fernando de Alencastre Noreña y Silva, duque de Linares, le organizó una fiesta de bienvenida en palacio virreinal.

Pasaron los años y a don Mendo se le fueron juntando las enfermedades, pero la que más le dolía era la llamada gota. Los dolores se le presentaban sobre todo en las articulaciones, nada lo aliviaba, por más visitas del médico, no había algo que pudiera aminorar el malestar que avanzaba y se hacia más intenso. Ni los curanderos le servían a don Mendo, por más ungüentos y masajes sobre las partes inflamadas. Constantes eran los cambios de ánimo cuando del dolor pasaba al enojo, tratando mal a todo el mundo cuando la enfermedad lo atacaba.

Un día de esos en los que no era preso de la enfermedad se encontraba en el festejo del nuevo arzobispo, cuando recibió una carta en la que le decía que su hermano, don Jacinto de Quiroga y Suárez, había muerto. La carta también decía que don Jacinto tenía una hija y le pedía que la trajera de Madrid a la Nueva España, para que no quedara desamparada y siendo que la hija llevaba su sangre, lo cuidaría en su vejez como a un padre.

Siete meses después llegaba al puerto de la Vera Cruz doña Paz de Quiroga, su sobrina, quien era todo un portento de belleza. Al bajar del barco, todos los hombres detuvieron sus tareas para mirar a tan hermosa mujer, que también era orgullosa y despectiva, sentía que no la merecía ni el viento. Los sirvientes de don Mendo sólo usaron una mula, de las cinco que llevaban, para cargar el escaso equipaje que traía la bella dama. El carruaje avanzó por los caminos de Vera Cruz y Puebla, después de varios días de camino, los ojos de doña Paz se abrieron sorprendidos al mirar a lo lejos la Ciudad de México.

Don Mendo salió presuroso para recibir en persona a su sobrina. Él, con una amplia sonrisa, ella con otra, pero fingida. Él la llevó a conocer las habitaciones lujosas de la casa, diciéndole que no iba a dedicarse al cuidado de la casa sino de él, seguían caminando y él le presumía sus macetones y flores que adornaban patios y pasillos de la casa. Don Mendo estaba feliz con tener a su sobrina, sin embargo ella caminaba sorprendida de tanta riqueza, cubriéndose la nariz con un pañuelo impregnado de perfume para no oler el cuerpo enfermo del viejo.

Los días pasaban y doña Paz, que siempre estaba inquieta, buscaba salir a la calle en compañía de dos sirvientas. Deseaba conocer la ciudad y a su gente, sobre todo a los caballeros. Los piropos eran un halago para su vanidad. En la casa recibía a personajes de renombre como a los oidores de la Real Audiencia, y al mismo virrey don Juan Acuña y Bejarano, marqués de Casafuerte, quienes admiraban y engalanaban a doña Paz con las mejores palabras y cumplidos. Pero doña Paz, al que realmente recibía con gusto, era al arquitecto Pedro de Arrieta, un apuesto hombre de edad avanzada, quien gozaba de una buena amistad con su tío.

Pasaba el tiempo y la sobrina se negaba a atender a su tío, odiaba tener que llevarle las medicinas y en la privacidad de su habitación sólo esperaba la muerte del viejo; la bella y orgullosa mujer sólo deseaba que los caballeros se desvivieran por ella.

Un día don Mendo estaba muy feliz, ya que era su cumpleaños y don Pedro de Arrieta lo había invitado a asistir como testigo de honor a la inauguración del nuevo Palacio de la Santa Inquisición, lo cual ya no pudo hacer, pues la muerte le llegó. La sobrina era un llanto incontrolable y los murmullos de la gente que no perdona diciendo que era una mustia, que odiaba a su tío, que no merecía ser la heredera. Fueron cinco días de velorio, días que doña Paz la pasó mal, entre pésames y desvelos.

Llegó el día en que por fin la sobrina recibiría al notario, quien le diría la última voluntad del marqués. El notario llegó acompañado de dos oidores de la Real Audiencia, doña Paz se sentó en la silla que antes ocupaba su tío, los sirvientes ofrecieron chocolate a los más de diez invitados de la corte. El notario le informó que el señor marqués de Valle Salado, la había nombrado heredera universal de sus bienes. La heredera exclamó: "cierto es entonces lo que me anunció un día mi tío. Era de tan buen corazón, aunque a veces iracundo, no me cansaré de llorar por su ausencia".

Y el notario prosiguió a leer el testamento, yendo a la parte de las condiciones. Un silencio se hizo en el lugar, aumentando la expectación, entonces el notario empezó a leer y los presentes fueron testigos de que el marqués había dejado a su sobrina toda su fortuna, consistente en bienes y en monedas, pero con la condición de que pagara todos los tormentos que le hizo sufrir en vida, si no, el legado pasaría íntegro a la orden de San Francisco y a la de los Mercedarios, por partes iguales. En enmienda la sobrina debía salir de la casa en un coche descubierto, atravesar las calles de Plateros y de San Francisco y en el centro de la Plaza Mayor, sobre un tablero puesto para tal efecto y habiéndolo anunciado previamente y ante todos los espectadores que se reunieran en pleno mediodía, debía dar una machincuepa.

Al escuchar semejante cláusula, doña Paz sufrió un desmayo, algunos invitados sonreían burlonamente. Las sirvientas corrieron a darle las sales y una vez recobrada la conciencia, doña Paz corrió a todos mientras gritaba que su tío se había vuelto loco, lo maldijo, y aseguró que no iba a echarse ninguna marometa, que se quedara con su herencia a ver si en el infierno le servía.

Tres días después doña Paz le anunció al notario que siempre si se echaría la marometa en la Plaza Mayor, que le dijera a los frailes que no les dejaría ni un centavo y que preparara todo para que el domingo próximo a las doce del día, los vecinos de la capital saciaran su morbo con la maldita voluntad de su tío.

Y el domingo siguiente salió la bella doña Paz muy elegantemente vestida, en un carruaje descubierto, los cuatro caballos blancos avanzaban a trote por la calle y la gente le gritaba ¡machincuepa!, ¡machincuepa! En medio de los gritos, de tanta gente que se había reunido, la dama entraba a la Plaza Mayor. Hasta el virrey, la virreina y el arzobispo se asomaron por el balcón, el mismo arquitecto Pedro de Arrieta estaba ahí para ser testigo de semejante acontecimiento de la altiva mujer.

Doña Paz subió lentamente los escalones del entarimado, miró con desdén a los miles de asistentes, respiró profundo, avanzó dos pasos... y se arrepintió. La gente gritaba ¡Doña Paz! ¡Doña Paz! Y ella les contestaba: "¡Callad desgraciados, hijos de la madre que los parió!".

Sufría, pero se armó de valor y tomó de nuevo aire, mientras la gente seguía gritando ¡machincuepa! ¡machincuepa!; de pronto un gran silencio, su cuerpo giraba con las piernas y su vestido al aire. El hecho fue motivo de aplausos y se escucó a la multitud gritar, ¡otra! ¡otra!

Aturdida, la heredera los miró con odio, mientras arreglaba su vestido y miraba su peineta y su zapatilla sobre el tablado, no hizo por recogerlas, bajó el entarimado con el rostro enrojecido, subió rápidamente al carruaje y se alejó en medio de las carcajadas. Sus ojos lloraban mientras su boca decía maldiciones.

Desde entonces la gente llamó a la calle donde vivió el marqués: la calle de la Machincuepa, que es la que está justo atrás de Palacio Nacional.

La Casa Maldita

En una casa en la actual calle de Mesones, en el año de 1611, vivían Florián Rivadeneyra y Lucinda de Zavala. Eran un matrimonio, pero no uno normal, más bien eran una pareja de amantes lujuriosos. Sus demostraciones amorosas causaban gran escándalo entre los vecinos. Todas las noches se escuchaban a través de la ventana gemidos, gritos y risas; ofendiendo la moral de todas las personas que caminaban por la calle.

Dentro de esta casa todos los días y todas las noches se abusaba del vino y del sexo entre risas y cantos. Era tanta la pasión, que en ocasiones hasta los sirvientes llegaron a sorprender a Florián y Lucinda en sus encuentros amorosos, que espantados se retiraban discretamente o si no había oportunidad se escondían tras las cortinas.

De pronto lo que era un escándalo y asombro para los habitantes de la Colonia, un día se convirtió en gran incertidumbre ya que la casa permaneció en silencio como si nadie la habitara. El único rastro de vida lo daba un criado que durante algún tiempo salió por las noches a encender la luz de un farol, pero un día, abandonó la casa; se dirigió a la casa del licenciado don Miguel Osornio, apoderado de Florián, y le entregó las llaves de la vieja casa y un sobre cerrado. Finalmente el criado se perdió entre las calles de la capital de la Nueva España sin que nadie lo hubiera podido interrogar.

La extraña desaparición de los dos fogosos amantes llegó a oídos de las autoridades virreinales que comenzaron a investigar para aclarar el misterioso acontecimiento. Hicieron llamar al licenciado don Miguel Osornio, quien en su declaración expuso que los dueños estaban en Perú, que envió allá el dinero producto de la venta de sus bienes y que en cuanto vendiera la casa enviaría el dinero también. Tal y como estaban las instrucciones escritas que le entregó el criado.

Sin embargo los rumores continuaban alrededor de la casa ya que la gente decía que estaba maldita y que en su interior espantaban, que posiblemente habían sido asesinados, ya que por las noches se escuchaban gritos y ruidos muy extraños. Por lo tanto la autoridad le pidió al licenciado Osornio que entregara las llaves de la casa para llevar a cabo una investigación del caso. Cuando los alguaciles fueron a la casa de los amantes no encontraron ninguna huella de violencia.

Pasó el tiempo y la casa no se vendía, ya que los rumores acerca de los fantasmas que la habitaban seguían en aumento. Hasta que un día llegaron a la capital un señor y sus dos hijos: don Cosme Jiménez Catalán, su hijo Cosme y su hija Cecilia. La intención del viejo Cosme era casar a sus hijos con gente importante de la Nueva España.

Don Cosme sin hacer caso de los rumores sobre aquella casa, la compró argumentando que él sólo creía en Dios, que era cristiano al igual que sus hijos y que ninguno de los tres era supersticioso. Una vez que ocuparon la casa, cuando los hijos estuvieron en sus respectivas recámaras, cada uno sintió una extraña sensación en el cuerpo, como un desagradable escalofrío.

Fue en ese momento que los espíritus errantes de Florián y Lucinda hicieron contacto con los cuerpos de los dos hermanos, encontrando así en Cosme y Cecilia los cuerpos físicos que necesitaban para materializarse.

Una noche, mientras don Cosme bebía su acostumbrada copa de vino, escuchó voces en la planta baja y alumbrándose con una vela bajó las escaleras para ver qué sucedía, pero cuando llegó a la estancia se quedó mudo, estupefacto, al ver a sus dos hijos besándose y riendo como lujuriosos amantes, mientras Cecilia entre risas decía: "bésame, Florián, no te detengas". Y Cosme a su vez decía: "Lucinda mía, me incitas al amor, te amo".

Don Cosme alarmado y fuera de sí, gritó desesperado que en nombre de Dios se detuvieran y les pidió una explicación para aquella irregular conducta. Los hermanos enmudecieron y quedaron inmóviles en el preciso instante en que fueron sorprendidos por su padre. Ella perdió el conocimiento y Cosme se desvaneció sobre un sillón. Cuando volvieron en sí, ninguno de los dos sabía lo que había sucedido. Cuando le preguntaron a su padre qué había pasado, él respondió que en nombre del cielo le gustaría saberlo y les pidió que fueran a sus habitaciones a rezar.

A la noche siguiente, don Cosme nuevamente escuchó risas y frases amorosas llenas de lujuria, pero esta vez acompañadas de música. La sorpresa del anciano no tuvo límite, ya que de antemano sabía que Cosme, su hijo, nunca aprendió a tocar la guitarra. Entonces se dirigió a la estancia y descubrió que sus hijos estaban abrazados incestuosamente. Don Cosme gritó que en nombre de Dios se separaran, y nuevamente se desmayaron, al despertar no recordaron nada de lo sucedido.

Noche tras noche se repetía la misma escena, que hasta los criados tuvieron la oportunidad de contemplar. La indiscreción de los sirvientes hizo que aquel pecado trascendiera en la Colonia y fuera comentado por los vecinos. Nuevamente como antaño, las personas que pasaban frente a la casa apuraban su paso para no tener que permanecer mucho tiempo cerca de la casa maldita.

Don Cosme, desesperado, pidió ayuda a fray Baltasar de Rebollo para que juntos encontraran la causa de la conducta de sus amados hijos. Fray Baltasar, después de escuchar el relato del preocupado padre, le explicó que todo cuanto estaba ocurriendo en su casa, se debía a que sus hijos habían sido poseídos por los espíritus errantes y malditos de dos amantes lujuriosos que vivieron en esa casa, que se llamaban Florián y Lucinda. Don Cosme exaltado se dio cuenta que eran los mismos nombres que adoptaban sus hijos por las noches. Fray Baltasar le dijo que sólo existía una solución para terminar de una vez con la demoníaca posesión: ¡Uno de sus dos hijos debería morir!

Don Cosme estaba convencido de que el único medio para terminar con aquella situación, era dar muerte a su propia hija. Y esa misma noche mientras sus hijos una vez más seguían besándose y acariciándose, poseídos por aquellos espíritus perversos, don Cosme se escondió tras una cortina con un arco en sus manos. Con toda la amargura que puede sentir un padre, no tuvo más remedio que disparar la flecha que dio directo en el corazón de Cecilia. Se escuchó un gemido interminable y Cecilia cayó al suelo.

Cosme, aún poseído, gritó de dolor la cargó en brazos, bajó al sótano de la casa, seguido por don Cosme, fray Rebollo y dos representantes de la ley, se detuvo en un rincón del sótano dejando a Cecilia sobre el suelo y exclamó: "¡Amor mío!, aquí reposarás hasta que pueda seguirte para amarnos en la eternidad".

En ese momento fray Rebollo hizo el conjuro para romper la maldición, el hechizo se rompió, y Cosme quedó liberado. Al ver a su hermana muerta le preguntó a su padre qué había sucedido y don Cosme lo abrazó, intentó consolarlo y le suplicó que por el momento no le pidiera explicaciones.

Tan pronto como don Cosme logró sacar a su hijo del sótano, los hombres comenzaron a excavar en el lugar que fray Rebollo les indicó. Ahí encontraron los cuerpos mortales cuyos espíritus malignos habitaban en la vieja casona. Eran dos esqueletos estrechamente unidos en un abrazo. Fray Rebollo se hincó ante la fosa e hizo otro conjuro para deshacer el abrazo maldito, en ese momento se escucharon larguísimos y dolientes lamentos.

Don Cosme y su hijo abandonaron aquella tenebrosa casa y regresaron a España. Nunca se supo quién asesinó a Florián y a Lucinda, ni quién los sepultó abrazados, ni tampoco el paradero del licenciado Osornio, quien un día misteriosamente desapareció de la capital.

La Estrella de México

Una noche se reunieron en palacio las principales familias de México, después de algún tiempo de haber iniciado la fiesta llegó una mujer llamada Clara que cautivó a los hombres y opacó a las mujeres con su belleza. El hijo del Virrey se dedicó a cortejarla, pero la dama lo rechazó, el joven quedó completamente enamorado de ella y cuando se refería a la dama lo hacía llamándola "la estrella de México".

Cuando terminó la fiesta, Clara salió hacia su casa ubicada en la esquina formada por las actuales calles de Argentina y Luis González Obregón, después de unos minutos llegó a la calle un joven llamado Gonzalo de Leiva quien pretendía a Clara, una vez que terminó de cantarle una canción, la dama salió a su balcón y así iniciaron las clásica plática de los enamorados jurándole Gonzalo amor eterno, al término de este juramento se escucharon pasos que se aproximaban obligando a la pareja a retirarse.

Gonzalo se alejó y notó que alguien lo seguía, empuñó su espada, e hizo frente al desconocido quien se cubría el rostro con una gran capa advirtiéndole que pretender el amor de Clara le costaría muy caro, ante esta amenaza ambos acordaron acudir a una zona más apropiada y se dirigieron a la Plaza de Santo Domingo. En este lugar inició el duelo, después de largos minutos Gonzalo cayó herido, su adversario quiso prestarle ayuda pero no le fue posible porque se acercaba la ronda y huyó.

En la tarde del siguiente día Doña Pánfila, madre de Clara, recibió en su casa al Virrey que solicitaba la mano de su hija disculpando a Carlos su hijo por no poderlo acompañar ya que la noche anterior había tenido un contratiempo en su parranda. Ante la solicitud de matrimonio, Clara le pidió al Virrey tres días para tomar una decisión.

Acababan de despedir al Virrey cuando madre e hija salieron al balcón a ver qué sucedía ya que se escuchaba un murmullo y el paso de mucha gente, extrañadas le preguntaron a una muchacha qué sucedía, ella les informó que se trataba de un entierro, que había sido por un desafío de amores, que en la madrugada lo habían encontrado ya casi moribundo, que el desafortunado era el hijo de la señora de Leiva, Gonzalo.

Después de la noticia Clara quedó inmóvil durante largo tiempo, y lloró amargamente la pérdida de su amor eterno, sentía que lo había perdido todo, que ya nada en el mundo valía la pena. Entonces con voz firme le pidió a su madre que le permitiera entrar al convento de la Encarnación, para ahí sepultar su dolor.

La madre respetó la decisión de su hija y le comunicó que no le quedaba más que irse al campo a administrar la hacienda y de vez en cuando venirla a visitar, que no quería conservar la casa si no vivían juntas en ella, por lo que le propondría a las religiosas que permitieran a su hija habitarla, cerrando toda comunicación a la calle y abriendo una hacia el convento. Así las monjas aumentarían su espacio con una finca más, y ella podría vivir en la casa que tanto amaba.

Tres días después, la casa se anexó al convento de la Encarnación y la Estrella de México se eclipsó para siempre.

EL SARCÓFAGO DE LA CATEDRAL

La primera catedral fue construida en 1521 bajo la dirección de Hernán Cortés, fue edificada sobre el templo del dios Huitzilopochtli. Años más tarde cuando aumentó el número de los indios convertidos al catolicismo, se vio la necesidad de ampliar la catedral, por lo que se derribó la primera. Durante la construcción los franciscanos vivieron ahí en habitaciones provisionales.

En 1629 ocurrió una terrible inundación que inundó la catedral en construcción. Entonces fue cuando los frailes Tomás de Salazar y Miguel de Aviña descubrieron el sarcófago, avisaron de este hallazgo al padre superior, quien mandó ponerlo en un lugar donde el agua no lo dañara más.

Pasaron los días hasta que las aguas bajaron y entonces el padre superior quiso saber el lugar exacto en donde inicialmente habían encontrado el sarcófago, pero los frailes Tomás y Miguel no lograron reconocer el terreno. Mandó a limpiarlo, para poder averiguar el nombre del difunto que se encontraba dentro y la fecha en que había muerto.

Cuando fray Tomás terminó de limpiar el sarcófago, se sentó sobre él a descansar y sintió como si alguien le hubiese jalado el hábito, sin darle importancia, fue a informar a su superior que no se había encontrado ningún dato. Decidieron dejarlo en el lugar en donde estaba, hasta que pudieran hablar con las autoridades eclesiásticas y el señor virrey.

En la tarde Fermín de Huesca, el joven organista, llegó a la catedral para afinar un órgano que había llegado de España, vio el sarcófago y tentado por la curiosidad lo inspeccionó, notó que no tenía ningún nombre, pero observó que el sarcófago tenía una hendidura en una esquina de la tapa.

Cuando se asomó por aquella hendidura para intentar ver su interior, de pronto escuchó un ruido y vio que algo se movía, entonces se retiró asustado, pensando que posiblemente era una rata, y aunque el silencio, las sombras y la soledad hacían mucho más siniestro aquel sarcófago, su juvenil curiosidad pudo más que su miedo y nuevamente se acercó e introdujo por la hendidura un papel que enrolló. Esperó para que el roedor mordiera el papel y sintió un fuerte tirón, como si alguien lo hubiera jalado desde adentro, entonces sacó el papel y se sorprendió cuando vio que no estaba roído sino que la orilla estaba rota y manchada; corrió aterrorizado hacia la puerta al tiempo que gritaba pidiendo auxilio e informando que había alguien adentro del sarcófago.

En uno de los pasillos de la catedral, se encontró con el padre superior a quien le enseñó las manchas que tenía el papel pautado y le dijo que por nada del mundo volvería a acercarse al sarcófago.

El padre superior, alumbrado con un cirio, se acercó sin ningún temor al sarcófago, pensando que eran figuraciones del joven y miró a través de aquel agujero a la vez que intentó alumbrarse con la luz del cirio y de pronto, aterrorizado comenzó a rezar mientras retrocedía poco a poco alejándose de allí.

Al día siguiente el padre superior acudió al Santo Oficio. El señor oidor le pidió que explicara lo que creía haber visto dentro del sarcófago; pero el padre no lo logró describir, no sabía si se trataba de un hombre o de un animal, lo único que pudo decir es que era algo espantoso. Entonces el santo tribunal ordenó que nadie entrara a la catedral y que esa misma noche realizarían un exorcismo.

Esa noche los exorcistas y la santa hermandad llegaron a la catedral y a puertas cerradas se realizaron los rezos, exorcismos y salmodias religiosas, después se ordenó abrir el sarcófago. La tapa estaba sellada, pero por fin después de muchos esfuerzos, la tapa cayó al suelo y se escucharon muchos sonidos espantosos; se sintió como si se moviera la tierra y una fuerte ráfaga de aire apagó los cirios y faroles. Entonces en plena penumbra, ante la mirada atónita de los frailes y los miembros del Santo Oficio, algo horrible y sin forma escapó del sarcófago.

Cuando por fin todo pasó, encendieron los cirios y los faroles y descubrieron los cuerpos de un oidor y de un fraile, muertos tendidos en el suelo. Uno de los ayudantes hizo otro siniestro descubrimiento: unas extrañas huellas sobre el lodo.

Cuando estaban a punto de retirarse de aquel lugar, otro de los ayudantes se atrevió a mirar en el interior del sarcófago, y encontró el pedazo del hábito de fray Tomás y el pedazo de papel pautado que introdujo el organista. Como nadie supo qué decir ni qué hacer, el señor obispo tomó la decisión de consultar con sus superiores de España.

Pasaron los siglos y en 1935, fue retirado un ciprés frente al altar mayor y debajo de él se encontró el sarcófago de mármol blanco con unos papeles viejos encima y una inscripción en latín. Hasta hoy nadie ha podido descifrar el misterio del sarcófago encontrado en la catedral.

LA MONEDA DE ORO

Beatriz Montoya, una hermosa joven, que vivía en la actual calle de la Soledad. Estaba enamorada de un apuesto caballero de nombre don Juan Navarra.

Por órdenes de sus autoridades don Juan debía embarcarse rumbo a Perú, para cumplir una misión, cuando fue a despedirse de Beatriz, ella le pidió que se casaran, pero él le dijo que lo harían a su regreso, ella le insistió ya que su padre quería casarla con el médico de la corte. Don Juan partió ese mismo día.

Pasaron un par de meses y el padre de Beatriz le informó a la joven que ya todo estaba arreglado para su boda con don Fernán Gómez, por más que la dama le rogó, insistiendo que ella no lo amaba, incluso le pidió que la metiera a un convento, no consiguió persuadir a su padre, el cual le dijo que se dejara de tonterías ya que don Fernán estaba dispuesto a tomarla sin dote, lo cual era muy conveniente para sus intereses.

Llegó la fecha de la boda, y don Fernán no escatimó en gastos. La ceremonia fue oficiada por el arzobispo a la cual asistió el mismo virrey.

Pasaron algunos meses y Beatriz no logró enamorarse de su esposo y tampoco consumar su matrimonio, pero en ella nació una gran admiración hacia él por ser el único médico que lograba sanar a las personas que otros médicos no podían curar. La fama del médico creció día con día; sus curaciones parecían milagrosas. Y de igual forma curaba a los pobres sin cobrarles un solo centavo.

El médico se convirtió en uno de los hombres más ricos de la Nueva España, y en el sótano de su casa guardaba cofres de oro y las alhajas que le regalaba a su esposa, que bien podían competir con las de la virreina.

Cuando después de mucho tiempo don Juan regresó del Perú, por medio de la criada de Beatriz le mandó decir que quería verla para despedirse de ella definitivamente, ya que por órdenes del virrey debería viajar a España. Beatriz palideció y le pidió a su criada que le informara al caballero que no quería verlo.

A causa de esto Beatriz enfermó y se recluyó en su alcoba. Don Fernán al verla tan pálida y decaída decidió revisarla, sin encontrar ninguna enfermedad en ella. Ella por un impulso sintió la necesidad de decirle toda la verdad respecto a don Juan, pero no era correcto decir a su marido que el recuerdo de otro hombre era la causa de su tormento.

Se sentía tan mal, que pidió a su esposo la dejara dormir sola; don Fernán se ofendió muchísimo, y cuando se disponía a salir de la habitación, Beatriz corrió a alcanzarlo, lo abrazó y le dijo que no se fuera, que se quedara a su lado, que ya no lo iba a rechazar más.

Fernán la miró intensamente, un tanto desconfiado de que la dama ocultara algo, pero el deseo de hacerla suya, pudo más que su orgullo lastimado y se quedó. Aquella noche Fernán fue más feliz que nunca, sin saber que la pasión con que su esposa le respondió, fue despertada por el recuerdo de otro hombre.

Al día siguiente el virrey que no disfrutaba de buena salud, pidió a Fernán que ese mismo día lo acompañase para viajar a la Villa Rica de la Vera Cruz. Fernán aceptó a pesar del gran deseo que tenía de permanecer cerca de su esposa.

Cuando la criada de Beatriz le dijo a don Juan que su ama no deseaba verlo, él le ofreció una bolsa llena de oro, para que esa noche dejara abierta la ventana de la alcoba de su ama.

Por la noche Beatriz se disponía a dormir, cuando de pronto sintió que alguien estaba detrás de ella. Don Juan le tapó la boca para que no gritara y le dijo que era don Juan su amor verdadero. La dama indignada lo corrió de su alcoba y le dijo que llamaría a su marido para que la defendiera. A don Juan no le importó la amenaza y aunque ella se resistió al principio, no pudo controlarse más cuando don Juan la abrazó y la comenzó a besar apasionadamente.

Don Fernán regresó al palacio antes de lo previsto, debido a que durante el camino, el virrey enfermó y no pudo continuar el viaje. El médico insistió en quedarse con él toda la noche para cuidarlo, pero el virrey le dijo que se sentía un poco mejor, que regresara a su casa con su mujer.

Don Fernán salió del Palacio rumbo a su casa, ansioso de ver a su amada esposa, para estrecharla entre sus brazos y acariciar su larga cabellera. Por fin llegó a su casa y cuando abrió la puerta de la alcoba distinguió dos figuras sobre su cama, en ese instante se quiso morir de rabia y de dolor.

Don Juan despertó sobresaltado e intentó tomar su espada, pero no la alcanzó, ya que no pudo moverse pues la espada de don Fernán ya estaba sobre su pecho, mientras tanto, Beatriz los miraba aterrada sin poder decir una palabra.

Don Fernán firmemente lo miró y le preguntó si tenía el dinero suficiente para pagar los servicios de su esposa y en tono insultante gritó que le pagara a la mujer.

Beatriz se estremeció de pies a cabeza cuando don Juan le arrojó una moneda de oro sobre la cama, sin tener más que decir y cobardemente el hombre agachó la cabeza, entonces don Fernán cortó en dos pedazos la espada del infeliz, diciéndole que los cobardes como él, no tenían derecho a empuñar una espada.

Don Juan huyó rápidamente y Beatriz permaneció encerrada en su alcoba durante varios días, un día entró a su alcoba una mujer, la cual le informó que su criada había muerto accidentalmente. Beatriz no preguntó más se dio cuenta de que todo estaba claro: el amante libre, ella deshonrada para siempre y su cómplice muerta.

La mujer dijo a Beatriz que don Fernán la esperaba en el comedor y aunque llena de miedo, pensó que quizá su esposo la había perdonado. Ya en el comedor, don Fernán ordenó a Beatriz que llamara a los criados para que sirvieran la cena y cuando Beatriz extendió su mano para tirar del cordón con el que se llamaba a la servidumbre, vio que la moneda de oro, su deshonra, colgaba del extremo de aquel cordel. Su esposo la había colocado en el cordón para recordarle el pago por su infidelidad. El médico agresivamente insistió en que jalara del cordón y le dijo: "¡Gracias a Dios, no necesitamos de esa moneda para comer en esta casa!"

Los días siguientes fueron una verdadera pesadilla, ya que durante el desayuno, la comida y la cena, la única frase que don Fernán le decía a Beatriz era: "¡Gracias a Dios, no necesitamos de esa moneda para comer en esta casa!" Hasta que un día de rodillas le pidió a su esposo que la perdonara; que prefería morir, que mejor la despreciara o que la llevara ante el Santo Oficio, pero que no la obligara a seguir tocando esa moneda.

Fernán continuó atormentándola tres veces al día, durante muchas semanas, hasta que la dama perdió la razón y terminó ahorcándose con sus propias trenzas. Don Fernán ocultó a la gente el suicidio de su esposa y la enterró en el Panteón de San Fernando.

Una noche cuando tranquilo dormía saboreando su cruel venganza, se despertó al escuchar el sonido de una moneda. Horrorizado la tomó entre sus manos y sintió que ardía como el fuego. Y a partir de esa noche, cada noche a la misma hora, don Fernán escuchaba caer la moneda de oro y cada vez que intentaba agarrarla, la moneda desaparecía.

Unas semanas más tarde vio el espectro de su mujer que tenía una moneda de oro en la mano. El fantasma de su esposa se le apareció diariamente, a veces con la moneda en la mano y otra veces ahorcada, hasta que después de varios meses de presenciar las aterradoras apariciones, don Fernán se volvió loco.

Y aún en la vieja casa de la calle de la Soledad, a las doce de la noche se escucha el sonido metálico de la moneda de oro.

La Casa del Judío

Don Tomás Treviño y Sobremonte, nació en Castilla la Vieja. Su madre, Doña Leonor Martínez de Villagómez, fue procesada por judaizante en la Inquisición de Valladolid. Don Tomás arribó a la Nueva España en el siglo XVII.

Después vivió un tiempo en Guadalajara donde tuvo una tienda con dos accesos; abajo de una de las puertas había enterrado a un Cristo, y a todos aquellos que entraban por ahí, les vendía más barato que a los que entraban por la otra puerta.

Por las noches azotaba a un Niño Dios de madera el cual conservaba las marcas de los azotes, lo que se consideró como un milagro y al niño Dios se le venera en la Iglesia de Santo Domingo. Fue apresado por el Santo Oficio, pero como fingió arrepentimiento fue reconciliado y puesto en libertad.

Poco tiempo después se casó con María Gómez, tuvieron dos hijos llamados Rafael de Sobremonte y Leonor Martínez, quienes fieles a la familia, también cayeron en las prisiones de la Inquisición.

Cuando regresó a México fue nuevamente hecho prisionero por el Santo Oficio con la respectiva confiscación de bienes, nuevamente fingió arrepentimiento y fue puesto en libertad.

Tiempo después tuvo un nuevo proceso en donde fue condenado a la hoguera, con los siguientes cargos:

Realizar ceremonias judías, cubrirse la cabeza a la hora de comer, empezar la comida con un plato de buñuelos cubiertos con miel, degollar a las gallinas con un cuchillo diciendo una oración con la vista hacia el oriente, de no asistir a misa, de que cuando la gente le daba los buenos días o las buenas tardes él respondía: beso las manos de vuestras mercedes, en lugar de alabado sea el Santísimo Sacramento; de que su mujer lo llamaba Santo de su Ley, y por de maldecir al Santo Oficio y a sus ministros.

La sentencia se cumplió el 15 de abril de 1649, salió don Tomás sin vela verde, porque no la quiso, amordazado por blasfemo y fue entregado a la justicia y brazo seglar. Una vez en el poder de la justicia fue transportado en una mula, la cual reparaba mucho, la gente murmuraba que el animal no lo quería llevar por judío, entonces después de muchos intentos fue montado en un caballo que era conducido por un indio, el cual le aconsejaba se arrepintiera respondiendo don Tomás con golpes y patadas.

Ya en el quemadero ubicado entre el convento de San Diego y la Alameda se le amarró al palo de los suplicios y se prendió la hoguera. Don Tomás, a pesar del fuego y el humo no se quejó ni gritó, al contrario, acercaba las brazas y recordando sus bienes que le habían confiscado exclamó: "¡Echen más leña que mi dinero me cuesta!"

CÓMO AHORCARON A UN DIFUNTO

Los vecinos de la Ciudad de México transitaban por las calles del Reloj y delante de las Casas Arzobispales, situadas entonces en la que es hoy 1ª calle de la Moneda esquina sureste con la del Licenciado Verdad. El domingo 7 de marzo de 1649, como a las once horas de la mañana, presenciaban sorprendidos un espectáculo que quizá fuera muy frecuente en aquella época, pero raro por sus características peculiares que por medio de este relato vamos a recordar.

Como dicta la letra, la presencia de un caballero montado en una mula de albarda, con un indio en las ancas de la mula el cual sostenía para que no cayese, el cadáver de un portugués; y al toque de trompeta con viva voz pregonaba, lo que a la letra decía no era otra cosa que el delito que había cometido en vida. Que haciendo público declaraba:

"Entérense los habitantes y estantes de esta Ciudad de México — gritaba el pregonero— cómo hoy, mientras oían misa los presos de la Cárcel de Corte a las siete horas de la mañana, este hombre, que se hallaba allí preso por haber asesinado a un alguacil del pueblo de Iztapalapan, se hallaba en la enfermería a causa de que estaba malo, se bajó a las secretas mientras los otros presos oían misa, y se ahorcó sin que nadie lo viese ni lo sospechase".

Con una breve pausa el pregonero tomó aliento, y con la misma viva voz que antes, continuó:

"Con la última bendición se dio por terminada la misa y los carceleros recorrieron el lugar buscándolo y cuál sería su sorpresa si lo encontraron como se ha dicho; informóse a los alcaldes de Corte, y según dicta la diligencia se realizó averiguación sobre el hecho y constatóse así de que ninguna persona lo había ayudado ni aconsejado a consumar en sí mismo tan temerario delito. Con la seguridad del caso se pidió licencia al Arzobispado para ejecutar en él la pena capital a que había sido condenado por el homicidio del alguacil de Iztapalapan, condición necesaria para la ejecución. El Arzobispo declaró... por ser hoy día del Santo Doctor Tomás de Aquino y domingo además; y vistos los autos, concedió el permiso como autoridad eclesiástica; y la Justicia ordena que hoy sea ahorcado el difunto en la Plaza Mayor de esta ciudad, para que sirva de escarmiento y de ejemplo".

Conocedores de que cuando la Santa Inquisición relajaba a los reos, eran quemados en efigie si estaban ausentes, o sus huesos desenterrados si habían muerto; pero que la justicia del orden común lo hiciera en un difunto, no era cosa que se repitiese con frecuencia. Así es que poco a poco el número de los vecinos curiosos que seguían al cadáver, creció mucho por la extrañeza del suceso.

Después del paseo por las calles, la comitiva y el portugués —digo, su cuerpo sin vida—, se detuvo en la Plaza Mayor, y ejecutaron la sentencia.... "al difunto lo ahorcaron" a vistas de todos y en el sitio en que se elevaba la picota pública teniendo además como testigo el Real Palacio; siguiendo paso a paso lo propio de la ceremonia realizada para ahorcar a los vivos. Ah, con excepción hecha de no llevarle al Cristo Crucificado, llamado Señor de la Misericordia, compañero fiel en las ejecuciones a los reos que no fueran suicidas o impenitentes como lo había sido el pobre portugués.

Y así colgado el cadáver por muchas horas se acompañó desde en la mañana de aquel día tal suceso con un aire tempestuoso, que movía y removía polvo, y con fuerza arrancaba los tejados, levantaba los mantos y las faldas de las mujeres. Un viento que silbaba a veces iracundo y a veces quejumbroso movía con fuerza las capas de los hombres; arrebataba sombreros, cerraba y abría las puertas de ventanas, balcones y zaguanes; y que lanzaba a los aires las sombras de petates de los puestos de la plaza; en fin, era tan fuerte que sin propósito alguno ni mano que iniciara se tocaban solas por instantes y lúgubremente las campanas de las torres de los templos y de los monasterios. Qué espectáculo tan escalofriante presenciaron todos los vecinos, y espantados atribuyeron el vendabal que abrazaba la ciudad, al crimen perpetrado por el portugués en el alguacil de Iztapalapan y en su propia persona.

Era domingo y los muchachos se aglutinaban en pequeños grupos y reproducían lo que oyeron en las consejas que se contaban en sus casas, y tomaron en que era el mismo demonio el portugués suicida; y con tan demoníaca idea, se dirigieron gritando y pregonándola por las calles hasta llegar a la Plaza Mayor: y anteponiendo sus manos ante la visión del ahorcado hacían cruces al cadáver ahorcado, diciendo que era el diablo y que por él rugía el viento levantando furioso lo que encontraba a su paso.

Con una peculiar energía que no aplacó lo que sus manos hicieron y lo que sus bocas pregonaron le estuvieron apedreando, hasta que bajaron los ministros de la Justicia el cuerpo de aquel desgraciado portugués — tan bárbaramente escarnecido — y lo condujeron a la albarrada de San Lázaro, donde depositaron el cadáver en las aguas de los lagos que estaban pestilentes.

El cronista don Gregorio Martín de Guijo, quien es el autor del relato que hemos hecho, lo cierra con estas cristianas palabras:

"Dios nos de muerte con que lo conozcamos".

El puente del clérigo

Es un lugar que formaba parte de la antigua parcialidad de Santiago Tlatelolco, allá por el año de 1649 en que ocurre esta verídica historia que los años trasformaron en macabra leyenda. El sitio marcado por los hechos, era cruzando apenas la acequia llamada de Tezontlali, cuyas aguas zarcas iban a desembocar a la laguna (junto al mercado de La Lagunilla siglos después), el paraje se describía como unos llanos en los que se levantaban unas cuantas casuchas y en contraste había unas casas de muy buena factura en una de las cuales se ubicaba cruzando el puente que sobre la dicha acequia existía fabricado a detalle de mampostería con un arco de medio punto y alta balaustrada, vivía un religioso llamado don Juan de Nava, que oficiaba en el templo de Santa Catarina. Este sacerdote tenía a su cuidado una sobrina en edad de merecer y tan linda como una alborada que por nombre llevaba doña Margarita Jauregui.

Guardada esta historia verídica celosamente en las memorias de fray Marcos López y Rueda, que fuera en ese tiempo obispo de Yucatán y virrey provisional de la Nueva España, se escribe la presencia de un tercer personaje en fojas 231 de dicho relato, un caballero y portugués de muy buena presencia y malas maneras llamado don Duarte de Zarraza.

Quien pregonaba su ilustre procedencia familiar, y con tal pretexto asistía a los saraos y fiestas dadas por el virrey y como doña Margarita Jauregui, fue hija de afortunado caballero también tenía acceso a los salones palaciegos en donde cierta ocasión se conocieron.

Inicia así el afán acrecentado de tan enamoradizo portugués por conocer a tan hermosa dama y comenzar a enamorarla. Y así se prestó a indagar a dónde se encontraba su hospedaje y cruzando el puente de la acequia se dirigió hasta la casa del fraile.

Sus constantes requiebros, su asidua presencia que acompañaba con regalos que halagaban a tan delicada dama y sus cartas de amor pronto despertaron en el corazón de doña Margarita Jauregui un gran sentimiento que inundaba sus pensamientos y estando ella en edad de casorio, accedió a los requerimientos amorosos del portugués.

Pero en esta historia no era el único afanoso ya que don fray Juan de Nava también se había entregado a la tarea de indagar todo sobre don Duarte de Zarraza. Y como el que busca encuentra le llegó la noticia que allá en su tierra dejó fuertes deudas y abandonó a dos mujeres con sus respectivos vástagos, que aquí en la capital de la Nueva España vivía en la casa gaya y se exhibía con las descocadas y que su vida era disipada. Y que por supuesto sus amoríos eran frecuentes con diez doncellas y algunas queridas.

Ante esto el cura Juan de Nava se presentó con su sobrina con el más movido sentimiento de protección y de manera contundente prohibió a su sobrina que aceptara los amores del porfiado portugués, y como era de esperarse doña Margarita movida por el tierno sentimiento ignoró la prohibición de su ensotanado tío y a espaldas de él siguió recibiendo los amores de don Duarte quien también ignoró tal prohibición.

Dos veces el cura Juan de Nava habló ya en tono violento, con el llamado Duarte de Zarraza prohibiéndole que se acercara tan sólo a su casa o al puente de la acequia de Tezontlali, pero de parte del de Portugal no recibió más que blasfemia, burla y altanería.

Siguiendo al pie de la letra añejas y desleídas crónicas, se escribe que con tal persistencia el sacerdote se opuso a esos amores y en innumerables ocasiones reprendió a la sobrina y al mismo Zarraza, que éste movido por los más bajos sentimientos decidió eliminar a quien impedía que consumara sus deseos pues dicho por su propia boca, nadie podía oponerse a sus deseos y entonces decidió quitar del medio al clérigo.

Así el perverso portugués decidió matar al clérigo precisamente el 3 de abril de ese año de 1649 y tramando un funesto plan se dirigió a decirle a doña Margarita Jauregui, que en vista de las circunstancias y debido a la oposición de su tío-tutor, deberían huir para desposarse en la Puebla de los Ángeles. La bella mujer accedió a tal proposición.

Duarte de Zarraza conversaba por la ventana con doña Margarita, a eso de la hora del crepúsculo del día señalado, cuando vio venir al cura acercarse al lugar por el puente de la acequia de Tezontlali, y sin decir nada en un acto repentino corrió hacia el puente.

Se encontraron el clérigo y portugués, discutieron mas de repente, Duarte de Zarraza sacó un puñal en cuyo pomo aparecía grabado el escudo de su casa familiar y con acertivo y furioso golpe clavó su arma en el cráneo del sacerdote y tutor.

El cura cayó herido de muerte y el portugués lo arrastró unos cuantos pasos y lo arrojó a las aguas lodosas de la acequia por encima de la balaustrada del puente.

Como del conocimiento común la disputa en la que se veían constantemente el clérigo y Duarte de Zarraza, debido a la oposición de sus amoríos, el portugués decidió esconderse y en la menor oportunidad huir a Veracruz, en donde se ocultaría casi un año.

Como parte de un entretejido plan el portugués decidió ir a ver a Margarita y regresó a la capital de la Nueva España con la idea de pedirle que huyera con él, ya que estaba muerto el cura su tío.

Al anochecer se encaminó hacia el rumbo norte, por el lado de Tlatelolco... y ya estaba allí justo frente al puente de la acequia.... pero no pudo pasarlo, de hecho jamás logró cruzarlo.... vivo.

Al despejar el alba los velos negros de la oscuridad nocturna los viandantes mañaneros lo encontraron muerto, en su rostro se plasmaba una horrible mueca de espanto que lo desfiguró, asimismo mayúsculo espanto sufrieron los descubridores, ya que don Duarte de Zarraza yacía estrangulado por un horrible esqueleto cubierto por una sotana desgarrada que se mantenía impregnada de limo, lodo y agua pestilente. De esas huesudas manos descarnadas se pudo identificar en el acto al clérigo don Juan de Nava, quien yacía pegado al cuello del portugués, y que su cabeza calva adornaba un puñal que brillaba a los primeros rayos del sol de la mañana en cuyo pomo aparecía el escudo de la casa de Zarraza.

¡Quién lo dudaría!, el clérigo salió de su mortaja fangosa en la que permaneció esperando paciente la llegada del portugués, para vengarse.

Así el puente sin nombre y a la calle que se formó andando el tiempo, cuentan las crónicas se le conoció por largo tiempo, como la calle del Puente del Clérigo. Hoy conocida por 7ª y 8ª de Allende dando como referencia el antiguo Callejón del Carrizo.

LAS CALLES DEL INDIO TRISTE

Un viejo vecino de las calles que llevaron los nombres de 1ª y 2ª del Indio Triste (ahora 1ª y 2ª del Correo Mayor y 1ª del Carmen), recuerdan una antigua tradición la cual describía con pelos y señas, además aseguraba y protestaba "ser cierta y verdadera". Fruto de una fuerte tradición oral que pasó de su padre, y de éste a sus abuelos, de quienes se había ido transmitiendo de generación en generación. Y fue hasta el año de 1840, el conde de la Cortina quien la inmortalizó en letras.

La historia dicta así, en aquel tiempo el gobierno español se propuso proteger a los indios nobles, supervivientes de la vieja estirpe azteca; rescatándolos de las prisiones de guerra y aquellos que bajo pretexto de haber recibido maltratos del entonces emperador Moctecuhzomo II se entregaron voluntariamente a formar una alianza que les resultaba protectora.

Pero hay que advertir que esta protección otorgada a esos indios nobles, no era la protección abnegada que les habían vendido los santos misioneros, sino el interés de los primeros virreyes de la Nueva España, quienes querían utilizar a estos indios como espías para que se mezclaran con el pueblo y pudieran advertir de futuros levantamientos.

Cuenta así la tradición citada, que allá a mediados del siglo XVI en una de las casas de la calle que hoy se nombra 1ª del Carmen, vivía uno de aquellos indios nobles que, a cambio de su espionaje, recibía los favores de los españoles; y este indio a que alude la tradición, era muy cercano del virrey que entonces gobernaba la Colonia.

El tal indio poseía grandes y elegantes casas en la ciudad, y en los campos ganados y aves de corral. Tenía joyas que había heredado de sus antecesores; discos de oro, que semejaban soles o lunas, anillos, brazaletes, collares de verdes chalchihuites; bezotes de negra obsidiana; adornos del más delicado algodón o de riquísimas plumas; en fin como podemos ver tenía las riquezas de ambas culturas, sus *icpallis* o sillones, forrados con pieles de tigres, leopardos o venados.

Y prosigue la historia que aquel indio había recibido el bautismo y practicaba celosamente y a pie juntillas su religión con toda devoción y acatamiento, como todos los de su raza, según narran estas letras era poco entendido y tramposo, teniendo en el interior de su casa, un *santocalli* privado, a modo de oratorio particular. Su práctica piadosa de cultos no tenía otra intención que engañar a los frailes y sin abandonar sus creencias religiosas como indio sólo cubriéndolas con las otras también aprovechaba esta aparente devoción para ocultar la vida disipada de un príncipe destronado, quien es arrastrado por el fuerte caudal de los placeres carnales que le colmaban sus variadas mancebas, o los vicios más horribles como la gula y la embriaguez, ahogándose diariamente con sendas jícaras y jarros de pulque fermentado con yerbas olorosas y estimulantes o con frutas dulces y sabrosas.

Ese tal indio, no tuvo mejor suerte que los que estaban esclavos de los españoles, acabó por embrutecerse. Y vivía atormentado por miedo de las iras de sus dioses y por horror sembrado por la idea del diablo, que constantemente alucinaba y observaba pintado en los retablos de las iglesias y de cuanto él consideraba divino.

LA CALLE DE CHAVARRÍA
(2ª DEL MAESTRO JUSTO SIERRA)

En víspera de la celebración del aniversario de la aparición de Nuestra Señora la Virgen de Guadalupe, un 11 de diciembre de 1676. Por cierto una noche lúgubre, según las crónicas de nuestras antiguallas, los buenos habitantes de la Muy Noble y Leal Ciudad de México, como a las siete, en plenos inicios de la celebración en la iglesia de San Agustín, ocurrió un incendió, comenzando por la plomada del Reloj.

¡Considérese la confusión, preocupación y asombro de aquellas benditas y devotas gentes al ver cómo el fuego avivado devoraba todo a su paso en ese tan antiguo y suntuoso templo! Considérese la impotencia, pues en esos tiempos lejanos no había modo de apagar con copados chorros de agua ya que no existían bombas de agua y la que había servida en bebederos para apagar la sed no era suficiente y en los que se ahogaba el fuego con derrumbes y con la fe, pues era costumbre llevar imágenes, y las comunidades que llevaban cartas fingidas de los santos fundadores, en las que éstos simulaban desde el cielo mandar que cesara el incendio!

¡Vaya noche! La romería de la gente que topaba la iglesia, salía de ahí en tropel empujada por el terror, sofocada por el humo, iluminada por las llamas. Los frailes agustinos vecinos y responsables de la iglesia abandonaban el convento que se encontraba junto a este iglesia por miedo a que el fuego llegara a las celdas. En un abrir y cerrar de ojos la calle estaba llena de una multitud que con los ojos abiertos y desorbitados por la incredulidad y el terror, observaba impotente que el fuego movido por los propios vientos envolvía con lenguas grandes e impetuosas al templo.

Quizás no toda la gente que ya era una multitud, provenía de los fieles y los agustinos, tambíen se encontraban los curiosos, las órdenes de otros conventos, que habían acudido con sus Santos Estandartes y cartas de sus patronos, se agregaron gentes del gobiernos como los regidores de la ciudad, los oidores, y el Virrey Arzobispo Don Fr. Payo Enríquez de Rivera, personalmente dictaba cuantas medidas juzgaba conducentes, en su afán de que el fuego no llegara al convento y las cuadras circunvecinas, y así lo consiguió. Pero cuando era mayor la confusión en el incendio, y la presente se agolpaban frente a la ancha puerta de la iglesia, se veía salir de aquella puerta un calor sofocante, lenguas ardientes como si salieran de un monstuo gigantesco que por la boca arrojaba fuego, humo e infinidad de chispas que arrebataba el viento, su aliento alcanzaba hasta la acera de enfrente, reventando cristales de las casas, justo en ese momento la muchedumbre fue testigo de una escena que a todos hizo enmudecer de espanto...

Surgió de entre la multitud un hombre como de cincuenta y ocho años de edad; fuerte y robusto, que vestía el traje de capitán con espadín al cinto, quien se abría paso con esfuerzo entre la gente y solo, entró a la iglesia que ya ardía vivamente con sus muros llenos de hollín; como pudo llegó impasible a las gradas del altar mayor; con destreza sorprendente trepó el altar, alzó el brazo derecho y con fuerte mano tomó la custodia del Divinísimo, rodeado de un resplandor que se sumaba al provocado por el incendio y con ligereza salió a la calle casi sin aliento, sudoroso, aunque lleno de piadoso orgullo, su mano sostenía la hermosa custodia, ante la cual se postró, muda y llena de unción, la multitud atónita...

Y avanzó el tiempo su andar y sólo se conservó el recuerdo en las mentes asustadas de los que presenciaron aquel incendio que destruyó la vieja iglesia de San Agustín en menos de dos horas, pero cuyo fuego duró tres días. Y más testigo fiel que los recuerdos de los presentes en tal evento. En la cornisa de una de las casas que se reedificaron de la acera que ve al norte, de la calle que entonces se llamaba de los Donceles, entre Monte Alegre y Plaza de Loreto los buenos vecinos de la muy noble Ciudad de México, un nicho, que albergaba o un brazo de piedra en alto relieve, cuya mano empuñaba una custodia también de piedra...

La casa aquella testigo silencioso del paso del tiempo todavía se encuentra de pie en nuestros tiempos aunque con ligeras modificaciones perteneció al capitán D. Juan de Chavarría, uno de los más ricos y piadosos vecinos de la Ciudad de México, que en un acto de fe absoluto enfrentó el peligro y salvó a la custodia del Divinísimo, en la mentada noche del 11 de diciembre de 1676.

¿De dónde vino la idea de realizar una estatua que representara lo sucedido? ¿Quién dio el permiso de ostentar aquel emblema de su cristiandad en el nicho de la parte superior de su casa? ¿Acaso fue el mismísimo Rey informado del evento por el Virrey-Arzobispo que lo presenció, o el propio capitán tuvo tal idea satisfecho de haber cumplido un acto edificante? Sólo Dios lo sabe. Ningún manuscrito ni libro impreso lo dice. Sólo lo que dicta la antigua tradición quien refiere el episodio del incendio. Pero lo que sí consta de todo es que la casa número 4 de Chavarría, ahora 2ª del Maestro Justo Sierra, fue en la que habitó durante el siglo XVII aquel varón acaudalado y piadoso. Quien nació en México y se le bautizó en el Sagrario el 4 de junio de 1618. Se casó con doña Luisa de Vivero y Peredo, hija de D. Luis de Vivero, 2° Conde del Valle de Orizaba, y de doña Graciana Peredo y Acuña, de cuyo matrimonio tuvo Chavarría tres hijos.

El capitán Don Juan Chavarría se caracterizó por ser un hombre muy religioso y gran limosnero. Quien tomó bajo sus cuidados la reedificación de la iglesia de San Lorenzo. Siendo patrono de ésta recibió el habito de Santiago el 26 de diciembre de 1652, ante lucida concurrencia y con engalanada y distinguida asistencia del virrey.

Y murió en casa el 29 de noviembre de 1682. Su fortuna llegó a unos 500,000 pesos, y como a patrono que era de San Lorenzo, se le erigió una estatua de piedra, sobre su sepulcro que lo representaba hincado de rodillas sobre un cojín y en actitud devota.

Sólo sabemos de su existencia por la tradición ya que actualmente de él se conserva su buena fama en una calle que lleva su nombre, y el símbolo de su piedad se conserva en el antiguo nicho de la vieja casa de su morada.

La calle de don Juan Manuel

Hace muchos años en una calle detrás del Convento de San Bernardo —cuenta la tradición — moraba un hombre muy rico, que por nombre llevaba don Juan Manuel, casado con una mujer tan virtuosa como bella. Pero aquel hombre, que aparentemente era afortunado y lo tenía todo no se sentía feliz a causa de no haber tenido sucesión.

Consumido por la tristeza, buscó consuelo consagrándose a las prácticas religiosas, pero no conforme con asistir casi todo el día a las iglesias, intentó separarse de su esposa y entrar de fraile a San Francisco. Pensando en consumar sus deseos, envió por un sobrino que residía en España, para que administrase sus negocios. Y junto con el sobrino llegaron pronto también los celos terribles a don Juan Manuel, tan insoportablemente que con desesperación inmensa una noche invocó al diablo y le prometió entregarle su alma, si él le permitía descubrir a quién él creía lo deshonraba. Sin hacer oídos sordos el diablo se presentó presto, y le ordenó al cristiano que a las once en punto de esa señalada noche diera muerte al primero que encontrase. Sin más aliento que el que le daban los encarnizados celos don Juan llevó a cabo tal mandato y lo hizo. Al día siguiente bajo la creencia de estar vengado don Juan, y con el placer que da la venganza aquél hasta entonces intachable cristiano se encontraba satisfecho, y fue así que el demonio se le volvió a presentar y le dijo con voz despreocupada que aquel ciudadano que había matado la noche anterior era inocente, pero que continuara el acto todas las noches y matara hasta que él se le apareciera junto al cadáver del culpable como señal de la venganza consumada.

Don Juan llevó a cabo tan sangriento mandato, obedeció sin replicar. Y entrada la noche consecutivamente salía de su casa: con paso firme bajaba las escalinatas, cruzaba el patio, abría el cerrojo del zaguán, se apoyaba en el muro como una sombra , y envuelto en su ancha capa, esperaba sereno a su siguiente víctima. Para ese entonces no había alumbrado y en medio de la oscura y silenciosa noche, aguzaba sus oídos y distinguía a lo lejos pasos, cada vez se hacían más perceptibles: después distinguía la silueta del transeúnte, a quien, con despreocupación se le acercaba don Juan y le preguntaba:

— Perdone vuestra merced ¿qué horas son?

—Las once.

— ¡Dichosa su merced , que sabe la hora en que muere!

De las tinieblas de la noche salía el brillo del puñal, y al unísono un grito sofocado, el golpe de un cuerpo que sin vida caía, y el frío asesino en silencio regresaba al pórtico, lo abría sin prisa, atravesaba de nuevo el patio de la casa, subía las escaleras y se recogía en sus aposentos.

Todas las mañanas, en dicha calle, recogía el sereno un cadáver, consternados los habitantes por no tener explicación alguna al misterio de las muertes nocturnas tan espantosas como frecuentes.

Muy temprano uno de esos tantos días, la ronda tocó a la puerta de la casa de don Juan Manuel, y condujo un cadáver. Don Juan lo contempló y reconoció en él a su sobrino, al que tanto quería y al que debía la conservación de su fortuna.

Don Juan al reconocerlo trató de disimular; pero como un rayo que ilumina la noche y estremece las entrañas un terrible remordimiento movió todo su ser, palideció y un inmenso temblor se apodero de él, abatido por el dolor y el arrepentimiento, se dirigió al convento de San Francisco, entró a la celda de un sabio y santo religioso, y arrojándose a sus pies, y abrazándose a sus rodillas, confesó su pecados y en específico cada uno de sus asesinatos, a los cuales vio nacer como los mismos engendros de Lucifer a quien prometió entregar su alma.

El reverendo dio oídas a sus quejas y sufrimientos con la tranquilidad y con la serenidad del justo, y como acto final después de que hubo concluido don Juan, dictó penitencia la cual consistía que durante tres noches consecutivas a las once en punto se pusiera a rezar un rosario al pie de la horca, acción necesaria para enmendar cuentas.

Intentó cumplir don Juan, fiel de nuevo a sus creencias intentó cumplir más, sin embargo no había aún terminado su rosario, esa primera noche, cuando escuchó una voz como arrancada de la misma muerte que imploraba con dolor:

— ¡Un Padre Nuestro y un Ave María por el alma de don Juan Manuel!

Tieso y mudo del susto por algunos minutos reaccionó y se repuso enseguida, se dirigió a su casa, y ni un segundo los ojos, esperó el amanecer para poder conciliar con el confesor su terrible experiencia.

A lo que el cura respondió: "Vuelva esta misma noche, considere que esto ha sido dispuesto por el que todo lo sabe para salvar su ánima y reflexione y piense que el miedo se lo ha metido en el alma el mismísimo demonio como un truco para apartarlo del buen camino, y usted en respuesta haga la señal de la cruz cuando sienta tal espanto"

Don Juan sin chistar obedeció, y como era de esperarse estuvo a las once en punto en la horca; pero aún no había comenzado a rezar, cuando vio un cortejo de fantasmas, que con cirios encendidos conducían su propio cadáver en un ataúd.

Totalmente fuera de sí sintiéndose más muerto que vivo, con tal temblor que no ataba en caminar derecho y con el rostro completamente desencajado, se presentó al otro día en el convento de San Francisco con una sola petición:

— ¡Padre — le dijo — por Dios, por su santa y bendita madre, antes de morirme concédame la absolución!

El religioso con su sabiduría y su calidad humana no tardó en realizar la absolución pero exigiéndole por última vez, que esa misma noche fuera a rezar el rosario que le faltaba.

¿Y que pasó allí? Dice la leyenda, aunque nadie a ciencia cierta lo sabe, que al amanecer colgaba de la horca pública don Juan Manuel de Solórzano, privado que había sido del Marqués de Cadereita. Sí ahí yacía el cadáver de un hombre muy, muy rico.

El pueblo comentaba desde entonces que a don Juan Manuel lo habían colgado los ángeles, y la tradición lo repite y lo seguirá repitiendo por los siglos de los siglos. Amén.

La calle de la mujer herrada

En esta Ciudad de México, entre los años de 1670 a 1680, vivía en la casa número 3 de la calle de la Puerta Falsa de Santo Domingo un clérigo eclesiástico; éste no vivía como lo dicta lo esperado, no era honesto y honrado como Dios manda, pues vivía con una mala mujer y como si fuera legítima esposa.

Cerca de allí, en la calle de las Rejas de Balbanera, bajo de la exuniversidad, había una casa que hoy está reedificada, la cual antiguamente se llamó Casa del Pujavante, la cual debía su nombre a lo que adornaba sobre la puerta "esculpido en la cantería un pujavante y tenazas cruzadas", que al parecer son "memoria" del hecho que aquí señala esta tradición.

Pues bien en esa casa habitaba y tenía su oficio un antiguo herrador, compadre y amigo del clérigo, por supuesto éste estaba al tanto de la vida desviada del clérigo y como amigo de él frecuentaba la casa y le tenía mucha confianza, este oficioso en repetidas ocasiones exhortó a su compadre que abandonase la senda.

Vanos fueron los consejos, estériles las exhortaciones del "buen herrador" para con su "errado compadre" mas cierta noche en que el buen herrador estaba ya dormido, escuchó un golpeteo en la puerta del taller como si desearan derribarla, mismos que hicieron que se incorporara súbitamente.

Tomó su arma y entre dormido y despierto dado que la noche estaba avanzada, fue caminando a ver quién era, temeroso de que fuesen ladrones, y al abrir se encontró con la sorpresa de que quien con tanta fuerza llamaba eran dos negros que conducían una mula y un recado de su compadre el clérigo, suplicándole le herrase inmediatamente la bestia, pues al iniciar el día iría a visitar el Santuario de la Virgen de Guadalupe.

Reconoció en efecto la cabalgadura que solía usar su compadre, y aunque un tanto incómodo por la hora y de mal talante, preparó los implementos del oficio, y herró las cuatro patas del animal.

Dispuesto todo y terminado el trabajo los negros se llevaron a golpes a la mula, fueron tan crueles los golpes que el amor cristiano del herrador hizo que reprendiera a los negros su proceder.

En la casa de la calle de la Puerta Falsa de Santo Domingo se presentó el herrador muy de mañana, al día siguiente, con el afán de saber el por qué iría tan temprano a Guadalupe, como le habían informado los negros, y halló al clérigo aún dormido junto a su concubina.

A lo cual replicó: "Lucidos estamos, señor compadre, despertarme tan de noche para herrar una mula, y todavía tiene vuestra merced tirantes las piernas debajo de las sábanas, ¿qué sucede con el viaje?"

El clérigo, aunque somnoliento, sorprendido contestó: "Ni he mandado herrar mi mula, ni pienso hacer viaje alguno". A lo cual prosiguió una serie de explicaciones mediadas entre los dos amigos, y concluyendo que alguien le había querido jugar una mala pasada al herrador, y con tono célebre provocado por esa chanza, el clérigo se dirigió a despertar a la mujer.

Y no fueron una ni dos veces las que la llamó por su nombre, y todo fue en vano, la mujer no respondió, consternado movió su cuerpo, el cual se postraba con rigidez absoluta ni respiración alguna, ya ella había muerto.

Con mudo espanto ambos compadres cruzaron miradas; pero cual no sería su mayúsculo asombro al ver horrorizados, que en cada mano y en cada uno de los pies de aquella desgraciada, se hallaban las mismas herraduras con los mismos clavos, que en la madrugada de ese día el buen herrador colocó a la mula.

Sin hablar ambos pensaron que todo aquello había sido realizado por la Divina Justicia, y que los negros no eran otros que demonios salidos del infierno.

Después de pasado un poco el asombro se aprestaron a avisar al cura de la Parroquia de Santa Catarina, Dr. don Francisco Antonio Ortíz, y al volver con él a la casa, ya se encontraban en ella don José Vidal y un religioso carmelita, quienes también habían sido convocados. Ellos miraron con atención a la difunta encontrando que tenía un freno en la boca y las señales de los golpes que los demonios personificados en los negros habían acertado a dar a la mula cuando la llevaron a herrar.

Como respuesta a sus mutuas consultas los religiosos acertaron en acordar entre los tres hacer un hoyo en la misma casa para enterrar a la mujer, guardar el más profundo secreto entre los presentes.

Ese mismo día salió de la casa número 3 de la calle de la puerta Falsa de Santo Domingo el clérigo, sin que nadie después volviera a tener noticia de su paradero. Mas cuenta la tradición que el cura de Santa Catarina, "andaba movido a entrar en religión, y con este caso, acabó de resolverse y entró a la Compañía de Jesús, donde vivió hasta la edad de 84 años, y fue muy estimado por sus virtudes, y refería este caso con asombro". Y que el otro testigo, don José Vidal murió en 1702, en el Colegio de San Pedro y San Pablo de México, a la edad de 72 años, después de ilustrar con su ejemplar vida, y de ser pionero en el culto a la Virgen, bajo la advocación de los Dolores, en todo el reino de la Nueva España.

Las viejas crónicas callan el fin del carmelita, testigo ocular del suceso, y del bueno del herrador, que Dios tenga en su santa Gloria.

LA CALLE DE LA QUEMADA

En la calle de La Quemada, que hoy lleva el nombre de 5ª calle de Jesús María y según nos narra esta dramática leyenda, como muchas calles de esta ciudad tomó ese nombre en virtud de los hechos que acontecieron en ese lugar a mediados del siglo XVI.

Gobernaba por esos días la Nueva España don Luis de Velasco I., (después fue virrey su hijo del mismo nombre, 40 años más tarde). Contemporáneos al suceso en amplia y bien fabricada casona vivían don Gonzalo Espinosa de Guevara con su hija Beatriz, ellos españoles trajeron consigo gran fortuna que creció aquí el caballero hispano con negocios, minas y encomiendas. Y aunque desleídas por el pasar del tiempo dícese en viejas crónicas, que grande era la fortuna de don Gonzalo y mayor era la hermosura de su hija de graciosas formas con veinte años de edad, de rostro angelical y de una blancura que envidiaría la misma azucena.

Y no obstante que queda corta la descripción de tal hermosura, lo mismo pasaría con su perfecta alma cuya bondad y dulzura otorgaba a quienes gustaba de amparar, a los enfermos. Sus actos eran muchos, el curar a los apestados y socorrer a los humildes despojándose de sus más valiosas pertenencias personales.

Con tales dotes muchos caballeros y nobles galanes desfilaron ante la casa de doña Beatriz, con el fin de cortejarla, ganar sus favores y contraer un matrimonio que se antojaba perfecto, sin embargo no aceptaba a ninguno de ellos.

Por fin el destino no se hizo esperar y llegó aquel caballero a quien el destino había deparado como esposo, don Martín de Scópoli, Marqués de Piamonte y Franteschelo, apuesto caballero italiano que se prendó de inmediato de la hispana y comenzó a amarla no con tiento y discreción, sino con abierta locura.

Y fue tal el enamoramiento del marqués de Piamonte, que se oponía al paso de cualquier caballero que deseara acercarse a casa de su amada Beatriz. Plantado como un roble a media calle confrontaba al osado, y corrió su fama por lo que no faltaron altivos caballeros que contestaron con hombría cruzando las espadas. Cuántas noches bajo la luz de la luna y frente al balcón de doña Beatriz, sacaban chispas los aceros del Marqués de Piamonte y los demás enamorados, y saliendo siempre vencedor el italiano.

Así, uno tras otro iban cayendo los posibles esposos de la hermosa dama de la Villa de Illescas.

Doña Beatriz, que amaba ya intensamente a don Martín, por sus dotes personales y su intenso amor, un día supo lo de tanta sangre corrida por su culpa y con ello se llenó de pena su corazón por la conducta celosa del de Piamonte.

Al pie de la imagen de Santa Lucía, virgen mártir que se sacó los ojos, mientras rezaba una noche de acumulado dolor, tomó una terrible decisión con miras a lograr que don Martín de Scópoli marqués de Piamonte y Franteschelo dejara de amarla para siempre.

Mujer inteligente y piadosa realizó diligencias para dejar listo cualquier pendiente, como su ayuda a los pobres y medicinas y alimentos que debían entregarse periódicamente a los pobres y conventos, y esa mañana despidió a toda la servidumbre, después de ver que su padre salía con rumbo a la Casa del Factor.

Colocó un anafre en su alcoba y avivando el fuego, sin dejar de invocar a Santa Lucía y pronunciando entre lloros el nombre de don Martín, se inclinó y clavó con decisión su hermoso rostro sobre el carbón ardiente.

Chilló la carne, tronaron las brasas y el olor a carne quemada se esparció por la alcoba antes olorosa a jazmín y almendras, doña Beatriz pegó un grito espantoso y cayó desmayada junto al anafre.

Por suerte pasaba por allí el fraile mercedario fray Marcos de Jesús y Gracia, confesor de doña Beatriz; después de escuchar un grito tan intenso y doloroso, entró corriendo a la casona ; y encontró a doña Beatriz tirada en el piso casi sin sentido y presto la levantó y enseguida inició a curar el rostro colocándole hierbas y vinagre sobre el rostro quemado, al mismo tiempo que le preguntaba lo sucedido.

Y doña Beatriz explicó que ya no sería el objeto de amor de Piamonte y así cesarían las muertes. El religioso fue en busca de don Martín y le explicó lo sucedido, el religioso esperaba la reacción de rechazo a lo sucedido por parte del italiano pero cuál sería su sopresa que el gentil caballero salió a toda prisa a ver a su amada. Allí en su casa la halló sentada en un sillón sobre un cojín de terciopelo carmesí, su rostro cubierto con un velo negro que ya estaba manchado de sangre y carne negra.

De rodillas ante ella, con sumo cuidado le develó el rostro a su amada y al hacerlo no retrocedió horrorizado, se quedó atónito, recordando lo que había en lugar de esa fea figura, su hermosa y blanca doña Beatriz, que ahora estaba horriblemente quemada

Pero acaso fue en vano tan profundo dolor, no era con este sacrificio que don Martín rechazaría a doña Beatriz y la despreciaría como esposa. El marqués de Piamonte, quien se encontraba arrodillado ante ella, le dijo con profunda ternura:

—Ah, doña Beatriz, yo os amo no por vuestra belleza física, sino por vuestras cualidades morales, sóis buena y generosa, sóis noble y vuestra alma es grande...

El llanto cortó estas palabras y ambos lloraron de amor y de ternura.

—En cuanto regrese vuestro padre, os pediré para esposa, si es que vos me amáis—, terminó diciendo el caballero.

En el templo de la profesa se llevó el sensible acontecimiento, la boda de doña Beatriz y el marqués de Piamonte. Don Gonzalo de Espinosa y Guevara gastó gran fortuna en los festejos y por su parte el marqués de Piamonte regaló a la novia vestidos, alhajas y mobiliario traídos desde Italia.

Doña Beatriz llevó ante el altar el rostro cubierto por tupido velo blanco, para evitar la insana curiosidad de la gente, igual que cuando salía a la calle cubría su rostro con un velo negro pero no su felicidad.

MITO TLALPENSE

De adorno fiel del Valle de México, testigo del andar del tiempo, el volcán del Xitle en tiempos remotos estaba cubierto de nieve, que perduraba hasta mayo o junio. Y al deshielarse surgía una exuberante vegetación donde los antepasados se abastecían de peces, de aves acuáticas, de animales de caza y de alimentos. Siendo los meses de julio y agosto bajo el calor del sol, la nieve se fundía formando un lago al pie del volcán en donde aparecían aves acuáticas, chichicuilotes y patos. Y en ese paraíso vivían los antepasados felices, sin carencias, ni enfermedades, ni guerras.

En un tiempo uno de los sacerdotes que desobedeció el mandato de su diosa, e incrédulo del poder de ella la retó a que, si era tan poderosa, cambiara el lago de lugar. Hecho que no sucedió, y cegado por la oscuridad que inundaba su alma y nublaba su entendimiento pronto incitó al pueblo a que la desobedecieran, claro no sin antes ofrecerles a cambio una vida de comodidades y de placeres. Atractiva es la tentación si no, no sería tentación, y ante ella el pueblo cayó, sólo siete familias no estuvieron de acuerdo y se fueron del pueblo una noche.

Obedientes al mandato y advertencia del padre de la diosa quien manifestó que se alejaran del volcán y al hacerlo comenzó a hacer erupción destruyendo a todo el pueblo. Las únicas que se salvaron fueron las siete familias.

Por muchos cientos de años no hubo vida en ese lugar. Hasta que llegaron los nahuatlacas a poblarlo. Por eso estaba prohibido subir al volcán. El que lo hiciera sería castigado con la muerte. Esta prohibición duró mucho tiempo, hasta que los españoles exploraron para quitar la superstición de la gente y encontraron grandes víboras en ese lugar, que a ciencia cierta creían eran los guardianes del volcán.

Dicta la tradición oral que para contrarrestar la erupción del Xitle, el Ajusco también hizo erupción, pero en lugar de arrojar lava, echaba chorros de agua. De ahí que la parte norte del cerro tiene una gran cañada por donde arrojó el agua. Así los dioses del bien apagaron el fuego del Xitle que terminó con la civilización que floreció en lo que ahora es el Pedregal, desde San Ángel, incluyendo Ajusco y Tlalpan. Por eso el cerro de Ajusco era sagrado para los antiguos pobladores, pues obtenían muchos beneficios del cerro para poder vivir.

La Llorona

Durante los tiempos de la Colonia, a mediados del siglo XVI, los habitantes de la Nueva España se recogían en sus casas cuando la campana de la catedral daba la señal de la queda; a media noche, y principalmente cuando había luna, los lamentos tristes y prolongadísimos de una mujer los despertaba sobresaltados. Estos lamentos eran sin duda causados por una honda pena moral o tremendo dolor físico.

Las primeras noches en que se escuchó este lamento, algunos vecinos se contentaban con persignarse o santiguarse, pensando que aquellos gemidos, provenía de un ánima del otro mundo; pero fueron tantos y repetidos, y se prolongaron por tanto tiempo, que algunos osados quisieron descubrir la identidad de aquella mujer y, primero, desde las puertas entornadas, de las ventanas o balcones, y enseguida atreviéndose a salir por las calles, lograron ver a la que, en el silencio de las oscuras noches o en aquellas en que la luz pálida y transparente de la luna caía como un manto vaporoso sobre las altas torres, los techos y tejados y las calles, lanzaba agudos y tristísimos gemidos.

Pero aquellos que osaron verle de frente amanecían muertos, o locos, algunos quedaban con el cabello totalmente cano del susto.

Vestía la mujer traje blanquísimo, y blanco y espeso velo cubría su rostro. Con lentos y callados pasos recorría muchas calles de la ciudad dormida, cada noche distintas, aunque sin faltar una sola, la Plaza Mayor, donde vuelto el velado rostro hacia el oriente, hincada de rodillas, daba el último angustioso y languidísimo lamento; puesta en pie, continuaba con el paso lento y pausado hacia el mismo rumbo, al llegar a orillas del salobre lago, que en ese tiempo penetraba dentro de algunos barrios, como una sombra se desvanecía.

"La hora avanzada de la noche, — dice el Dr. José María Marroquí— el silencio y la soledad de las calles y plazas, el traje, el aire, el pausado andar de aquella mujer misteriosa y, sobre todo, lo penetrante, agudo y prolongado de su gemido, que daba siempre cayendo en tierra de rodillas, formaba un conjunto que aterrorizaba a cuantos la veían y oían, y no pocos de los conquistadores valerosos y esforzados, que habían sido espanto de la misma muerte, quedaban en presencia de aquella mujer, mudos, pálidos y fríos, como de mármol. Los más animosos apenas se atrevían a seguirla a larga distancia, aprovechando la claridad de la luna, sin lograr otra cosa que verla desaparecer llegando al lago, como si se sumergiera entre las aguas, y no pudiéndose averiguar más de ella, e ignorándose quién era, de dónde venía y a dónde iba, se le dio el nombre de *La Llorona*."

La leyenda de La Llorona es sin duda una de las favoritas y más contadas de nuestro país. Cada pueblo y ciudad tiene su propia versión. Se dice que su origen se remonta a los tiempos prehispánicos y tiene que ver con la diosa Cihuacoatl. Sahagún en su *Historia* (libro 1º, Cap. IV), habla de esta diosa, la cual "aparecía muchas veces como una señora compuesta con unos atavíos como se usan en Palacio; decían también que de noche voceaba y bramaba en el aire... Los atavíos con que esta mujer aparecía eran blancos, y los cabellos los tocaba de manera que tenía como unos cuernos sobre la frente". El mismo Sahagún (Lib. XI), refiere que entre muchos augurios o señales con que se anunció la Conquista de los españoles, el sexto pronóstico fue "que de noche se oyeran voces muchas veces como de una mujer que angustiada y llorando decía: '¡Oh, hijos míos!, ¿dónde os llevaré para que no os acabéis de perder?'"

Otra versión, dice que el alma de doña María, es decir la Malinche, venía del otro mundo y recorría las calles de la ciudad rumiando su pena, por haber traicionado a su pueblo, ayudando a los extranjeros para que lograran la conquista.

Según cuenta don José María Roa Bárcena, "La Llorona, era a veces una joven enamorada, que había muerto en vísperas de casarse y traía al novio la corona de rosas blancas que no llegó a ceñírse; era otras veces la viuda que venía a llorar a sus tiernos huérfanos; ya la esposa muerta en ausencia del marido a quien venía a traer el beso de despedida que no pudo darle en su agonía; ya la desgraciada mujer, vilmente asesinada por el celoso cónyuge, que se aparecía para lamentar su fin desgraciado y protestar su inocencia".

Dicen que la Llorona anduvo penando hasta los primeros años del siglo XVII, por todos los pueblos y caminos, y que después desapareció para siempre... pero hay que tener cuidado, aún hay quien cuenta que la ha escuchado cerca de la Plaza de Santo Domingo, y por el Templo Mayor.

LA MULATA DE CÓRDOBA

Hace más de dos siglos y en la poética ciudad de Córdoba —cuenta la tradición— vivió una célebre mujer joven que a pesar de los años nunca envejecía. La gente desconocía su origen, nadie sabía hija de quién era, pero todos la llamaban la *Mulata*.

Ante el hecho de su inexplicable juventud la gente sentía que la *Mulata* era una bruja, una hechicera que había hecho pacto con el diablo, quien la visitaba todas las noches, ya que algunas personas se dieron cuenta que pasadas las doce de la noche, en la casa de esta mujer de entre las rendijas de las ventanas y de las puertas salía una luz cegadora, como si adentro de su casa un intenso incendio se devoraba aquella habitación.

Otros aseguraban que la habían visto volar entre los tejados, con su bella forma de mujer; en sus ojos se podía ver la maldad del diablo, mostrando una sonarisa con sus labios rojos y sus dientes blanquísimos.

Se decía que cuando aparecía en la ciudad, los jóvenes se quedaban prendados de ella y se disputaban su corazón.

Pero a nadie correspondía, a todos desdeñaba, y de ahí nació la creencia de que el único dueño de sus encantos era el señor de las tinieblas.

Pero por extraño que pareciera, aquella mujer que lucía siempre joven, frecuentaba los sacramentos, asistía a misa, hacía caridades, y todo aquel que imploraba su auxilio la tenía a su lado, en el umbral de la choza del pobre, lo mismo que junto al lecho del moribundo.

Se decía que tenía el poder de aparecer en dos lugares a la vez, y llegó a saberse que un día se le vio a un tiempo en Córdoba y en México.

Se contaba que se le podía encontrar en una caverna, pero también se le veía en esas casuchas horrorosas que tan mala fama tienen en los barrios más inmundos de las ciudades, y otro la conoció en un modesto cuarto de vecindad, sencillamente vestida, con aire vulgar, maneras desembarazadas, y sin revelar el mágico poder de que estaba dotada.

Su fama como hechicera era grande, pronto fue buscada por las muchachas sin novio, las jamonas pasaditas, que iban perdiendo la esperanza de encontrar marido, los empleados cesantes, las damas que ambicionaban riquezas, militares, todos acudían a ella, todos invocaban en sus cuitas, y a todos los dejaba contentos, hartos y satisfechos.

Es por esto que hoy, cuando se solicita de alguien una cosa dificil, casi irrealizable, es costunbre exclamar: —¡No soy la Mulata de Córdoba!

La fama de la mulata fue grande, en toda la Nueva España se hablaba de ella, digna bruja, hechicera, sacerdotisa y médium.

¿Qué tiempo duró la fama de aquella mujer, verdadero prodigio de su época y admiración de los futuros siglos? Nadie lo sabe.

Lo que sí se asegura es que un día la Ciudad de México supo que desde la villa de Córdoba había sido traída a las sombrías cárceles del Santo Oficio. Pronto la noticia de su escapada circuló por todas las calles, y entre los *platicones* de las tiendas del Parián se habló mucho de aquel suceso y hasta hubo un atrevido que sostuvo que la *Mulata* no era hechicera, ni bruja, ni cosa parecida, y que había caído en garras del Santo Tribunal por deber una inmensa fortuna, consistente en diez grandes barriles de barro, llenos de polvo de oro. No faltó quien aseguró que además de esto se hallaba de por medio un amante desairado, que ciego de despecho, denunció en Córdoba a la *Mulata,* porque ésta no había correspondido a sus amores.

Pasó el tiempo, y el recuerdo de la *Mulata* parecía desvanecerse de la memoria de la gente, cuando se dijo que había desaparecido burlando la vigilancia de sus carceleros.

¿Cómo había sucedió esto? ¿Qué poder tenía aquella mujer, para dejar así *con un palmo de narices,* a los muy respetables señores inquisidores?

Todos pensaron que fue obra del mismo diablo, que se había introducido a la cárcel para salvar a la Mulata.

Una historia cuenta que:

Una vez, el carcelero penetró en el inmundo calabozo de la hechicera, y se quedó verdaderamente maravillado al contemplar en una de las paredes un navío dibujado con carbón por la *Mulata,* la cual le preguntó con tono irónico:

—¿Que es lo que le falta a ese navío?

—¡Infeliz mujer— contestó el interrogado—, si quisieras salvar tu alma de las horribles penas del infierno, no estarías aquí, y ahorrarías al Santo Oficio el que te juzgase! ¡A este magnífico barco únicamente le falta que ande! ¡Es perfecto!

— Pues si la voluntad de su merced es que navegue, navegará y muy lejos...

— ¡Pues demuéstralo!

—¡Ah, sí! — dijo la *Mulata.* Y ligera saltó al navío, y éste, lento al principio, y después apresurado y a toda vela, desapareció con la hermosa mujer por uno de los rincones del calabozo.

El carcelero quedó inmóvil ante la sorpresa, sus ojos desorbitados y saltones, sus cabellos de punta y la boca abierta. Días después enloqueció.

Un verso de esta leyenda quedó.
Cuenta la tradición, que algunos años
después de estos sucesos, hubo un hombre,
en la casa de locos detenido,
y que hablaba de un barco que una noche
bajo el suelo de México cruzaba,
llevando una mujer de altivo porte,
era el inquisidor; de la Mulata
nada volvió a saber, mas se supone
que en poder del demonio está gimiendo.
¡Déjenla entre las llamas los lectores!

La leyenda del Volcán Teutli

Hace muchos siglos hubo por aquellos lugares de Milpa Alta, tres jóvenes cuyos nombres eran: Teutli, Xico y Chichinautzin. Eran fuertes guerreros que rondaban de vez en cuando por los lares de Xochimilco. Sus vidas transcurrían en calma, hasta que un día de paseo por los canales, lo que más les llamó la atención fue una muchacha de piel blanca, de nombre Iztaccíhuatl, de quien se enamoraron los tres. Cada uno de ellos ofreció regalos y trofeos de caza para ganarse la confianza de los padres de la muchacha. El padre de Iztaccíhuatl al ver que los jóvenes disputaban el amor de su hija, llevó a su familia de regreso a Tenochtitlán.

Los tres pelearon en una lucha encarnizada donde el más aguerrido era Teutli, que hizo correr a Xico. Y cuenta la leyenda que para no ser aniquilado por Teutli se escondió en el valle de lo que actualmente es Chalco. Los dos contendientes disputaron el amor de la joven por largo tiempo, cuentan que Teutli estuvo a punto de perder la vida, pero sacando fuerzas de flaqueza arrojó una antorcha encendida a Chichinautzin que acabó calcinado en el fuego.

Temeroso el padre de Iztaccíhuatl, mantenía escondida a su hija, pero todo fue en vano, la muchacha se enamoró de un joven guerrero llamado Popocatépetl.

Al verse correspondida la muchacha le pidió al joven guerrero que se la llevara muy lejos donde su padre jamás los pudiera separar. Al darse cuenta el padre de este idilio decidió mudarse con su familia para otra ciudad. Iztaccíhuatl le informó al joven y decidieron huir rumbo al sureste de Tenochtitlán, es decir, a Oaxaca.

Los enamorados sin más cosas que sus ropas corrían por terrenos escabrosos, donde no había que comer ni beber, el cansancio fue disminuyendo la condición de la joven que pronto se rindió, llegada la segunda noche. Y cuenta la leyenda que a la mañana siguiente Iztaccíhuatl ya no despertó y Popocatépetl se quedó velando el sueño de ella y fueron convertidos en volcanes. Teutli, su fiel enamorado también vigila desde un rincón a Iztaccíhuatl, Xico escondido en el valle también contempla más cerca a la dormida y Chichinautzin chamuscado por Teutli permanece en la parte sur y más alta cuidando a la mujer dormida por una eternidad.

En la calle de las Canoas

En la antigua tierra de los aztecas, la Gran Tenochtitlán, había calles de tierra y calles de agua llamados también canales, que atravesaban la ciudad. Tras la conquista, los españoles comenzaron a desecar el lago y erigir edificaciones a su usanza. El proceso tardó bastante tiempo y fue hecho por partes.

Una de las calles que duró más tiempo con agua, antes de que la pudieran desecar, fue la que terminó por nombrarse de las Canoas. Por este canal se podía ir desde un lado de Palacio hasta San Juan de Letrán. En esta calle, haciendo esquina con Tlaperos, por los primeros años del siglo XVII hubo un basurero, que al parecer la municipalidad no le ponía mayor atención, y los vecinos se quejaban constantemente de la pestilencia y suciedad de lugar.

En el basurero comenzó a trabajar un hombre de aspecto sucio pero de buenas maneras. Y a juzgar por su barba y el color de su piel, era español. Siempre sonriente, la gente lo tenía por loco pues decía hablar con los ángeles. Este miserable vivía de espulgar la basura y vender lo que ahí encontraba.

Con el tiempo los vecinos se acostumbraron a tratar con él y los empleados del municipio a recibir de él la basura de la esquina. Pero una mañana el loco fue encontrado muerto de la manera más extraña. Sus ojos abiertos sin vida aún guardaban el brillo de la felicidad. Su cara mostraba una gran sonrisa. Su cuerpo estaba tieso como el de todos los difuntos pero hincado; de inmediato la gente comenzó a divulgar la noticia que el loco que hablaba con los ángeles había muerto rezando.

Las habladurías se hicieron mayores cuando al buscar entre la ropa del difunto, se le encontró una acta bautismal y otra sacerdotal. Este pobre hombre resultó ser un ex cura franciscano que había huido del seminario de Valladolid hacía algunos años. Un antiguo compañero le reconoció, pero lo más extraño de esta muerte y que más llamó la atención de los vecinos, es que el cura pordiosero había muerto mirando hacia la casa ubicada en la esquina de Tlaperos y Canoas, en una de cuyas paredes se encontraba la imagen de una virgen, que nunca antes había estado allí. Al acudir las autoridades eclesiásticas, comprobaron que la imagen era la Virgen del Refugio. Lo comprobaba la posición abierta de sus manos y la cabeza un poco inclinada, como la madre que mira a sus hijos.

En 1847, el jesuita Francisco Lascano, uno de los que reconoció la imagen de la Virgen del Refugio en la pared, mandó instalar un nicho en la misma esquina con una pequeña estatua de la virgen aparecida.

JUAN DE DIOS PEZA

Nació en la Ciudad de México el 28 de junio de 1852, en el seno de una familia conservadora. En 1869 ingresa a la Escuela Nacional Preparatoria e inmediatamente se convierte en el alumno predilecto de un gran pensador mexicano: Ingacio Ramírez, "El Nigromante". Al egresar de ese centro de estudios ingresa a la Escuela de Medicina donde establece gran amistad con otro gran poeta de aquel tiempo: Manuel Acuña.

Peza, fue un hombre liberal, el liberalismo estaba en boga en aquella época, su entusiasmo y apasionamiento por dicho movimiento lo llevó a renunciar a sus estudios para entregarse de lleno al periodismo. En 1878 fue designado secretario de la Legación de México en España, más tarde fue diputado federal, profesor de declamación en el Conservatorio.

Pese a sus múltiples actividades como político no abandonó las letras. Como poeta tiene un estilo único, es realista a la vez que lleno de infinita ternura. Canta al hogar y a sus hijos. Entre los libros que publicó están: *Hogar y Patria, La Lira de la Patria, El Arpa del Amor, Recuerdos y Esperanzas, Flores del Alma, Vinos Festivos* y *Leyendas históricas, tradicionales y fantásticas de las calles de la Ciudad de México*.

De este último libro, presentamos algunos fragmentos.

EL CALLEJÓN DEL BESO
(Leyenda de la primera calle de los plateros)

Una noche invernal, de las más bellas
con que engalana enero sus rigores
y en que asoman la luna y las estrellas
calmando penas e inspirando amores;
noche en que están galanes y doncellas
olvidados de amargos sinsabores,
al casto fuego de pasión secreta
parodiando a Romeo y a Julieta.

En una de esas noches sosegadas,
en que ni el viento a susurrar se atreve,
ni al cruzar por las tristes enramadas
las mustias hojas de los fresnos mueve
en que se ven las cimas argentadas
que natura vistió de eterna nieve,
y en la distancia se dibujan vagos
copiando el cielo azul los quietos lagos;

llegó al pie de una angosta celosía,
embozado y discreto un caballero,
cuya mirada hipócrita escondía
con la anchurosa falda del sombrero.
Señal de previsión o de hidalguía
dejaba ver la punta de su acero
y en pie quedó junto a vetusta puerta,
como quien va a una cita y está alerta.

En gran silencio la ciudad dormida,
tan sólo turba su quietud serena,
del Santo Oficio como voz temida
débil campana que distante suena,
o de amor juvenil nota perdida
alguna apasionada cantilena

o el rumor que entre pálidos reflejos
suelen alzar las rondas a lo lejos.

De pronto, aquel galán desconocido
levanta el rostro en actitud violenta
y cual del alto cielo desprendido
un ángel a su vista se presenta
—¡Oh Manrique! ¿Eres tú? ¡Tarde has venido!
—¿Tarde dices, Leonor? Las horas cuenta.
Y el tiempo que contesta a tal reproche
daba el reloj las doce de la noche.

Y dijo la doncella: — Debo hablarte
con todo el corazón; yo necesito
la causa de mis celos explicarte.
Mi amor, lo sabes bien, es infinito,
tal vez ni muerta dejaré de amarte
pero este amor lo juzgan un delito
porque no lo unirán sagrados lazos,
puesto que vives en ajenos brazos.

Mi padre, ayer, mirándome enfadada
me preguntó, con duda, si era cierto
que me llegaste a hablar enamorado,
y al ver mi confusión, él tan experto,
sin preguntarme más, agregó airado:
prefiero verlo por mi mano muerto
a dejar que con torpe alevosía
mancille el limpio honor de la hija mía.

Y alguien que estaba allí dijo imprudente:
¡Ah! yo a Manrique conocí en Sevilla,
es guapo, decidor, inteligente,
donde quiera que está resalta y brilla,
mas conozco también a una inocente
mujer de alta familia de Castilla,
en cuyo hogar, cual áspid, se introdujo

y la mintió pasión y la sedujo.

Entonces yo celosa y consternada
le pregunté con rabia y amargura,
sintiendo en mi cerebro desbordada
la fiebre del dolor y la locura:
—¿Esa inocente víctima inmolada
hoy llora en el olvido su ternura?
Y el delator me respondió con saña:
—¡No! La trajo Manrique a Nueva España.

Si es la mujer por condición curiosa
y en inquirir concentra sus anhelos,
es más cuando ofendida y rencorosa
siente en su pecho el dardo de los celos
y yo, sin contenerme, loca, ansiosa,
sin demandar alivios ni consuelos,
le pregunté por víctima tan bella
y en calma respondió: —Vive con ella.

Después de tal respuesta que ha dejado
dudando entre lo efímero y lo cierto
a un corazón que siempre te ha adorado
y sólo para ti late despierto,
tal como deja un filtro envenenado
al que lo apura, sin color y yerto:
no te sorprenda que a tu cita acuda
para que tú me aclares esta duda.

Pasó un gran rato de silencio y luego
Manrique dijo con la voz serena
—Desde que yo te vi te adoro ciego
por ti tengo de amor el alma llena;
no sé si esta pasión ni si este fuego
me ennoblece, me salva o me condena,
pero escucha, Leonor idolatrada,
a nadie temo ni me importa nada.

Muy joven era yo y en cierto día
libre de desengaños y dolores,
llegué de capitán a Andalucía,
la tierra de la gracia y los amores.
Ni la maldad ni el mundo conocía,
vagaba como tantos soñadores
que en pos de algún amor dulce y profundo
ven como eterno carnaval el mundo.

Encontré a una mujer joven y pura,
y no sé qué le dije de improviso,
le aseguré quererla con ternura
y no puedo negártelo: me quiso.
Bien pronto, tomó creces la aventura;
soñé tener con ella un paraíso
porque ya en mis abuelos era fama:
antes Dios, luego el Rey, después mi dama.

Y la llevé conmigo; fue su anhelo
seguirme y fue mi voluntad entera;
surgió un rival y le maté en un duelo,
y después de tal lance, aunque quisiera
pintar no puedo el ansia y el desvelo
que de aquella Sevilla, dentro y fuera,
me dio el amor como tenaz castigo
del rapto que me pesa y que maldigo.

A noticias llegó del Soberano
esta amorosa y juvenil hazaña
y por salvarme me tendió su mano,
y para hacerme diestro en la campaña
me mandó con un jefe veterano
a esta bella región de Nueva España...
¿Abandonaba a la mujer aquella?
Soy hidalgo, Leonor, ¡vine con ella!

Te conocí y te amé, nada te importe
la causa del amor que me devora;
la brújula, mi bien, siempre va al norte;
la alondra siempre cantará a la aurora.
¿No me amas ya?, pues deja que soporte
a solas mi dolor hora tras hora;
no demando tu amor como un tesoro,
¡bástame con saber que yo te adoro!

No adoro a esa mujer; jamás acudo
a mentirle pasión, pero tú piensa
que soy su amparo, su constante escudo,
de tanto sacrificio en recompensa.
Tú, azucena gentil, yo cardo rudo,
si ofrecerte mi mano es una ofensa
nada exijo de ti, nada reclamo,
me puedes despreciar, pero te amo.

Después de tal relato, que en franqueza
ninguno le excedió, calló el amante,
inclinó tristemente la cabeza;
cerró los ojos mudo y anhelante
ira, celos, dolor, miedo y tristeza
hiriendo a la doncella en tal instante
parecían decirle con voz ruda:
la verdad es más negra que la duda.

Quiere alejarse y su medrosa planta
de aquel sitio querido no se mueve,
quiere encontrar disculpa, mas le espanta
de su adorado la conducta aleve;
quiere hablar y se anuda su garganta,
y helada en interior como la nieve
mira con rabia a quien rendida adora
y calla, gime, se estremece y llora.

¡Es el humano corazón un cielo!
Cuando el sol de la dicha lo ilumina
parece azul y vaporoso velo
que en todo cuanto flota nos fascina:
si lo ennegrece con su sombra el duelo,
noche eterna el que sufre lo imagina,
y si en nubes lo envuelve el desencanto
ruge la tempestad y llueve el llanto.

¡Ah!, cuán triste es mirar marchita y rota
la flor de la esperanza y la ventura,
cuando sobre sus restos sólo flota
el negro manto de la noche oscura;
cuando vierte en el alma gota a gota
su ponzoñosa esencia la amargura
y que ya para siempre en nuestra vida
la primera ilusión está perdida.

Leonor oyendo la vulgar historia
del hombre que encontrara en su camino,
miró eclipsarse la brillante gloria
de su primer amor, casto y divino;
su más dulce esperanza fue ilusoria,
culpaba, no a Manrique, a su destino
y al fin le dijo a su galán callado:
—Bien; después de lo dicho, ¿qué has pensado?

Tanta pasión por ti mi pecho encierra
que el dolor que me causas lo bendigo;
voy a vivir sin alma y no me aterra,
pues mi culpa merece tal castigo.
Como a nadie amaré sobre la tierra
llorando y de rodillas te lo digo,
haz en mi nombre a esa mujer dichosa,
porque yo quiero ser de Dios esposa.

Calló la dama y el galán, temblando,
dijo con tenue y apagado acento:
—Haré lo que me pidas; te estoy dando
pruebas de mi lealtad, y ya presiento
que lo mismo que yo te siga amando
me amarás tú también en el Convento;
y si es verdad, Leonor, que me has querido
dame una última prueba que te pido.

No tu limpia pureza escandalices
con este testimonio de ternura
no hay errores, ni culpas, ni deslices
entre un hombre de honor y un alma pura;
si vamos a ser ambos infelices
y si eterna ha de ser nuestra amargura,
que mi postrer adiós que tu alma invoca
lo selles con un beso de mi boca.

Con rabia, ciega, airada y ofendida,
—No me hables más, — repuso la doncella —
sólo pretendes verme envilecida
y mancillarme tanto como a aquélla.
Te adoro con el alma y con la vida
y maldigo este amor, pese a mi estrella,
si hidalgo no eres ya ni caballero
ni debo amarte, ni escucharte quiero.

Manrique, entonces la cabeza inclina,
siente que se estremece aquel recinto,
y sacando una daga florentina,
que llevaba escondida bajo el cinto
como un tributo a la beldad divina
que amó con un amor jamás extinto,
altivo, fiero y de dolor deshecho
diciendo :—Adiós, Leonor—, la hundió en su pecho.

La dama, al contemplar el cuerpo inerte
en el dintel de su mansión caído,
maldiciendo lo negro de la suerte,
pretende dar el beso apetecido.
Llora, solloza, grita ante la muerte
del hombre por su pecho tan querido,
y antes de que bajara hasta la puerta
la gente amedrentada se despierta.

Leonor, a todos sollozando invoca
y les pide la lleven al convento
junto a Manrique, en cuya helada boca
un beso puede renovar su aliento.
Todos claman oyéndola: ¡Está loca!
y ella, fija en un solo pensamiento
convulsa, inquieta, lívida y turbada
cae, al ver a su padre, desmayada.

Y no cuentan las crónicas añejas
de aquesta triste y amorosa hazaña,
si halló asilo Leonor tras de las rejas
de algún convento de la Nueva España.
Tan fútil como todas las consejas,
si ésta que narro a mi lector extraña,
sepa que a la mansión de tal suceso,
llama la gente: "El Callejón del Beso".

La Calle del Niño Perdido

Al rayar de una mañana
serena, apacible y pura,
cuando el alba su hermosura
envuelve en manto de grana,

cuando entre vivos fulgores
y entre céfiros suaves,
el espacio todo es aves
y la tierra toda flores;

y tras el lejano monte
de la noche como huella
se ve la postrer estrella
temblar en el horizonte;

y junto a la estrella está
cual maga que la sostiene,
celosa del sol que viene
la luna que ya se va

y suena la algarabía
en boscajes y colinas
de mirlos y golondrinas,
saludando al rey del día;

con una pompa real
que noble gente corteja
llegó una feliz pareja
a la iglesia Catedral.

Era selecta la grey,
pues ya la gente contaba
que el Arzobispo oficiaba
y era padrino el Virrey.
Entrando en el santuario

se fueron a arrodillar
en el más lujoso altar
de cuantos tuvo el Sagrario.

Apuestos eran él y ella;
de gran fortuna ella y él
de treinta años el doncel
y de veinte la doncella.

Los dos contentos y ufanos,
llenos de fe y de ilusiones,
ya unidos sus corazones
iban a enlazar sus manos.

De nuevas dichas en pos
se les vio salir unidos
con sus amores ungidos
por la bendición de Dios.

Y bien pronto en la ciudad
se supo con alegría
que el despuntar de aquel día
fue todo felicidad.

Repitiendo en cada hogar
que ya estaba desposada
doña Blanca de Moncada
con don Gastón de Alhamar.

II

Para rencores y duelos
de amor en el paraíso
el infierno darnos quiso
una serpiente: los celos.

No hay corazón más herido
ni con más sed de venganza
que el que pierde la esperanza
de verse correspondido

Y que mira por su mal,
que mientras más sufre y llora,
más se distingue y se adora
a un poderoso rival.

No está, pues, mal expresado,
por quien sintió tantos dolores,
que ser rival en amores
es odiar y ser odiado.

Mientras Blanca se enlazaba
con Gastón a quien quería,
bajo la nave sombría
un hombre la contemplaba.

Era de semblante duro,
de mirar torvo y dañino:
Blanca lo halló en su camino
cual se encuentra un aire impuro.

Le repugnó su ardimiento
y él la siguió apasionado
cual si ella fuera el pecado
y él fuese el remordimiento.

En alas de la pasión
la importunaba y seguía,
y ella callaba y sufría
sin revelarlo a Gastón.

Y llegó a ser tan osado,
que le dijo con maldad:

"Por fuerza o por voluntad
has de venir a mi lado".

"Has burlado mi esperanza
me niegas tu fe y tu mano;
Blanca: soy napolitano,
¡cuídate de mi venganza!".

Blanca todo desdeñó,
libre de duelo y pesares,
pero llegó a los altares
y al hombre aquel encontró.

Al bajar la escalinata
vio de la nave a lo lejos,
dos ojos cuyos reflejos
le estaban diciendo: ¡ingrata!

Y brillaban por igual
ese modo que sonroja,
porque recuerdan la hoja
de envenenado puñal.

Se sintió desfallecer
tuvo miedo a oculto lazo,
y dando a Gastón el brazo
se irguió para no caer.

—¿Qué tienes? —dijo Gastón.
—¿Palideces, Blanca mía?
— Palidezco de alegría,
de contento, de emoción.

Y de la sombra al través
el napolitano herido,
clamó con sordo rugido:

"¡Caerán los dos a mis pies!"
Y con semejante infernal
como el lobo tras la oveja,
tras de la gentil pareja
salió de la Catedral.

III

¡Cuán dichoso es un hogar
donde reina una fe pura
y se cifra la ventura
en ser amado y amar!

Hermoso y seguro puerto
del mundo en las tempestades,
fanal de eternas verdades
de la vida en el desierto.

Gastón y Blanca, allí a solas,
en santa pasión se abrasan
y todas sus horas pasan
serenas como las olas.
Forma en su rica mansión
el lazo de su cariño,
un ángel de paz, un niño,
viva imagen de Gastón.

Respira el aire salubre
sin zozobra y sin fatigas
que acaricia a las espigas
en las mañanas de octubre.

Causa envidia al arrebol
de su mejilla el carmín,
y es cual la flor de un jardín
abierta al beso del sol.

En su tez sin mancha alguna
hay la limpidez de un astro,
y parece de alabastro
cuando reposa en la cuna.

Blanca dobla las rodillas
para dormido admirarlo.
Gastón, por no despertarlo,
se le acerca de puntillas.

Y apasionados él y ella
lo ven con dulces sonrojos,
cual ven unos mismos ojos
la luz de una misma estrella.

Y la flor recién nacida
talismán de dichas era,
porque la ilusión primera
¡le dio en un beso la vida!

Cuando soñaron los dos
por primogénito un hombre,
pensaron: tendrá por nombre
"El regalado por Dios".

Y cumplido el noble afán,
igual en Blanca y Gastón,
como Dios les dio un varón
le dieron por nombre: Juan.

Y trajo rasgos tan bellos
de gracia viril tesoro,
y era tan brillante el oro
de sus rizados cabellos,

que al llevarlo ante la Cruz
a recibir el bautismo,

que forma en el cristianismo
Jordán de gracia y de luz,

soñándolo ya un artista
o pensador de renombre,
lo advocaron bajo el nombre
de Juan el Evangelista.

Y así aquel niño sin par,
flor de celestes pensiles,
miró lucir tres abriles
sin lágrimas en su hogar.

Siempre en la faz de Gastón
hubo sonrisa al mirarlo;
Blanca siempre al contemplarlo
alzó al cielo una oración.

Y no puedo describir
los sueños que ambos tenían,
cuando al verlo discurrían
en su incierto porvenir.

Y eran felices los dos,
que al hogar que amor encierra
un hijo trae a la tierra
las bendiciones de Dios.

IV

La dicha de aquel hogar
se vino a eclipsar al fin,
y fue el rubio serafín
motivo de tal pesar.

El Destino, injusto y ciego,
que lo más sagrado arrasa,

en cierta noche la casa
envolvió ondas de fuego,

y entre el inmenso terror
que el incendio produjera,
Blanca, en la extendida hoguera,
busca el fruto de su amor.

Gastón, corriendo aturdido,
al hijo tierno buscaba
y como un loco gritaba:
"¡Volvedme al Niño Perdido!"

Y las llamas ascendían
terribles y destructoras,
y raudas y abrasadoras
cuanto hallaban, consumían.

Blanca y Gastón, como fieras
que su cachorro les quitan,
braman, se revuelven, gritan
con voces tan lastimeras,

que por piedad o cariño,
el peligro desdeñando,
muchos los siguen llorando
en busca del tierno niño.

Y Gastón; sin sombra alguna
de temor; con ciego empuje,
sobre una viga que cruje
se adelanta hasta la cuna.

¡Aquí! con gran alegría
está el niño, a todos dice,
mas pronto ve el infelice
que está la cuna vacía.

Siente romperse los lazos
que lo ligan a este mundo
y con un dolor profundo
alza la cuna en sus brazos.

Corre, y al punto que asoma
con Blanca por la escalera;
de un golpe la casa entera
retronando se desploma.

No hay bálsamo que mitigue
de Gastón la pena ardiente;
corre, y lo sigue la gente,
y Blanca, loca, lo sigue.

Cruzan por una calleja
donde existe sobre el muro
un viejo retablo oscuro
que humilde altar asemeja.

Con amargura infinita
Gastón se postra de hinojos
y fija los tristes ojos
en esa imagen bendita.

—¡Oh, Madre de los Dolores!
dice mirándola fijo,
Devuélveme por tu Hijo
al hijo de mis amores!

Y a la vez que en la sombría
calleja, otra voz se alzaba.
Era Blanca que gritaba:
—¡Dadme a mi hijo, Madre mía!
Y cuando la gente ya
rezando les acompaña,

en lo alto una voz extraña
a todos dice: — ¡Allí está!

Reina un silencio profundo;
los ánimos se han turbado,
el eco que han escuchado
les parece de otro mundo.

Vuelve los ojos Gastón
sin proferir nueva queja,
y al fondo de la calleja,
mal oculto en un ancón,

halla al raptor inhumano
que carga al niño en un hombro;
Blanca lo ve y con asombro
exclama: "¡El napolitano!"

Gastón le asalta derecho
con ciega rabia infernal,
y el raptor saca un puñal
para clavarlo en su pecho.

Y audaz grita: —¡El que incendió
tu casa para vengarse,
podrá matar o matarse,
mas dar a este niño, no!

—¡Infame!— Gastón agrega
y, erizado su cabello,
salta, lo coge del cuello,
y emprende así ruda brega.

—¡Madre! ¡Madre!— el niño grita;
su dulce voz Blanca escucha
y sin miedo de la lucha
sobre ambos se precipita.

Mientras Gastón al raptor
estrangula, acude Blanca
que de los hombros le arranca
al tesoro de su amor.

La gente, entusiasta, admira
a Gastón, que con su mano
ahoga al napolitano,
que se retuerce y expira.

Cuando ya muerto lo ve,
y halla a Blanca con su hijo,
al raptor con regocijo
le pone en el cuello el pie.

Se cruza airoso de brazos
triunfante y de gozo ardiente,
impidiendo que la gente
destroce al vil en pedazos.

Blanca, loca de alegría,
arrodíllase llorando
ante el retablo gritando:
"¡Gracias, gracias, madre mía!"

No juzga el hallazgo cierto
en sus delirios febriles,
y en tanto los alguaciles
van a recoger al muerto.

Vuelve a su esposa Gastón,
mira al niño, se embelesa,
y grita cuando lo besa:
"¡Hijo de mi corazón!"

Todo el pueblo enternecido,
llora, clama, palmotea
y hasta el más pobre desea
besar al niño perdido.

Y torna la paz al alma;
la pena es gozo profundo,
que siempre viene en el mundo
tras la tempestad la calma.

V

Blanca, a quien sólo aconseja
la piedad actos de amor,
dejó de tan gran dolor
un recuerdo en la calleja.

Puso un nicho y unas flores,
emblemas de su cariño,
y en el nicho a Jesús Niño
perdido entre los Doctores,

y una lámpara que ardía
símbolo de devoción
invitando a la oración
en la noche y en el día.

Y año tras año corrido
respeta el hecho la fama;
y aquella calle se llama
"Calle del Niño Perdido".

LA CALLE DE LA CADENA

Aún estaba conmovido
el bajo pueblo de Anáhuac
recordando el fin postrero
de los dos hermanos Ávila;
aún al cruzar por las noches
la anchurosa y triste plaza,
al mirar en pie las horcas
las gentes se santiguaban;

y aún en algunos conventos
rezábanse las plegarias
a fin de que los difuntos
lograsen salvar sus almas;

cuando un pregón le decía
a la curiosa canalla
que por atroces delitos,
que por pudor se callaban,

iba a ser ajusticiado
por voluntad del monarca
un negro recién venido
con un noble a Nueva España.

Como se anunció la fecha
la gente acudió a la plaza,
en tal número y desorden
que un turbión asemejaba,

porque en los terribles casos
en que la justicia mata
la humanidad se desvive
por mostrar que no es humana.

Desde que lució la aurora
acudió la gente en masa
y muchos allí durmieron
esperando la mañana.

Mirábanse a los verdugos
que el cadalso custodiaban
ya con los rostros cubiertos
con una insultante máscara.

El sol estaba muy alto,
la gente con vivas ansias,
los verdugos en acecho
y los soldados en guardia;

y ninguno suponía
que el acto aquel se frustrara
cuando de mirar al reo
perdieron las esperanzas.

De pronto, a galope llega
un dragón junto a las tablas
del cadalso, y con alguno
de los centinelas habla.

Los verdugos, para oírlo
descienden la escalinata,
y corre un rumor que anuncia
que la ejecución se aplaza.

El toque de los clarines
pronto anuncia retirada,
y en diversas direcciones
plebe y soldados marchan.

Hay disgusto en los semblantes
de mozuelas y beatas,

pues como a ninguno ahorcaron
han perdido la mañana.

Y se resienten de verse
por el Pregón engañadas,
y viendo solo el cadalso,
rezan, murmuran y charlan.

Los curiosos insistentes
que averiguan la causa
del retardo, al fin descubren
lo que nadie se explicaba.

Cuentan que trayendo al negro
de San Lázaro a la plaza,
cuando apenas por oriente
se vislumbró la mañana,

cercado por alguaciles
y por mucha gente armada,
bebiéndose de amargura
sus propias, ardientes lágrimas,

con voz fúnebre pidiendo
que hicieran bien por su alma,
un sacerdote entregado
a cumplir siempre estas mandas;

mirando a todas las gentes
en balcones y ventanas
darle el adiós postrimero
entre llantos y plegarias.

El negro que parecía
de susto no tener alma,
cruzó por una calleja
tan angosta como larga,

donde entre humildes jacales
surgía como un alcázar
un caserón de tezontle
con paredes almenadas,

con toscas rejas de hierro
en forma de antiguas lanzas,
con canales cual cañones
que el alto muro artillaban,

y bajo el vetusto escudo
de ininteligible heráldica
un ancho portón forrado
de gruesas y oscuras láminas;

teniendo como atributo
que las gentes veneraban,
una cadena de acero burda,
negra, tosca y larga.

Con sus ojos que vertían
raudales de vivas llamas,
mira el negro de soslayo
aquella ostentosa casa,

y sin que evitarlo puedan
los cien que lo custodiaban
tan ligero como un rayo
del centro se les escapa,

gana de un salto la acera,
se arrodilla en la portada
y cogiendo la cadena
en las dos manos, con ansia

grita con voz que parece
un rugido: "¡Pido gracia!

¡Pido gracia a la nobleza
de nuestro amado monarca!"

Y corchetes y alguaciles
y arcabuceros y guardias
se quedaron asombrados
y sin responder palabra.

Porque sabido de todos era
que en aquella casa vivía
un señor de abolengo
entre los grandes de España,

que por fuero de linaje
en sus títulos estaba
tener cadena en su puerta
y pendón en la fachada.

El reo que esa cadena,
por su fortuna tocara
al marchar para el cadalso,
de la muerte se libraba.

Y el negro, que esto sabía,
tuvo la fortuna extraña
de alcanzar tal privilegio
que otro ninguno lograra.

Mirando lo sucedido,
nobles, corchetes y guardias,
con gran susto de la escena
no siguieron a la plaza,

pues tornaron al presidio
la víctima afortunada;
al Virrey le dieron parte
y todo quedóse en calma.

Hoy sólo existen los muros
de la mansión legendaria,
sin huellas de las almenas
ni escudo de la portada.

Y dicen los que lo saben,
doctos en antiguas causas,
que la angosta callejuela
de "La Cadena" hoy se llama.

TÍTULOS DE ESTA COLECCIÓN

Este Libro se termino de Imprimir
En el mes de MAYO de 2006
En **EDAMSA IMPRESIONES, S.A. DE C.V.**
Av. Hidalgo N. 111, col. Frac. San Nicolás Tolentino,
Iztapalapa, 09850 México, D. F.